大数据科学与应用丛书

风控

大数据时代下的信贷风险管理和实践

（第2版）

◎ 王军伟 著

电子工业出版社
Publishing House of Electronics Industry
北京·BEIJING

内 容 简 介

本书对大数据时代下的信贷风险管理进行了介绍和剖析。首先，从经济学理论与实践应用角度对信贷的产生和经济意义、信贷分析方法的变化进行了阐述；其次，对信贷整个生命周期中使用的 Cohort 分析、信贷业务开展、合同签订、风险监控预警、催收和不良资产处置、管理信息系统等内容进行了深入讲解；再次，从财务数据、信用报告、交易流水等方面分析借款者的还款能力和还款意愿，并提出还款意愿的货币量化方法；然后，对传统信贷方法、IPC 微贷技术、巴塞尔协议的风控、大数据风控进行优缺点分析，提出了基于 IPC 微贷、巴塞尔协议的大数据风控模式，并给出了不同情况下的具体实施方案，有助于信贷机构提高自身风险管理能力；最后，根据实践经验，新增了决策引擎、风控模型建设、风控策略、反欺诈、存量客户管理等内容，使得大数据风控更具有可操作性。

本书理论与实践相结合，适合银行、信用保证保险、消费金融、资产证券化评级机构、小贷公司、互联网金融、大数据风控等从业人员，以及有意从事金融工作的人员阅读与参考。

未经许可，不得以任何方式复制或抄袭本书之部分或全部内容。
版权所有，侵权必究。

图书在版编目（CIP）数据

风控：大数据时代下的信贷风险管理和实践/王军伟著. —2 版. —北京：电子工业出版社，2023.5
（大数据科学与应用丛书）
ISBN 978-7-121-45507-0

Ⅰ.①风… Ⅱ.①王… Ⅲ.①信贷管理－风险管理 Ⅳ.①F830.51

中国国家版本馆 CIP 数据核字（2023）第 076155 号

责任编辑：李树林　　文字编辑：底　波
印　　刷：三河市君旺印务有限公司
装　　订：三河市君旺印务有限公司
出版发行：电子工业出版社
　　　　　北京市海淀区万寿路 173 信箱　　邮编：100036
开　　本：720×1 000　1/16　印张：18.75　字数：300 千字
版　　次：2017 年 8 月第 1 版
　　　　　2023 年 5 月第 2 版
印　　次：2024 年 4 月第 3 次印刷
定　　价：79.00 元

凡所购买电子工业出版社图书有缺损问题，请向购买书店调换。若书店售缺，请与本社发行部联系，联系及邮购电话：（010）88254888，88258888。
质量投诉请发邮件至 zlts@phei.com.cn，盗版侵权举报请发邮件至 dbqq@phei.com.cn。
本书咨询和投稿联系方式：（010）88254463，lisl@phei.com.cn。

前言 / Prologue

风起云涌的资本市场处处隐藏着风险与收益，这背后也有潜在的数据信息，而利用数据来驾驭资本是资本管理的本质要求，更是控制风险并确保收益的关键。在资本中，信贷是根基，因而信贷管理的风险控制（简称风控）显得尤为重要。

随着近年来大数据风控的探索和实践，信贷目前已形成了相对成熟的风控模式、结构，如决策引擎、风控策略、反欺诈等。同时，随着数据政策、金融政策的完善，以及市场逐渐进入存量客户竞争阶段，风控需要考虑到存量客户管理、贷中管理等。因此，有必要对《风控：大数据时代下的信贷风险管理和实践》的内容进行更新和补充，解决读者反馈与咨询的问题，也就有了现在的第 2 版。

本书共 16 章，较第 1 版新增了 4 章。其中，前 7 章与第 1 版的顺序保持一致，并新增、调整或完善了部分内容，使得逻辑更为通畅；第 8~11 章为新增章节；第 12 章除了包括第 1 版的第 9 章内容，还对内容进行了扩展；第 13~16 章与第 1 版的第 8 章、第 10~12 章保持一致，并新增、完善或调整了部分内容。本书的内容具体如下。

第 1 章和第 2 章，从主流经济学的跨期选择、消费理论、厂商理论、帕累托效率或卡尔多-希克斯效率、马克思经济学等角度对信贷进行解读，并新增了用笔者的资本理论解读信贷等内容。

第 3 章重点阐述信贷分析秘密武器——Cohort 分析，以及它在信贷中的应用，并在第 1 版的基础上新增了其在资产证券化、保险等业务中的应用经验，从而解决保险等领域长期难以客观评估的问题。

第 4 章介绍信贷机构如何根据自己的风控偏好进行客户选择、客户画像、信贷产品设计、市场营销等运营。

第 5 章从信贷分析涉及的财务分析、信用分析、银行流水分析、交易流水分析等方面分析客户的还款能力和还款意愿，并对各种软信息进行分析，从而校验还款能力和还款意愿，给出还款意愿的货币化量化方法。

第 6 章对传统信贷分析方法、IPC 微贷技术、"信贷工厂"、巴塞尔协议模式、大数据风控模式进行了优缺点分析，并提出改进建议，最终给出基于传统信贷、IPC 微贷技术、"信贷工厂"、巴塞尔协议和大数据风控模式融合的展望，同时对全面风险评估和压力测试进行简要介绍。

第 7 章从审批方面阐述大数据风控审批模式和实施经验。

第 8 章主要对决策引擎进行介绍，并分享基于 MySQL、Drools、Spark 的自建决策引擎的经验。在第 1 版的基础上，解决了作为风控重要基础的决策引擎购买费用高、建设资料少等问题。

第 9 章介绍风控模型建设以及常见问题和对策。

第 10 章介绍风控策略的平衡和选择，如评分卡策略及模拟等，较第 1 版新增了模型策略使用方面的实践经验等内容。

第 11 章介绍反欺诈分析和挖掘，以及规则制定过程，将第 1 版分散的反欺诈内容进行集中，并给出其运营机制以供读者参考。

第 12 章介绍存量客户管理及贷中管理，如预警监测，较第 1 版新增了风控在存量竞争中如何实施，以及新预警方法等内容。

第 13 章介绍信贷的合同签订及贷款发放。

第 14 章简要介绍信贷还款阶段中的相关问题及注意事项，较第 1 版新增了还款提醒短信、对逾期率的影响等方面的内容。

第 15 章就逾期管理和不良资产处置进行阐述，较第 1 版新增了动态催收模型与个性催收方案和分析等内容。

第 16 章介绍管理信息系统，给出了其中的关键性报表。

感谢电子工业出版社的李树林编辑为本书出版的辛勤付出。感谢我的妻子周晓霞和两个孩子，为了尽快完成稿子，他们给了我充足的时间和鼓励，尤其感谢我的妻子周晓霞对我的支持和包容。

  因为个人经验和认知有限，书中难免存在不妥之处，恳请读者抱着"尽信书不如无书"的理念和质疑的态度来阅读此书，同时希望读者指出文中的错误、不足，并发电子邮件（wjw84221@aliyun.com）给我，在此表示感谢！

王军伟
2023 年 4 月 10 日

目录 / Contents

第1章　导言　1

第2章　信贷的经济学基础　11
　2.1　信贷产生的经济学分析　12
　2.2　信贷分析方法随经济周期而变化　19
　2.3　信贷风控和策略的经济学分析　24

第3章　信贷分析秘密武器——Cohort 分析　027
　3.1　Cohort 分析的案例和模型　35
　3.2　Cohort 分析在资产证券化与保险中的应用　39

第4章　信贷运营　45
　4.1　客户画像　46
　4.2　信贷产品设计　49
　4.3　引流获客与市场营销　51
　4.4　申请调查　58

第5章　信贷分析　64
　5.1　信贷硬信息分析　68
　5.2　信贷软信息分析　112
　5.3　还款意愿量化方法　117

第6章　信贷分析方法融合与全面风险管理　123
　6.1　传统信贷分析方法的优缺点和改进建议　125
　6.2　IPC 微贷技术的优缺点和改进建议　128

6.3 "信贷工厂"的优缺点和改进建议　131

6.4 巴塞尔协议的风控模式的优缺点及改进建议　133

6.5 大数据风控模式的优缺点和改进建议　137

6.6 基于传统信贷、IPC 微贷技术、"信贷工厂"、巴塞尔协议和大数据风控模式融合的展望　146

6.7 压力测试——未来预期与敏感度分析　148

6.8 全面风险管理　150

第 7 章　信贷的审批决策　155

7.1 信贷审批委员会决策模式　157

7.2 "信贷工厂"审批模式　161

7.3 大数据风控的自动审批模式　162

第 8 章　决策引擎　165

8.1 以 FICO 的 Blaze 为代表的商业决策引擎　167

8.2 基于 MySQL 的自建决策引擎　169

8.3 基于 Drools 的自建决策引擎　174

8.4 基于 Spark 的自建决策引擎　178

第 9 章　风控模型建设与问题对策　180

9.1 模型选择　181

9.2 模型开发　183

9.3 变量的选择及处理　185

9.4 模型结果的评测　187

9.5 模型校准与映射　188

9.6 模型监测　190

9.7 模型的常见问题和对策　191

第 10 章　风控策略　193

10.1 模型策略　195

10.2 新客户的授信策略　201

10.3 定价策略　205

10.4 人工复审与问卷调查的风控策略　210

10.5 数据及 A/B 测试中的风控策略　212
10.6 基于矩阵和优化的风控决策　213

第 11 章　反欺诈分析和挖掘　215

11.1 欺诈的定义　216
11.2 欺诈的界定　218
11.3 协同反欺诈　219
11.4 反欺诈方法　221
11.5 欺诈场景是分析与挖掘的关键　222
11.6 反欺诈的案例　227

第 12 章　存量客户管理及贷中管理　230

12.1 存量客户分层　233
12.2 存量客户的额度管理　235
12.3 大额贷款与循环信贷的贷中管理　237
12.4 分期产品的贷中管理　238
12.5 预警监测　239
12.6 存量客户的信贷定价管理　242

第 13 章　信贷的合同签订及贷款发放　245

13.1 准备借款合同　247
13.2 签订合同　248
13.3 放款流程　249
13.4 资金来源　250
13.5 档案管理　252

第 14 章　信贷的还款阶段　254

14.1 还款方式　255
14.2 支付方式　256
14.3 还款提醒　259
14.4 还款风险预防　261
14.5 还款处理方式　262

第 15 章	逾期管理和不良资产处置　263
	15.1　逾期信息处理　266
	15.2　催收策略　267
	15.3　动态催收策略　271
	15.4　催收行动　273
	15.5　不良资产处置　274

第 16 章	管理信息系统　276

附录 A　283

附录 B　284

参考文献　285

后记　289

| 第 1 章 |

导　言

信贷是为产业发展服务的。

—— 经济学家　熊彼特

风控
大数据时代下的信贷风险管理和实践（第2版）

信贷是经济发展的发动机，没有信贷就没有经济的快速增长，也不能很好地提高人们的生活和生产水平。从资本积累角度来看，仅靠自身积累是不足以支撑经济发展的。信贷有着久远的历史，据一些文献记载，信贷在公元前2000年前就已经出现了，到目前已有4000多年的历史了。

信贷的形式是多样的，常见的有贷款、债券、赊账、应收应付、保理等。国家层面的信贷主要是发行的债券、从世界银行或亚洲基础设施投资银行等金融机构获得的贷款。这些信贷资金一般用于基础设施建设、战争、福利发放等，主要还款来源是税收，但它们有违约的时候，如希腊在2010年前后的欧洲主权债务危机中就发生了违约。

企业层面的信贷主要是指企业在生产经营活动中为了支付人员工资、拓展市场、购买原材料等需要资金，而向信贷机构申请的贷款。这种借贷体现了企业家精神，形成了信贷机构和企业之间的权利与责任的跨时空性分离的契约。信贷机构向企业放款一方面表现出信贷机构对企业家精神的尊重和支持；另一方面借助具有企业家精神的人或组织分享创新带来的利益。这不仅促进了经济发展，而且为金融等虚拟经济带来了源源不断的利润。

个人层面的信贷主要分为个人投资贷款和个人消费贷款。个人投资贷款如个人企业主为了创业、投资项目等进行的贷款；而个人消费贷款则主要用于消费。

第 1 章
导言

在人生的不同阶段，每个人都有不同的消费需求，如青少年需要教育，成年后需要结婚、生子、买房、买车、孩子上学、美容整形等，这些都将产生借款需求。因为消费是生产的根本出发点和落脚点，是经济发展的根本动力，所以满足消费所产生的资金需求也对经济发展起着支持作用，体现了信贷机构对消费的支持。这不仅有助于提高消费者的消费能力，而且促进了企业的产品变现，同时有利于经济的快速发展和提高人民的生活水平。

按照贷款的类型，贷款可分为信用贷、抵押贷、质押贷、担保贷，也可分为个人贷、企业贷、项目贷等。但无论表象如何，它们都是权利和义务的分离，且权利和义务的实现存在不可忽视的时间差。其本质都是约定好相关期限，即在未来还本付息，进而使信用问题显得特别突出。

不同信贷机构的目标客户群体是不同的。但整体而言，贷款是贷给自然人或法人的。自然人就是具有独立民事行为能力的人；而法人是具有民事权利能力和民事行为能力，依法独立享有民事权利和承担民事义务的组织，如小企业、大中企业、企业集团、事业单位等。

同时，按照经营与家庭是否分开、公司治理架构是否完善，信贷客户可分为个体户、小微企业、中小企业、大中企业。一般而言，个体户或小微企业以个人或家庭为单位进行经营，表现为家庭与企业之间无法分开，具体表现在家庭收支与经营收支不区分，没有完备的会计文本资料；中小企业则表现为法人代表或企业所有人的经营收支与家庭收支虽有分开，且具备相应的财报，但不具备完善的公司治理架构和制度，依靠公司所有人自己的兴趣、经验来管理；大中企业具有法人代表、财务报表，以及完善的公司治理架构和制度等。

在历史上，最早的信贷客户基本上以放贷者自己所认识和熟悉的人为基础，如亲朋好友之间的信贷关系，并以放贷者自身权势作为"威胁"来提高借款人的违约成本，确保放贷资金能顺利回收，如一些合法的地方小贷公司，或者非法私人放贷。

这种基于熟人的信贷业务受限于放贷者朋友圈中的人数。因为每个人的时间是有限的，且真正熟悉的朋友人数不会太多（根据 Facebook 公布的信息，一般一个人的朋友数量平均为 200 人），同时这些朋友中有信贷需求的又少之又少，所以过去金融发展需要较多的从业人员。这种依赖于熟人的模式使得信贷机构严重依赖于人，一旦一个客户经理离职，将导致客户流失，甚至坏账，从而使得这种熟人模式严重地制约了信贷的发展。

随着经济的发展，原本做货币承兑、汇兑、保管等货币经营机构则充分利用自身掌握的信息，如存款人存款记录、资金流等，向具有信贷需求的客户提供贷款、担保等服务，使得非熟人之间的信贷业务逐步发展起来，进而促进了信贷行业的发展与繁荣，并推动了经济的增长与发展。

非熟人之间信贷的出现是人类经济增长与发展的重要里程碑，其大大降低了信贷约束，满足了不同人的信贷需求。对于陌生的借贷人，银行等机构需要根据客户的信用记录等信息进行风险评估，如欺诈风险、信用风险等。

在历史上，传统银行信用风险评估分析的模式是：无论对于个人或企业贷款，不仅需要分析填写在信贷申请表中的信息（如姓名、身份唯一识别号、联系方式、贷款目的、贷款金额等），还需要分析客户提交的各种资料（如个人需要提供身份证、户口本、结婚证、工作收入证明等），然后信贷机构对这些信息一一进行核实，并结合自身历史数据、征信数据等进行相关分析，从而需要花费相当长的时间（如 15 天左右）来做出是否进行放贷、放贷多少、利率大小、期限长短等决定。针对企业客户，传统银行还会分析其性质、财务报表和业务规模等。

除此之外，传统银行评估分析模式还需要客户提供抵押、质押、担保、信用保险等来缓释风险，并据此来判断是否进行放贷等。但少数信贷机构过于强调抵押、质押、担保信用保险等的作用，而忽视了"第一还款来源是根本"。因此，信贷机构不仅需要衡量、评估第一还款来源的稳定性和持续性，还需要加强自身的信贷系统、风控体系、数据体系等的建设。

随着经济的进一步发展，小微企业在经济体系中的作用越来越突出，同时其融资问题也受到了各方的关注。为此，不同的机构推出了各种方式与方法，如IPC（International Project Consult）小微信贷技术（简称IPC微贷技术）是德国国际项目咨询公司为金融领域提供的一体化信贷咨询服务和解决方案。IPC微贷技术主要基于客户的还款能力、还款意愿，立足实质重于形式，以"单人调查"、眼见为实的原则获得相对真实、可交叉验证的信息，并通过交叉验证分析方法识别出真实的隐性信息，而后基于现金流来编制客户的"资产负债表""利润表""现金流量表"。

随着供给侧机构的信贷需求不断满足和消费水平的不断提高，各种消费贷也随之推出。这些机构充分利用消费者的消费信息等建立评分卡，并基于评分卡排序能力、风险量化能力进行放贷。例如，基于一些标准（如Z-score得分等），对优质客户进行快速审批，而优质客户通常包括公务员、银行等机构的管理层。又如，银行等机构利用征信数据和自身数据，计算出客户的违约率、违约损失率、期限、相关性，结合资本准备金和风险调整资本收益率（Risk Adjusted Return On Capital，RAROC）等进行的审批、授信、定价等。

随着市场经济的不断发展，各种竞争日益激烈，竞争逐渐以产业链、供应链为基础进行。一些企业为了确保自身的竞争力，扶持和帮助其供应链上下游的企业进行发展，如根据业务合同进行授信等。这种供应链贷款是基于在产业链或供应链中相关核心企业对上下游客户的控制能力而进行的，如电商平台依靠自身在互联网上强大的控制力来对商户进行放贷。例如，海尔供应链金融。

风控
大数据时代下的信贷风险管理和实践（第 2 版）

供应链信贷的根本在于其对信息真实性把控和对货物的有效处置。供应链信贷服务对象是供应链的上下游客户，各种产品或原料具有相似的功能和作用，处于供应链中核心地位的企业在客户违约后对货物或原料的处置能力是非常强的，从而使其逾期率比较高，但坏账率非常低。

随着互联网的不断发展，大数据成为信贷机构的重要资源。信贷机构基于自身大数据技术，充分利用征信数据或互联网上的各种数据，如消费数据、运营商数据、申请行为数据等来计算违约率，并进行风险定价等。

随着信贷业务的不断发展，以及合规要求的不断提高，尤其是大数据风控的潜在危险，信贷机构应遵守巴塞尔协议等合规要求，充分发挥供应链、IPC 微贷技术、评分卡技术、大数据技术来管理和驾驭风险。例如，信贷机构将基于大数据构建每个客户的财务报表，基于评分卡技术、大数据技术来识别、评估和量化客户的风险，并基于供应链、资金往来链、关系圈等来管理和驾驭风险。

尤其是随着人们对信贷业务的实践和深入理解，无论哪种信贷业务，其根本都是基于衡量客户的还款能力、还款意愿、忠诚度，以及欺诈可能性等而设计的。

虽然管理和驾驭风险的理想是"丰满"的，但信贷机构所面临的现实是"骨感"的。

在现实中，并不是每个人都了解信贷产生的原因和带来的问题，但这又是人们需要了解的。为此，我们将从消费和供需理论、跨期消费理论、信息经济学、经济发展周期理论等来解读信贷产生的原因和带来的问题。例如，根据斯蒂格勒和斯蒂格利茨等的理论，信贷风险主要是信息不对称而引发的道德风险（如欺诈），以及逆向选择风险，或者因没有还款能力，从而产生欺诈、逾期等问题，信贷机构或组织不得不小心翼翼地对待信贷申请者的申请。因此，在管理和驾驭风险时，有句话值得人们牢记——"能把钱放出去不算本事,把放出去的钱和利息全部收回才是真正的本事"。

在现实业务中,每个业务人员都应全面、整体地了解信贷的需求。在整个业务过程中,有一种方法自始至终都会用到——Cohort 分析。Cohort 分析是以数学和统计方法,分解、解决多个变量之间的线形相关性。Cohort 分析弥补了 Vintage 分析难以针对多因素分别独立地提供量化依据的不足。对于该分析方法,本书将进行深入阐述,并探讨其在资产证券化、保险行业的应用,以便于信贷相关人员使用。

在业务实践中,目标客户群、产品设计、市场营销推广与风险也是紧密相关的,但多数风控人员对此并不甚了解。接下来,本书对此内容进行简要阐述。

一般来说,客户的还款能力主要通过评估客户的收入、财产等数据来判断,而对企业客户还需要借助其财务报表来评估其收入和非经营收支来判断,即以现金流为核心。在现实中,很多客户没有完整的财务报表,甚至根本就没有财务报表。为此,信贷机构需要获得必要的信息,并借助相关技术来编制客户的财务报表,如 IPC 微贷技术。

尤其是以小微企业为目标客户的信贷机构更应以 IPC 微贷技术来编制客户的财务报表。小微企业以个人或家庭为单位,以小贸易及小型服务生意为主,包括部分家庭作坊形式的生产,它们的治理通常是不规范的,如没有完备的会计制度及文档资料,同时私人收入、私人开支与其企业经营的收入、开支不区分。即使这类企业有财务报表,但其资金流水往往非常复杂和混乱,其经营资金需求相对比较旺盛。因此,人们需要了解和熟悉 IPC 微贷技术。

即使一些客户能够提供财务报表,但其相关会计科目中不可避免地存在各种虚构成分。信贷机构需要对客户所提供的财务报表数据进行逻辑交叉检验,一旦提供的报表存在逻辑异常,就需要重新构建相关报表。因此,信贷机构不仅需要 IPC 微贷技术来构建财务报表，还需要 Themis 等财务预警技术来预防财务欺诈。因此，在介绍 IPC 微贷技术中，不可避免地需要对财务预警技术进行阐述。

除了财务报表，信贷机构的数据来源还有央行等征信报告。在实践中，征信数据也是常用数据，信贷机构需要了解征信报告数据，并从中分析出客户的还款能力、还款意愿、欺诈可能性等。因此，本书也对征信报告及其相关使用方法进行介绍与阐述。

还款意愿的评估不仅需要征信报告数据，还需要分析客户的社会信息，这是因为客户的经济行为是其社会角色的经济延伸。信贷机构需要了解客户的社会角色，包括客户的个人情况、家庭情况、客户在其周边的名声等信息。这些信息能帮助我们了解客户处于一种什么样的社会地位，客户至今是怎样在这样的社会环境中生活的，并且可以将这些信息量化并勾勒出客户的特征。在贷款业务中，这部分信息可归为非财务信息或软信息，技术上通过运用软信息分析模型，如信息不对称偏差分析法，可以帮助信贷人员更好地了解客户在其社会经济环境中所处的位置，并根据客户与"标准"客户的偏差提出警示。依据这些软信息，信贷机构可以量化出客户的违约成本，从而合理地对客户进行授信。

在本书中，对于还款能力的分析，需要结合"互联网+"的各种与收入和成本相关的要素进行解释，如可以通过消费记录、广告等多个方面来估计还款能力。对于还款意愿分析，一般认为还款意愿无法通过大数据进行估计，而在实际操作中，我们提出了还款意愿货币化方法来量化客户的还款意愿，从而可以很好地解决这个问题。例如，当客户的还款意愿货币化的值小于或等于 0 或信贷机构自身设置的阈值时，信贷机构就可以拒绝为该客户服务。

对还款能力、还款意愿的分析有多种信贷技术，不同的信贷技术具有自身的优缺点。针对不同技术的缺点，我们提出了相应的改进技术，并给出了大数据风控的架构图。根据对同一批数据上万个模型结果的分析，得出方法不是最重要的，数据才是最关键的。大数据风控核心是数据，在不断拓展数据的情况下，充分利用数据并通过"联动"的方式让数据"动"起来，从而发挥出其价值。例如，利用上网的 IP 地址可找到对应的地址，并结合上网时间，判断该地址是客户的公司地址还是家庭地址。如果 IP 地址是客户的公司地址，则根据公司地址可以搜索公司名称从而判断客户的收入情况和风险所在；如果 IP 地址是客户的家庭地址，则可以结合房价或房租来判断客户的收入和支出。

当我们对各种数据真实性进行验证，并量化出还款能力、还款意愿、是否涉嫌欺诈后，就需要决定是否进行放贷，这就是审批。在不同的信贷技术下，审批模式是有差异的，如审批委员会模式、"信贷工厂"式审批模式和大数据风控的自动化审批模式。

如果要实现审批的自动化、智能化，信贷机构就离不开决策引擎。尤其是在大数据时代，各种事件的不确定性大大提高，信贷业务流程中任何一环都可能出现问题，并造成逾期率和不良率上升。为此，信贷机构需要进行全面的风险管理，其前提是快速地部署相关规则、模型、策略等，这就需要决策引擎。决策引擎看起来很复杂，需要许多高深的知识与技术，而本书提供了一种基于 MySQL 数据库的风控决策引擎系统，经过多次实践，该系统可支持一家每月放贷 50 亿元的小额贷款公司的风控。同时，本书给出了基于 Drools、Spark 的决策引擎建设实践经验，以便相关人员建设更好的风控决策引擎。

在应用风控决策引擎后，信贷机构能够使自身的业务处理速度更快、效率更高、成本更低。这不可避免地推动了模型建设。然而，市场上各种模型建设的书或文献比较多。本书主要从实践中遇到问题等来阐述，如模型目标的选择和确定、变量的产生等。

在模型建设之后，人们需要应用各种模型，即制定各种风控策略。本

风控
大数据时代下的信贷风险管理和实践（第2版）

书通过对业务流程模拟的方法来验证不同模型策略、业务流程策略对信贷效果的影响，并阐述其在实际风控中的效果。同时，在实践中，额度策略等也是人们常遇到的。为此，本书对风控策略，如模型策略、审批策略、额度策略、定价策略等进行阐述。

在大数据时代，大数据不仅提高了信贷机构的能力和水平，而且提高了欺诈者的欺诈水平和能力。欺诈成为各机构不可避免的问题。为此，本书对反欺诈进行了详细的阐述，从欺诈定义、反欺诈方法、案例等角度进行了介绍。

随着信贷市场竞争的日趋白热化，尤其是获客成本居高不下，存量客户成为各机构的重要利润来源，如何做好存量客户成为信贷机构的工作重点。本书主要从客户分层，并对不同层次客户的需求制定相应风控策略，以实现放贷金额不断上升而逾期率不断下降的"理想"。

在信贷业务中，签订合同、放款往往很容易被人忽视，但它们是信贷机构债权合法合规的关键。本书就合同、放款、资金问题进行了简单阐述。

在放贷后，不同的客户、资产等都会随着经济的波动而波动，使得信贷机构的资产处于变化中，为此需要进行贷中监控和预警。本书对贷中监控进行了简单阐述。

在还款时，还款方式、支付通道、还款提醒等都会影响还款是否顺利。本书对此进行了较为详细的阐述。在逾期后，各机构都会采取催收的方式进行催收还款，但催收主要受催收策略、分案策略等影响。因此，本书也对催收进行了详细的阐述。

本书还针对管理信息系统（Management Information System，MIS）进行了简单阐述。虽然是简要介绍，但这并不代表其不重要，因为风险管理是全面的、全流程的，信贷业务流程中的任何一环出问题都会造成逾期率和不良率上升。

| 第 2 章 |

信贷的经济学基础

保险市场和信贷市场存在道德风险与逆向选择问题。

——诺贝尔经济学奖得主、经济学家 约瑟夫·斯蒂格利茨从目前的研究来看，有记录的信贷可追溯到古巴比伦。例如，Lewis[1]在《信用评分简介》(*An Introduction to Credit Scoring*)中关于公元2000年前的一块石片上有这样的描述："Adadrimenir的儿子Mas-Schamach，向Warad-Enlil的女儿太阳女祭祀Amat-Schamach借二两银子，他为此要支付利息。在收获时节，他要连本带利一起归还。"从这段记录中可以知道，信贷的历史已至少有4000年了。

目前，在电梯、楼道、车上等生活与工作环境中，人们总能发现信贷广告。但信贷是如何产生的、人们为什么需要信贷、如何选择合适的信贷服务提供商、信贷机构如何进行信贷筛选、信贷机构如何应对逾期和不良资产等，这些信贷问题都可以从经济学理论中找到相应的答案。

2.1 信贷产生的经济学分析

在主流经济学中，信贷可以通过跨期消费选择理论来解释。跨期消费选择是指消费者将一定期限内获得的收入进行合理分配，使该期限内各期的消费达到满意，以获得最大程度的消费水平。消费者的消费受限于预算，这种预算主要取决于其自身收入。在人生的不同阶段，人的收入是完全不同的，如青少年时期收入少而消费多、中年时期收入多而消费少。因此，人不可避免地面临着跨期消费选择的问题。

第 2 章
信贷的经济学基础

囿于人生的总收入，一些时期的消费将直接对另一些时期的消费产生影响。这就使得跨期消费选择不仅涉及消费，而且涉及储蓄问题。这里，以两个时期为例，假设每个人在每个时期拥有的货币量为 (m_1, m_2)，消费量为 (C_1, C_2)，而 $C_x < m_x$ 为储蓄者，相应地，$C_x > m_x$ 为借款者。

根据跨期消费选择理论，图 2-1 中 A 用户是储蓄者，同时也是资产需求方，而 B 用户是借款者，同时也是资产供给方。T_1 表示跨时期的时期 1，T_2 表示跨时期的时期 2。这主要是因为 A 用户、B 用户在同一时期内和相同收入情况下的消费偏好不同，A 用户在第一时期倾向储蓄，而在第二时期则倾向消费，但 B 用户在第一时期倾向消费，到第二时期则倾向于储蓄，A 用户和 B 用户在不同时期的消费倾向和储蓄倾向都不相同。A 用户在第一时期倾向储蓄从而产生了保值和增值需求，而 B 用户在第一时期倾向消费但收入不足从而产生了借款需求。如果两人处于同一地区并相互认识和信任，二者就会直接产生信贷。但实际上，他们处于不同的地区，同时他们的收入和消费并非完全同步，使得 A 用户有储蓄的需求，B 用户有借贷的需求，但在经济不发达的社会中，二者的需求都无法得到满足。因为 A 用户和 B 用户主要靠互相搜寻对方来完成交易，而这种搜寻成本非常高，所以他们的需求都无法得到满足。在经济和金融发达的社会中，A 用户和 B 用户可以借助银行等中介机构来满足彼此的需求。

信贷往往是相关利益方的权利和义务在不可忽视时间差内的分离，即信贷具有跨时空特征，这使得 A 用户收集、获得和处理信息都需要花费成本，而且信息在传递过程中会出现失真现象，并且 B 用户对自身是否具有还款能力和还款意愿比 A 用户了解得多，这

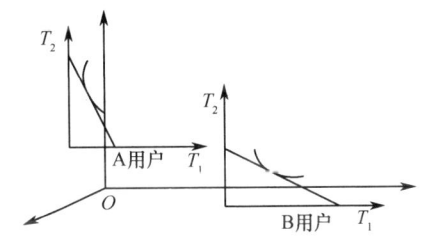

图 2-1 跨期消费选择下的借贷

就说明 A 用户、B 用户之间的信息是不对称的。美国著名经济学家乔治·阿克尔洛夫曾阐述了信息不对称将导致市场失灵和市场低效率，以及逆向选择、道德风险、不可验证和欺诈等问题。

人类的任何行为都在不同程度上承担着因不确定性带来的风险，同时由于每个人的风险偏好不同，就产生了不同的产品，如债权类、受益权类、权益类、选择权类、储值物权类等虚拟资本产品，而不同虚拟资本产品的核心风险是不同的。例如，债权类资本的核心风险是信用风险；受益权类资本的核心风险是欺诈风险；权益类资本的核心风险是市场风险；选择权类资本分为期权和期货，其核心风险是市场风险，选择权类资本（如资产支持证券）的核心风险是信用风险；储值物权类资本的核心风险是通货膨胀风险，也就是贬值风险[2]。

根据消费者均衡理论，无论是产品价格还是收入变化都会引起消费者的消费需求发生变化，从而引起对某个商品需求量的变化。在竞争市场中，一个消费者的消费需求发生变化对市场需求影响不大，但考虑到所有消费者的消费需求变化情况，最终对于某个商品来说整体的需求量可能是增加、不变或减少。当总需求量增加时，但总供给会由于价格黏性，不能快速响应需求变化而生产商品，往往需要等待一段时间才能协调一致，这样就导致总供给存在一定的黏性。正如希克斯所说，生产需求是一种派生需求，是由商品价格决定的，即从总需求变化到价格变化、从价格变化到生产需求变化是需要花费时间和成本的，造成生产等因素具有短暂的刚性，则相应商品的价格会上涨。

消费理论如图 2-2 所示。如图 2-2（a）所示，当正常商品 2 的数量保持为 A，正常商品 1 的价格下降导致商品 1 的数量从 B 上升到 C，与 AB 相切的无差异曲线上升到与 AC 相切。即总效应与正常商品价格变动成反方向的运动，并使得正常商品的需求曲线是向右下方倾斜的。如图 2-2（b）所示，在正常商品的供给和生产成本保持不变的情况下，其需求曲线向右移动，价格上升，投资回报率上升，供给增加。首先，在市场达到一般均衡的状态下，所有商品的投资回报率是一致的，相应商品价格上升导致了该商品的投资回报率上升，这就导致原有供给者会增加供给，同时会吸引新供给者进入，进而引发购买工厂建设材料、机器、原料、劳动力等要素的需求增多，进一步使实体资本增加，相应的偿还能力增加即信用提高，风险和不确定性也相应增加了，供给者之间是信息不对称或隐藏信息的，同时在资本总量不变的情况下，虚拟资本相应地减少，这主要是由于实体资本和虚拟资本是构成资本总量的两大要素。资本回报率也相应地减少了，这主要是由于可生产该商品的供应企业增加了；而对于有限供给的生产要素来说，生产要素需求增加，价格将上升，即商品供应企业的成本增加，资本回报率降低。其次，在商品供应企业数量增加后，竞争更加激烈，最终商品价格回归原有平衡或低于原有平衡的价格，这也使资本回报率下降。最后，在这个新增供给的过程中，带来更多的不确定性风险和信息不对称，如商品伪劣、商家欺诈等，增加了信号传递、甄别等交易成本，使得资本回报率进一步下降。在这个过程中，生产性企业的资本回报率先升高后下降，在升高的过程中，企业会产生信贷需求，各金融机构会积极发放贷款，从而促进信贷发生，但当资本回报率下降到一定程度后，企业仍有信贷需求，但金融机构会谨慎放贷，甚至拒绝放贷。

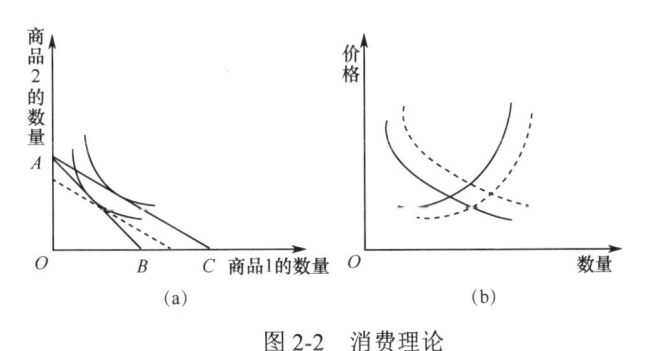

图 2-2 消费理论

从产权经济学角度来看，产权可分解为所有权与支配权。一般所有者将自己资产出租或发包给承租者，由承租者支配和使用，产权的所有者除享有保值和增值权利之外，无权干涉资产的直接使用活动，但租期到期后，所有者有权收回这些支配权、使用权。信贷关系也是一种所有权与支配权分离的关系,资金或资产所有者将资金或资产租借出去后就产生了借贷,如放贷、租房、租车等。因此,资金或资产所有者、支配者和使用者之间的信息不对称和委托-代理关系便不可避免地产生了,租期到期后是否能完全收回资产,并能达到保值和增值的目的,都是不确定的。

在信息经济学中,信息不对称主要有两种:逆向选择和道德风险。逆向选择是信贷机构为了控制风险将条件设置得过高,如调查烦琐、决策时间长、利率过高,本意是为了控制风险,但反作用是将好客户驱逐出去,留下的却是愿意支付高息的高风险客户,这实际上增加了信贷机构的信贷风险。逆向选择主要是因隐藏信息导致事前信息不对称而产生的,通常信贷的逆向选择主要是在没有办理信贷之前产生的。道德风险是客户隐匿自身操作和资金真实用途,在追求自身利益最大化的过程中以信贷机构的利益为代价。道德风险是事后非对称的,主要是隐藏行为,信贷的道德风险主要发生在信贷办理之后。因此,出租人和承租人之间、放贷人和借贷人之间的利益不总是一致的,使得承租人和借贷人为了获得信贷而不披露一些关键信息,或者有选择地还本付息。

经济学家罗伯特·默顿于 1974 年就提出了信贷的期权特征——借款人的投资无论多么成功,信贷机构只是收取固定的利息收入,而借款人投资失败,则信贷机构只能从借款人的残值中获得部分补偿,甚至血本无归,借款人损失的只是一个固定资金。信贷的期权特征对于企业特别明显,因为企业一般是有限责任,注册资金一般是有限的,所以信贷对于这类企业具有期权特征。对于允许个人破产的国家或地区的个人,个人信贷与企业信贷类似,也具有期权特征。

从熊彼特的经济发展理论来看,信贷是为产业发展服务的,企业家在原则上按照惯例是需要信贷的,如果一个人没有购买力,就必须依靠信贷来增加购买力,假设贷不到款,他就不能让企业正常运营和生产,这种经营性信贷是经济发展的关键要素之一[3]。目前,经济学理论普遍认为消费是经济发展的目的和出发点,而且消费型信贷和生产型信贷是经济过程的

第 2 章
信贷的经济学基础

重要组成部分。从卡尔多-希克斯效率角度来看，消费型信贷和生产型信贷都增加了社会总利益。

在经济学上，帕累托效率是指资源分配的一种理想状态，假定可分配的资源和获得资源的人群是固定的，从一种分配状态到另一种状态的变化中，在没有使任何人境况变坏的前提下，使得至少有一人变得更好。卡尔多-希克斯改进是假设某种变革可以使受益者的收益大于受损者的损失，则总的利益增加了，卡尔多-希克斯效率是指已经没有卡尔多-希克斯改进余地的一种状态。如果严格遵从帕累托效率，那么这种能使总利益增加的变革就不能进行，这未免太苛刻了，并且浪费了本可以增进人们利益的可能性。因此，如果存在着这种卡尔多-希克斯改进机会，就必须让受益者来补偿受损者相应的损失。该补偿可分为相对补偿和绝对补偿，还可以分为被动补偿和主动补偿。信贷使资金需求方能获得更大的利益，企业家通过信贷可获得更多利润，消费者通过信贷可购买汽车、手机等消费品，以及美容或其他服务，并在消费过程中获得更多效用。然而，对于资金供给方来说，其将失去信贷资金一段时间内的使用权和可支配权等，并面临着通货膨胀带来货币贬值的损失，甚至信贷资金在到期后收不回来，需要补偿这些损失。但资金需求方通过信贷所获得的收益大于其支出的补偿。

根据罗莎-马里亚·杰尔皮和弗朗索瓦·朱利安-拉布吕耶尔对消费信贷的研究，公元前 1750 年《汉谟拉比法典》就对不同形式的信贷、利率、还贷方式、担保、抵押等进行了相关规定，而在公元前 591 年左右希腊的梭伦通过对希腊法律进行改革，禁止了土地分割和剥夺了放贷者将资不抵债的借债人或其家庭成员变为奴隶的权利[4]。信贷在这个时期为人民和政府广为接受并对经济发展起到了积极作用，而哲学家如柏拉图、亚里士多德等对信贷进行了谴责。高利贷曾经是罗马帝国的第一产业，甚至是支柱产业，其借贷人主要是农民，这与希腊借贷人主要是商人有所不同，最后高利贷被误解为罗马帝国各种问题的根源。直到 12 世纪，西方各种形式的有息贷款才成为经济生活的重要因素和基本增长动力，但信贷损害了贵族的利益并遭到了贵族的抵制，而宗教对放贷的态度从谴责到容忍，继而规定出例外。消费信贷的发展使信贷资金分流到消费中，这有利于提高经济系统中的生产、消费之间比例的合理性，确保了社会经济的稳定性，减少了因有效需求不足带来的经济危机。因此，信贷对于经济发展来说是一个卡尔多-希克斯改进。

在《资本论》中，经济发展的根本目的是满足消费，要获得满足消费的产品或服务就必然需要交换或交易。有交换或交易就会有支付，支付方式可以是实物支付，如贝壳、小麦、玉米等物品，也可以是国家的法定货币，如人民币、欧元、美元等，还可以通过赊账或信用支付，如供应链金融中账期垫资、消费中的信用卡等。在经济不发达时期，通常通过物物交换来实现交易，如小麦换西瓜、玉米换苹果等，而且现在这种交换方式依然存在，如在一些山区，到集市非常不方便，一些小商贩就可以先通过批发而购买一些塑料盆等，而后到山区的居住区去换草药、兽皮、农作物等，然后将换回来的物品拿到集市中去销售。现金支付是生活中常见的支付方式，拿着货币可购买米、油、酱、醋等，也可购买一些服务，如理发等。现金支付通常是借助政府规定的法定纸币、金属货币等进行交换或交易的。

但随着经济和金融的不断发展，消费的需求远远大于自身收入，按照中信证券全球研究部主管及全球首席经济学家彭文生的定义，25岁以下和64岁以上都是消费者，而25～64岁的人为生产者[5]。由2021年国家统计局的统计年鉴可知，在2020年中国人口年龄中，25岁以下的消费者的占比为27.52%，而64岁以上的消费者的占比为12.57%，而25～64岁的生产者的占比为59.92%。其中，25～55岁的人口占比为48.58%，其不可避免地面临着结婚、生子、住房、购车、子女教育、父母养老看病等各种消费超过其收入的情景。如果考虑高收入等人群数量，在中国至少有40%的人口的消费需求超过收入，这就需要靠借贷来支持消费。中国有约14亿人口，40%的人口就意味着大约有5.6亿人需要借贷。但具有可抵/质押物等资产的个人是比较少的，因而用信用贷款来满足消费是未来信贷发展的大方向，这也说明了信用卡、信用支付等为何深受消费者喜爱了。信用支付是指消费者在信贷机构申请信用贷款来支付某种商品或服务，而信贷机构直接支付给相应的商户，然后消费者进行还款。类似马克思在《资本论》（第三卷）"信用制度下的流通手段"中提到"苏格兰几乎只有纸币流通，'苏格兰人讨厌金子'"。在消费升级的大背景下，消费者逐渐喜欢上了信用支付。信用支付的本质是信贷，不可避免会有信息不对称的问题，如消费者的逆向选择、道德风险和欺诈，以及商户的委托-代理带来的信息不对称风险。

2.2 信贷分析方法随经济周期而变化

在信息完全对称的情况下，信贷通过利息补偿的方式可实现帕累托最优。但实际上，资金供给方很难估算出自身未来的实际损失，对资金需求方的信息也是不完全了解的，理解和认识更是不完全一致的，这些都增加了资金供给方选择资金需求方的难度。尽管如此，经过 4000 多年的信贷历史，人们积累了比较多的方法来选择合适的资金需求方，这些方法往往都与经济周期有着密切的联系。

从经济周期理论来看，人类经历了几个重要的经济长周期发展阶段（图 2-3），分别为：1783 年以前的人工时代（图中略）；1783—1842 年的纺织机、蒸汽机的发明和应用时代；1843—1897 年的钢铁、火车时代；1897—1950 年的电气、化工和汽车时代；1950—2003 年的计算机和互联网时代。

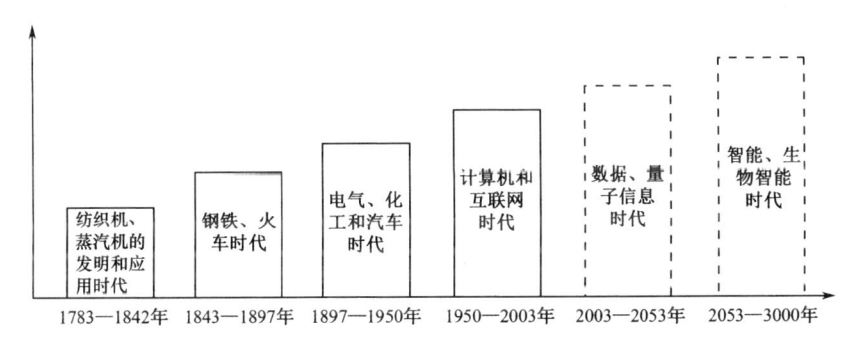

图 2-3 人类经历的经济长周期发展阶段

基于我们自身对经济发展的研究和观察，2003—2053 年很有可能是数据、量子信息时代，2053—3000 年将是智能、生物智能时代。经济周期对于信贷来说是至关重要的，不同周期意味着相应经济时代具有高资本回报率的企业或个人是不同的，进而可放贷的信贷需求方也是不同的。对于这些企业或个人进行放贷是信贷机构的使命，也是不二的选择，因为它们代表着趋势，代表着高投资回报率，如 1950—2003 年的 IBM、Google 分别代表着计算机、互联网。自 2003 年以后，我们进入了数据、量子信息时代，数据方面的公司有很多，如腾讯、元宇宙；量子方面的应用事件有 Google 的量子加密算法，以及 2020 年霍尼韦尔的量子计算机可以达到 128 量子体积，平均单量子比特保真度为 99.97%，平均两量子比特保真度为 99.54%，等等。然而，在量子计算机、量子通信、量子加密、量子传感等方面还有一段路程，但这段路不会太长，预计在未来 15 年中，实用型量子计算机将在中国诞生。

在大数据时代，企业应在合法合规的基础上通过互联网方式收集、汇总、分析数据，从而实现业务自动化、智能化，并达到经济结构调整和产业升级的目的。目前，我国绝大部分企业处于机械化阶段，需要更换经济发展的"发动机"来推动经济结构调整和产业升级，需要走上自动化、智能化道路，需要通过质量控制等提高生产效率。然而，质量控制等自动化、智能化、个性化的关键是依靠数据，如生产线用六西格玛质量控制体系，一旦出现异常则生产线将自动停止生产，从而达到提高产品品质和工作效率的目的。因此，从本质上讲，"互联网+"就是"大数据+"，国家推出"信息基础设施"等政策的根本目的是要借助大数据来实现产业自动化、智能化，从而实现产业转型升级。

通过大数据分析、挖掘和云计算搭建的实践经验及相关知识可以知道，无论是我们提出的"网格计算""云计算""边缘计算"还是"雾计算"，其根本在于充分利用和发挥各种可使用计算设备的算力、存储，并充分确保数据和信息的安全。目前，高端计算机的制造成本非常高，普通企业根

第 2 章
信贷的经济学基础

本没有能力制造和承担其相关费用。因此，美国 Google 率先开发出云计算系统，如 GFS 分布式文件系统、MapReduce 分布式计算系统，而后的 Apache 项目发展出 Hadoop 系统，这为云计算系统的开发和应用奠定了基础；而我国的阿里巴巴、腾讯、百度等多家互联网公司在 Hadoop 的基础上开发出自身的云计算平台。Hadoop 第一代是单 NameNode，到了 Hadoop 第二代引入了另一种资源协调者（Yet Another Resource Negotiator，YARN）来对云计算资源进行统一管理和调度，而且基于 YARN 的 Spark 和 Storm 等流式计算的发展，使得流计算与 Hadoop 可以共用一套系统；但以 Hadoop 为代表的云计算也面临着自身的问题，因为其可扩展性是有自身边界的。目前，云计算平台的存储和计算资源都是有限的，在数据逐渐积累和发展的过程中，这种局限性将越发明显和突出。

在这个时候，量子计算机的强大计算能力引起了科学家们的注意并着手研究与开发。按照中国科学院院士潘建伟所讲："新一代量子计算机能够解决目前世界上最好的超级计算机都无法解决的问题，而其速度将比天河二号快将近百亿亿倍。"同时，潘建伟院士打了个比方："如果按中国10亿人口计算，百亿亿倍就相当于我们每个人能分到10亿台天河二号。"也就是说，量子计算机的速度可以彻底解决因计算效率带来的问题，即使计算速度最终仍然不够，还可以采用量子云计算的模式，这种模式就是将云计算平台的计算机更改为量子计算机，成为量子云计算平台，从而达到节能增效的目的。相应地，通信效率在量子通信条件下也会有大幅提升。

2020 年 12 月，潘建伟院士等构建了 76 个光子的量子计算原型机"九章"，实现了具有实用前景"高斯玻色取样"任务的快速求解，且比目前最快的超级计算机快一百万亿倍。据预测，在未来 40 年内，量子计算机将会进入普通家庭，而企业的应用就更普遍了。随着量子计算机和量子通信的发展，以及数据的积累，在 2053 年后，人类将迎来真正意义上的智能，甚至是类生物智能，人类社会将进入一个全新的时代，那时的智能将不是今天的人工智能可比拟的了。今天的人工智能并非真正意义上的人工智能，

风控
大数据时代下的信贷风险管理和实践（第2版）

现在的各种智能产品如北京大学图书馆的机器人、自动汽车、无人驾驶飞机，它们依靠数据或算法并看起来"智能"，而其背后都有相对固定的策略，这种"智能"受限于数据、算法、计算硬件。有了量子计算机、量子通信和足够的数据积累，无人驾驶汽车事故将会大大减少，甚至不会再发生，因为计算效率和通信效率提升后，收集信息、处理信息和决策所需要的时间将远远小于汽车数据探测器发现问题到出事故的时间。

今天，我们处于大数据时代，无论是 Google 的分布式计算系统、Apache 的 Hadoop 生态圈、加州大学的 Spark 等云计算系统，还是支持向量机、深度学习算法、Alphago、对抗性学习等各种机器学习算法都是围绕数据进行的。在大数据时代，数据来源、数据收集、数据存储、数据分析和挖掘、数据展示、数据安全等都是各个机构应该考虑的问题，只有合法合规地掌握数据资源才有机会更好地开展业务。信贷机构天生就是数据公司，过去不被信贷机构重视的数据在今天都成为风控中不可或缺的重要组成部分，如行为数据、社交数据。过去这些数据不被重视，不是信贷机构的人员没有认识到这些数据的重要性，而是采集成本太高了，同时收益相对较低，这是一种权衡后的取舍。

在不同的经济周期下，信贷机构可采用的信贷技术都是不一样的，数据收集方式和着重点也是不同的。在纺织机、蒸汽机的发明和应用时代，我们思考如何采集数据是没有任何意义的，因为在这个时期，概率论只是刚刚提出，没有哲学和逻辑思考的基础，更没有收集数据的意识，同时生产力水平低下，完全处于萨伊提出的"供给创造需求"的时期，任何供给都能被市场消化掉。到了钢铁、火车时代，虽然生产力水平有所提升，但是整体处于"供给创造需求"的时期，即使局部出现了供过于求，只要不断开拓市场就能够解决当时面临的问题，这时仍处于如中国古代知名商人范蠡总结的"贵出如粪土，贱取如珠玉"时期，数据意识开始逐渐产生但主要关注宏观数据。在这个时期，各机构和组织更关注何物在何时、何地的价格和需求的高低。到了计算机和互联网时代，也是全球化时代，整体处

第 2 章
信贷的经济学基础

于供求平衡状态,这个时代的数据更多的是业务数据,如 IBM 推出的营销优化服务、银行根据财务报表进行信贷。到了数据、量子信息时代,全世界将处于供过于求状态,需要精细化生产和销售,如按需生产(C2B)、精准营销、个性化推荐,各种数据都将被收集起来,被应用于解决各种商业问题。

从信息经济学角度来看,在供给创造需求的时代,只要一个项目需要资本就可借给它。因为各种商品的需求远远大于供给,商品价格远高于自由竞争市场下的价格,生产商的利润非常高,而在今天这种情况依然存在。例如,2012 年的苹果手机和小米手机都是要排队购买的,价格比普通手机高出一倍以上。在这种供不应求的时代,虽然私人信息很模糊,但基于私人信息之上的二阶信息很丰富,如香料的进价为 5 元,而销售价格为 30 元,并出现了排队购买香料的情景。信贷机构可以根据二阶信息,并针对较好的行业进行放贷,如在 2010 年前,信贷机构对钢铁行业中各企业进行放贷并获得了大丰收。随着经济的发展,二阶信息在放贷决策上的比重逐渐下降,一阶私人信息在放贷决策上的比重逐渐上升。在这个过程中,传统信贷机构逐渐从关注相应的行业信息,到关注具体企业或个人的财务报表信息,而到今天更加关注一些原始信息,如银行流水、网站流量等,进行细化而形成标准化"信贷工厂"和"信贷车间",以及今天的个性化信贷。个性化信贷的私人信息比重达到了前所未有的高度,是计算机和互联网发展带来的数据收集成本快速下降的结果,这样的数据积累被人们称为"大数据"。实际上,数据和信息一直都在那里,过去人们要采集消费者行为数据的成本太高而收益相对比较低,造成了数据资源的"匮乏",这种情景就好比一些石油矿藏,人们知道它的存在而在当时的技术条件下开发收益太低,只有等到技术达到某种程度或石油价格达到某个特定价格后,才具有开发价值。

处于不同的时期,信贷要适应时代的潮流,这就好比人穿的鞋子,不能太大,也不能太小,只有适中,穿起来才舒服。根据托马斯和埃德尔曼等的阐述可知,直到 20 世纪 70 年代,在金融比较发达的英国和美国还没有使用信用评分，甚至到 1990 年部分放贷机构也未使用信用评分。传统信用评估依靠个人的"感觉"或者信贷人员的经验，主要从借贷人的性格、偿还能力、抵押品或担保来判断，直到今天，其仍被一些信贷机构所使用。

在大数据时代，互联网等技术以低成本获取大量数据，缓解了信息不对称，这样的大数据有利于信贷机构对客户有一个全面的认识并可以防范操作风险。同时，信贷机构依靠大数据来评估客户的风险，对于客户来说更加公平，类似传统信贷、IPC 微贷技术、信贷工厂审批都依靠个人的判断，这样的审批很容易受到个人经验等因素的影响，对同一个客户不同的审批人员会有不同的审批结果，有些审批人员会拒绝该客户，而另一些审批人员则认为可放贷给该客户。基于大数据的风控规则和模型，信贷机构的信贷审批决策系统则是由同一套标准来衡量客户是否具有欺诈风险、是否具有还款能力、是否具有还款意愿等，一切都基于客户自身所表露出的数据，对于每个客户更加公平，同时对于信贷机构来说减少了人为干预，避免了一些内部欺诈风险，并提高了审批效率和客户体验。在以前依靠信贷审批委员会需要 14 个工作日的审批，现在利用信贷审批决策系统 1 分钟就可以给出是否授信和放贷结论。

2.3 信贷风控和策略的经济学分析

在数据和量子信息时代，随着各种传感器的使用，如陀螺仪等，使得数据收集成本非常低，而量子计算机的到来，审批决策将更加迅速，审批速度不是过去的 1 个月，也不是 1 周，而是 1 分钟或 30 秒，甚至更短的时间。在未来，审批是客户无感知的，审批速度可能会达到秒甚至毫秒级别。

其实，信贷风控本质上可以看作解决由信息不对称所产生的问题，而信息不对称问题可转换为数据问题。从解决问题效果和数据量大小来思考，信贷风控可以分成下面 5 类。

（1）对数据要求少而更多依靠逻辑等思维方式来解决问题。例如，陈景润证明 1+2=3，以及其他数学家证明了的各种定理，这类问题需要的数据量很少，但所需要的逻辑非常复杂。

（2）用传统数据方案并借助逻辑思维和推理来解决问题，如一般的统计报表、风控的 MIS、各种专题报告。

（3）问题的解决依靠大数据和一般数据处理并不是泾渭分明的，即数据量到了一定程度后，数据量继续增加后对应的价值提升不显著，数据量减少后对应的价值下降也不显著。例如，在主题模型（Topic Model）中，用 100 亿个文档与 10 亿个文档不会有显著的差异。

（4）依赖数据较多，较少依赖逻辑思维和推理，则解决问题的效率会较高。例如，金融市场中的高频交易，依赖数据非常多，各种策略也要定期或不定期更新。

（5）几乎完全依赖数据才能解决问题。例如，实时广告通常按照第二高价格竞拍模式进行，规则是确定的，一切都是按照个人的数据进行定制的；大数据风控按照不同人的信贷数据等通过各种模型如 Logistics、支持向量机（Support Vector Machines，SVM）、决策树等机器学习或统计学习的模型来估计客户的风险，而后根据不同客户的风险、还款能力等进行个性化授信和定价。

信贷风控不可避免地需要依赖数据，也不可避免地需要依赖模型。数据有可能是假数据，即真相上面包括了一层假象，这些假数据是可以通过审批的，在大数据风控中更是如此。例如，原来"客户填写身份证号码的时长"是一个有效控制欺诈的指标，但随着这个指标被大家所认可，其效果也就大打折扣了，但在风控中这个指标还是需要部署的；原来"检查客户移动设备的国际移动设备识别码（International Mobile Equipment Identity，IMEI）是否合理"是一个关键性识别客户指标，但随着模拟器的

风控
大数据时代下的信贷风险管理和实践（第2版）

出现，可以直接设定 IMEI，在风控中这个指标也还是需要部署的。信贷机构过于依赖模型会引发模型风险，因为模型可能是错误的，在训练、测试时都没有问题，但到了生产环境中模型就失去了应有的功能。这不是模型不对，也不是数据的问题，而是监督学习的问题——线上系统不是封闭的监督学习系统，而是开放的不断变化的系统。信贷风控和策略是一种选择，是选择征信报告、消费记录的数据，还是选择其他数据，甚至选择50岁以上不通过，等等，每种选择都是需要成本的。

信贷风控和策略的核心就是在最大化利润的目标下进行选择。每种选择都有成本和收益，需要风控人员非常了解每种选择的本质，尤其是要认清数据的本质、模型或机器学习、统计学习的边界所在。

依靠数据可以量化还款能力和还款意愿，进行反欺诈，但对于逆向选择、道德风险和委托-代理问题如何解决，则需要从经济学中找到合理的方案。例如，针对代理商的逆向选择和委托-代理问题，信贷机构可采取取消该代理商代理权的措施，其关键是如何控制未来的代理商产生相关问题。对此类问题，信息经济学给出的解决方案是通过合同激励的方式来解决。例如，中银消费金融的渠道管理就是通过强力的奖惩方式来解决的，使得逆向选择的收入低于正常的收入；携程采用了对合作商户进行排名的方式，以对排名靠后的商户给出高昂惩罚来解决委托-代理问题。在信息经济学中，可以通过信息甄别、信号模型、拍卖等方式来应对相关信息不对称，在实际过程中需要基于问题，依据经济学理论来找到解决之道，要坚信"方法总比问题多"，同时要注意，"与欺诈等充分利用信息不对称的损人利己分子进行斗争，是需要不断自我学习、自我完善的过程"。也就是说，风控从业人员要具有不断学习的能力，需要持续更新自己的知识体系，以便能够更好地做好风控。

| 第 3 章 |

信贷分析秘密武器——Cohort 分析

统计学家是下一个性感的工作。

—— Google 首席经济学家 哈尔·瓦里安

在信贷过程中，人们常常会使用很多分析方法，如在获客阶段使用漏斗分析、在审批阶段使用交叉验证分析、在存量阶段使用 RFM 分析①、在贷后阶段使用 VINTANGE 分析等。在统计学课程"试验设计"中，对各种正交设计、区组设计、饱和设计、超饱和设计、参数设计、回归设计、均匀设计等随机试验的数据提供了相应的统计分析方法[6]，这些方法可估算不同影响因子的效果。在信息技术中，A/B 测试用于选择不同的页面设计、流程设计等达到客户体验最好；而在风险管理中，模型或规则的挑战者和冠军之间的对比测试是根据其效果来决定是否采用挑战者模型或规则，同时模型或规则本身涉及很多方法，如 Logistics 回归、优化算法等。这些方法受到重视并不断优化，但要分拆出时长效应、时期效应、同群（Cohort）效应并估计它们具体的效果，通过上述方法是无法彻底解决的，而这 3 种效应将贯穿信贷始终，估计这 3 种效应需要应用同群分析（Cohort 分析）。

Cohort 分析可以帮助风险管理人员理解不同效应变化的根源和性质。Cohort 的含义包括军队、同伙、共犯等，也有翻译为"世代"的。例如，於嘉将"Cohort Analysis"翻译为"世代分析"[7]。无论如何翻译，这些翻译都无法达到其意境，"世代"翻译为英文是"age"或"generations"，正如 Kosei Fukuda[8]所说，"generations"和"cohort"是不完全一样的，而根据《韦氏词典》，"cohort"具有如下含义：①一群或簇；②联合会；③任意一组

---

① 根据美国数据库营销研究所 Arthur Hughes 的研究，客户数据库中有 3 个神奇的要素，即最近一次消费（Recency）、消费频率（Frequency）和消费金额（Monetary），这 3 个要素构成了数据分析最好的指标。

士兵；④一个帮凶或共犯；⑤一群具有特定统计学意义或人口学特征的人；⑥生物学上，同一物种的一群人中的个体。这里 Cohort 的意思是"一群具有特定统计学意义或人口学特征的人"。为了保证相关含义的完整性，这里我们直接用"Cohort 分析"这个名称。

Cohort 分析的定义：对人群、物或主题在特定时期内具有相同经历的结果进行分析。例如，在电商中，可应用 Cohort 分析对同一天或同一周引入新用户后续转化的分析，评估出时长效应、时期效应、Cohort 效应。其中，时长就是物或人为得到相关服务或成为企业/组织/客户的时间长度，如为一个用户服务的时长就是以用户注册、下单时间为标准，自用户注册或下单的时间点开始计算，到统计分析时间点为止，两个时间点之间的间隔；时期是结果产生的日历时期，如都是在 2016 年 10 月成为某企业或组织的客户；Cohort 是一群具有特定统计学意义或人口学特征的人，一般以时间起点为唯一变量（时间长度相同，其他条件也相同）的用户群。

截至 2020 年 11 月 24 日，通过百度学术可以查到"Cohort analysis"在 2000—2020 年共有约 3.85 万个相关文献，如图 3-1 所示。但 99%的文献主要集中在医学、生物学、药学、心理学、教育学以及数学等方面，而经济、金融方面的文献相对比较少，占比约为 1%。但这不代表 Cohort 分析在经济、

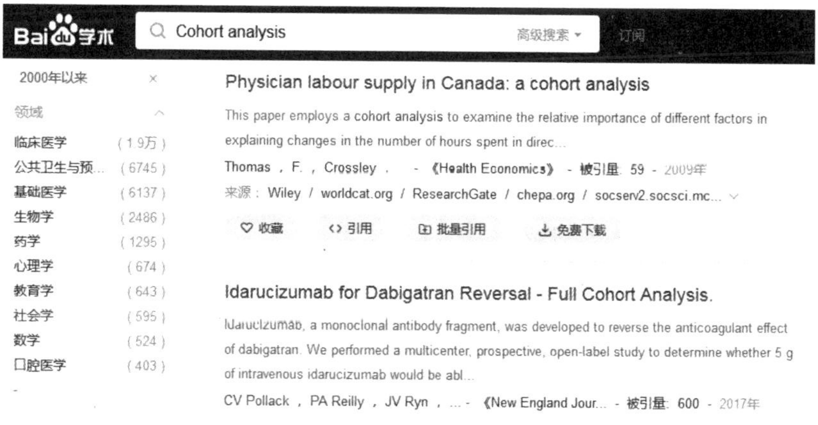

图 3-1 Cohort 分析在经济、金融方面的文献比较少

金融方面不重要，在人口学、社会学、经济学和金融学都会遇到个人或群体的时间序列数据，各种现象中的时长效应、时期效应、Cohort 效应的变化如何，对于相应的专家或研究者、实践者来说都是非常重要的。

本章主要介绍 Cohort 分析在经济、金融，尤其在风控中的应用。但是，为了更好地理解 Cohort 分析，我们先从理论上对其进行阐述与说明。

Cohort 分析在市场运营中的应用，主要体现在 Kosei Fukuda[8]使用 Cohort 分析并提供一些证据来说明时长效应和 Cohort 效应上。这对于市场研究具有重要的影响，为了分析出相应的效应，相应的数据结构和数据监测在初始阶段就需要做好准备。例如，利用 Cohort 分析可以衡量客户参与情况是否变好，基于注册或进入时间来对客户进行分组，从而比较不同时期进入客户的参与情况，同时可以从参与度中拆分出增长率，这对于运营来说非常重要，因为增长很容易掩盖参与问题。

对于衡量广告、营销效果来说，Cohort 分析也是一种有效的方法。一般对广告、营销效果的衡量，主要以在广告或营销之前 30 天内的平均量作为基准，自广告或营销开始到结束当天的平均量与基准进行比较，高出某个设定的预期值就认为比较好。但是，这样不能确认到底是自然流量带来的增长，还是广告或营销带来的增长；也不能确认广告或营销带来的客户参与度如何，更不能给出哪些营销策略需要改进，以及改进的方向。Cohort 分析可以分拆出时长效应、时期效应和 Cohort 效应，加上广告或营销时期与非广告时期的比较，从而判断广告或营销效果。当然，也可比较不同营销策略下的客户参与情况，从而判断哪些营销策略是有效的，以及不同营销策略的可改进之处。

对于现金流、收益来说，Cohort 分析也是一种有效的方法，可以判断现金流是否来自我们相关产品或重点产品，以及看到不同年龄层的客户对

第3章
信贷分析秘密武器——Cohort 分析

公司的利润贡献度并及时调整战略。

对于产品、技术来说，Cohort 分析也是非常有效的方法，可识别出在上线新版本的前后客户留存情况，以及对公司现金流、利润贡献度等变化，从而判断是否采用新技术。

很多"互联网+"相关的企业为获得风险投资（Venture Capital，VC）/私募股权（Private Equity，PE）的青睐，花了很多钱拉"新"——通过营销运营手段获得新客户，如通过"注册就送 100 元""注册就获加息券"的活动获得新客户。在此，同时虚拟成立的两家互联网保险公司，分别是 Y 和 Z，它们都拥有 2000 万户的注册客户，客户平均保费 1 元/单，理赔率都为 75%，投资收益都是 10%，它们是一样好吗？

表 3-1 和表 3-2 所示分别为 Y 和 Z 的注册客户及投保的转化情况，这是虚构的数据表。

表 3-1　Y 的注册客户及投保的转化情况

注册月份	注册客户数/万户	成功投保客户数/万户					
		第1个月	第2个月	第3个月	第4个月	第5个月	第6个月
2015 年 10 月	100	95	90	75	70	60	50
2015 年 11 月	180	160	150	130	110	80	
2015 年 12 月	300	240	200	190	150		
2016 年 1 月	420	380	350	310			
2016 年 2 月	480	400	330				
2016 年 3 月	520	480					

由表 3-1 和表 3-2 可知，Y 和 Z 两家保险公司拥有相同的客户注册数，但第 1 个月的成功投保客户数分别为 1755 万户、1950 万户，这说明 Z 的注册投保转化率高，即从这个角度来看，Z 更好；注册后第 2 个月的成功投保客户数分别为 1120 万户、1791 万户，以及留存率分别为 64%、92%，

这说明 Z 的留存做得很好；注册后第 6 个月的成功投保客户数分别为 50 万户、560 万户，以及留存率分别为 50%、93%，Z 在留存方面做得非常好。

表 3-2　Z 的注册客户及投保的转化情况

注册月份	注册客户数/万户	成功投保客户数/万户					
		第1个月	第2个月	第3个月	第4个月	第5个月	第6个月
2015 年 10 月	600	590	581	573	565	562	560
2015 年 11 月	480	470	465	462	460	455	
2015 年 12 月	400	390	380	365	360		
2016 年 1 月	220	210	205	200			
2016 年 2 月	170	165	160				
2016 年 3 月	130	125					

然而，实际上，Z 在新增客户方面做得不如 Y，而 Y 的留存客户做得不如 Z。作为风险投资/私募股权，如果一定要在两者中选择其一的话，Z 是优于 Y 的，因为在一家早期公司，产品和客户留存的重要性是优于其他的。如果留存做得足够好，只要公司掌握或采取恰当的运营方式，那么就能够厚积薄发；反之，如果只有增长、没有留存——典型的"狗熊掰棒子"，就很可能永远都抓不住客户真正的痛点，最后什么都没有。

使用 Cohort 分析剖析数据主要分为两步。第一，需要制作 Cohort 表，就像表 3-1 和表 3-2 的结构一样。表中第一列应以研究目的为核心，选择时间维度所对应的月份或周进行排列。如果所做的表是给投资人看的，那么时间长度一般以月为单位比较合理；如果只是用于企业自己进行监控，那么以周为单位更加合理，这是因为以周为单位的数据更加敏感，同时保证了稳定性，而以月为单位的数据稳定但敏感性不足，以天为单位则过于敏感而缺乏稳定性。表中第二列对应每个自然月的新增客户数或金额，右侧的表格为当月新增的客户数或金额在后续每个月的留存情况，如表 3-1

中第 1 个月 Y 新增客户数 100 万户，在当月流失了 5 万户，剩余 95 万户，在第 2 个月又流失了 5 万户还剩下 90 万户，以此类推，最终客户将流失殆尽。第二，基于 Cohort 表进行分析，主要可以进行横向比较分析和纵向比较分析。横向比较分析主要可以看出相应企业或组织的每月新增客户数在后续各月的留存情况，而纵向比较分析可以看出不同月份新增客户数，分别在当月、下个月、下下个月等的留存表现如何。

因此，不同企业通过 Cohort 分析会看到不同的趋势和问题。以表 3-2 为例，从横向比较分析来看，其留存数据最终会在某个月份之后停留在一个固定的留存率上，如某个月获取的 600 万客户，在半年后每个月的留存率都稳定在 92%左右，这就说明这批客户对企业具有黏性，能够稳定留存下来，否则企业的留存率是一直下降的，哪怕流失的速度很慢，客户也会在未来某个时间点流失殆尽。也就是说，不管新增多少客户，最终也会没有客户的。从纵向比较分析来看，其留存数据应该是越来越好的，因为公司应该不断地根据历史情况改进产品、提高客户体验等，所以往后加入的客户将享受到更好的产品和服务，拥有更好的体验，后续几个月的留存率就应该呈上升趋势。

通过以上横向比较和纵向比较以及表格中的数据可以看出，Z 还可以做得更好，因为它每个月的留存率相对稳定，而每个月的新增客户数有所下降，这可能是市场容量有限等原因造成的。对于风险投资/私募股权来说，这样的分析结果是非常好的，因为他们能够非常清晰地看到每家企业的问题和机会，从而做出更加有利的选择和决策。

在金融及经济中，Cohort 分析就更能显示自己的价值。例如，在股票中，金融分析师可以通过 Cohort 分析，分析出不同行业之间的时长效应、时期效应和 Cohort 效应，从而找到不同行业之间的差异，也可以分析同一行业中不同企业之间"三效应"差异。

Claudio Sapelli[9]基于智利1902—1978年的收入，利用Cohort分析研究收入分布的进化情况，将这种进化分解为Cohort、年龄和年的效应，主要采用基尼系数（Gini index）和泰尔指数（Theil index）来衡量收入分布，并以基尼系数和泰尔指数来观察Cohort效应的趋势，发现在开始时上升，而后下降，最后发现教育平均水平和离散度都不能很好地解释Cohort效应。后续他将数据分成了3个时间段，通过回归分析发现，收入分布的进化中上升的部分可以通过教育及相关变量解释，下降的部分可以通过经验来解释。Cesar G Victora等[10]研究了低收入或中等收入国家中食物和营养不良对人力资源及成人疾病的影响。

Erica Segall[11]认为购物模式随时间发生变化有很多潜在的解释，但多少是时长造成的，多少是历史的特殊时点或环境造成的，要分解不同的效应，来帮助我们看到购物模式与年龄或时长、消费形成和偏好方式的关联，而且分析长期消费模式中的这些效应，我们可以区分出不同的趋势，有助于了解客户的情况。Erica Segall将APC模型和需求模型相结合，发现Cohort效应显著提高了需求模型的预测能力，结果显示不同时期出生的人形成Cohort偏好将影响人一生的购买偏好，而且一些事件对人的影响效果是非均匀的。

在此，更值得关注的是，Cohort分析在风险管理中的应用。在信用分析过程中，尤其是贷后管理，Vintage分析是关键。在审批阶段，同一个月或周的进件在未来一段时间内逾期率如何变化，而每个月或周，相应的审批政策或信贷政策都会发挥不同的作用，这些政策对逾期率的影响到底有多大？Vintage分析更多的是趋势分析和判断，而不能比较准确地判断时长效应、时期效应、Cohort效应，不够细化而造成策略制定和应对措施的不足。正如Merijn Bosman[12]所说，当从Cohort分析的视角来审视Vintage分析时，Cohort分析可以通过拆分时长效应、时期效应、Cohort效应来增进Vintage分析过程，分别量化出时长效应、时期效应和Cohort效应，有助于信贷负责人更好地理解信贷的历史表现和预测未来的发展趋势。

3.1 Cohort 分析的案例和模型

本节以模拟某信贷机构的 Vintage 报表为例来进行分析,该机构主要做小微企业信贷,客户来自不同的渠道,通过 Cohort 分析,分解为时长效应、时期效应和 Cohort 效应,分别对应于图 3-2～图 3-4。

时长效应主要反映的是因心理变化、经验积累或社会经济状态改变而发生的变化。Vintage 的 Cohort 分析分解的时长效应如图 3-2 所示。由图 3-2 可知,信贷机构的逾期率随着信贷时长呈现先上升而后下降的趋势,

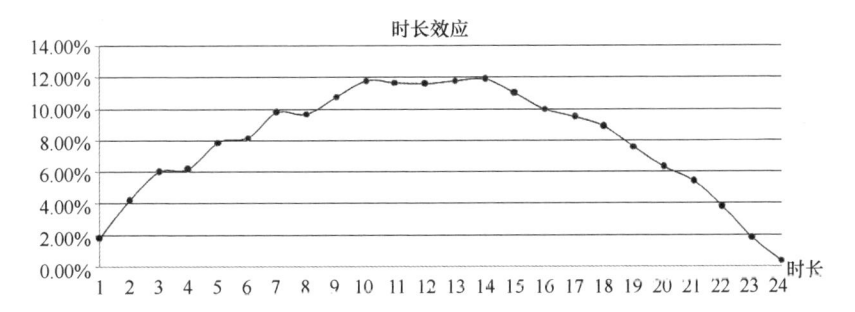

图 3-2 Vintage 的 Cohort 分析分解的时长效应

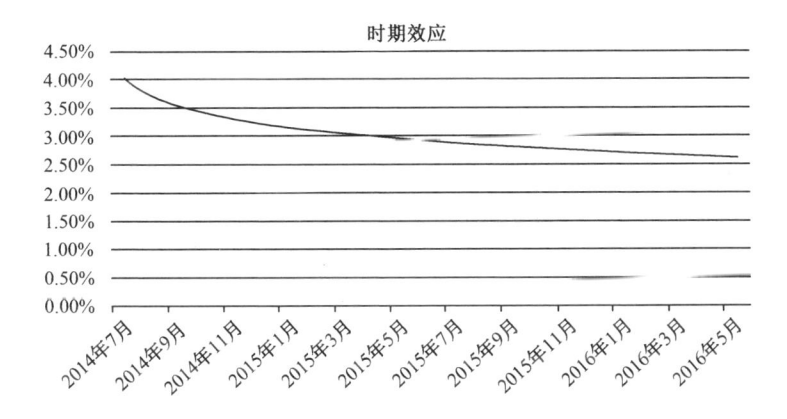

图 3-3 Vintage 的 Cohort 分析分解的时期效应

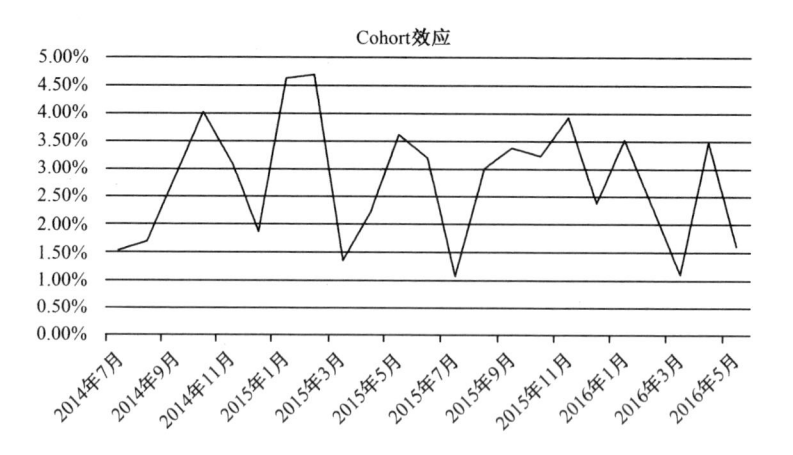

图 3-4　Vintage 的 Cohort 分析分解的 Cohort 效应

在第 14 个月达到顶峰，这可能是客户在信贷机构进行申请贷款时急需资金，而在短短 1 年内会因资金紧张或破产等原因导致无法正常还款，过了 1 年后相应的各种经济条件有所改善，也就开始正常还款了。时长效应的评估对于信贷产品设计具有指导意义，因为信贷期限的选择是信贷产品设计的关键，如产品期限选择 3 个月、6 个月、12 个月、15 个月、18 个月、24 个月分期付款，或是选择其他时长的分期期限。假设信贷机构选择的可接受逾期率最高为 4%，还款方式最好是选择 2 个月以下分期或 22 个月以上分期；或者假设信贷机构可以接受 6% 的逾期率，还款方式最好是选择 3 个月以下分期或 20 个月以上分期；进而，假设信贷机构可以接受 10% 的逾期率，还款方式最好是选择 8 个月以下分期或 17 个月以上分期。在实际操作过程中，信贷机构以不良率为标准设定目标，相应的 Vintage 也就应该以不良率来计量，而后通过 Cohort 分析可以找到时长效应，依据时长效应来找到最合适的还款方式和分期长度，从而使风控和产品决策的可靠性更高。

一般时期效应是能够同时影响所有时长组的，这是由一系列历史事件和环境因素造成的。对不同账龄逾期率通过 Vintage 的 Cohort 分析分解的时期效应如图 3-3 所示。从图 3-3 中可以看出，逾期率整体处于下降趋势，

第 3 章
信贷分析秘密武器——Cohort 分析

时期效应表明逾期率逐步下降，对于信贷机构而言，随着经营不断进行，风控能力将不断增强。例如，原来对渠道的激励方式采用复杂算法，但渠道获得利益比较小，而后对渠道的激励方式改为低风险高收益，审批也从人工审批改为模型+人工审批，模型从以 50 个坏样本改为以 1000 个坏样本而得到，催收策略从 3 个月内自己催收到 2 个月内自己催收等各种风控措施，这些对于信贷机构而言是历史事件，但这些历史事件的实施和落地使风控管理更加完善和合理，使得逾期率一直处于下降趋势。也就是说，时期效应能够很好地体现信贷机构的运营策略和风控策略是否有效。但风控团队和运营团队也是由人组成的，而每个人在招聘时都有所偏向，很容易导致系统性风险，这种系统性风险是由于整个信贷机构的风控成员本身的认知有限而引起的。例如，一家信贷机构是靠大数据风控技术进行风险控制的，但风控人员都是以模型、数据相关的人才组成的，或者都是由传统银行人员组成的，这些都容易导致系统性风险，这是因为风控团队组成人员比较单一，相应的知识体系比较单一，最终整体风险保持在一个相对稳定的位置。这种系统性风险的逾期率收敛到 4%左右，而要使逾期率下降到更低水平就需要引入新的人才，让有别于当前风控团队知识的人才加入才可以使逾期率持续下降。

Cohort 效应主要指在同一年或时段出生、结婚、成为机构的消费者或客户等形成的同群效应，Vintage 的 Cohort 分析分解的 Cohort 效应如图 3-4 所示。对于该信贷机构来说，一方面不同时期信贷政策不同而带来的同群效应也不同；另一方面信贷机构和不同渠道合作，进而获得的客户群体也是不同的。在不同时期，信贷机构对渠道管理根据渠道或商圈的逾期率采取不同策略，如关闭一些渠道而又开拓了另一些渠道，不同时期的客户群发生了变化，因而我们可以看到信贷策略或渠道管理带来的逾期率变化是很大的，这就是 Cohort 效应。Cohort 效应更加关注在不同信贷策略下的客户来源造成的影响，这对于不同的信贷机构也是不同的，如中银消费金融有限公司在四川省的逾期率很低，而哈尔滨市银行互联网金融部在四川省的逾期率则很高，这就是不同客户来源造成的影响（特别声明，为了保密，本数据在原有数据的基础上进行了模拟处理，相应的结论不作为运营或风控具体运用，否则后果自负）。

虽然我们尽量避免出现统计公式，但在这里不得不使用，因为要分解时长效应、时期效应、Cohort 效应就不可避免地需要使用统计模型。目前常用的统计模型有 Deaton 模型、APC 模型等。

Deaton 模型要区分 Cohort 效应、时长效应、时期效应，其前提是：假设时期效应没有趋势或增长为 0，且这 3 类效应之间没有交互效应。

对于逾期率来说，APC 模型的线性模型如下。

$$M_{ij} = \mu + \alpha_i + \beta_j + \gamma_k + \varepsilon_{ij} \tag{3-1}$$

式中，M_{ij} 为第 i 个时长和第 j 个时期的逾期观察值，$i=1,2,\cdots,a$，$j=1,2,\cdots,p$；$k=a-i+j$，$k=1,2,\cdots,a+p-1$；μ 为逾期的修正平均值；α_i 为第 i 个时长效应；β_j 为第 j 个时期效应；γ_k 为第 k 个同群效应或 Cohort 效应；ε_{ij} 为期望为 0 的随机误差项，而且相互之间独立。

时长效应（Period）、时期效应（Age）和 Cohort 效应之间是线性关系。

$$\text{Period} = \text{Age} + \text{Cohort} \tag{3-2}$$

这导致模型（3-1）无法区分各种效应。

对于模型（3-1）来说，可以看作一个参数标准化后的固定效应广义线性模型。

$$\sum_i \alpha_i = \sum_j \beta_j = \sum_k \gamma_k = 0 \tag{3-3}$$

因而模型（3-1）可以以矩阵形式出现，即

$$\boldsymbol{Y} = \boldsymbol{X}\boldsymbol{b} + \boldsymbol{\varepsilon} \tag{3-4}$$

式中，$\boldsymbol{Y}$ 为逾期率的向量；$\boldsymbol{X}$ 为包含哑变量的回归设计矩阵；$\boldsymbol{b}$ 为模型参

数列向量。将其列向量转为行变量，即

$$b = (\mu, \alpha_1, \cdots, \alpha_{a-1}, \beta_1, \cdots, \beta_{p-1}, \gamma_1, \cdots, \gamma_{a+p-2})^T \quad (3\text{-}5)$$

为了估计出参数 b，模型（3-4）中的参数空间被分解为两个相互正交的子空间，其中一个子空间是唯一零特征值矩阵 $X^T X$，且 $\dim(X^T X)$ 为 1，另一个子空间为非零子空间，但与零子空间是正交的。因此，参数 b 的估计 $\hat{b}$ 可以写为

$$\hat{b} = B + sB_0 \quad (3\text{-}6)$$

式中，s 为一个与特定解相关的标量；B_0 为欧氏范数 1 的唯一特征向量，其含义是不依赖于逾期率的观察值，仅仅依赖于设计矩阵 $X^T X$，因此无论逾期率如何，B_0 完全由时长和时期的数量所决定，且属于设计矩阵 $X^T X$ 的零子空间，满足 $XB_0 = 0$；B 为估计参数，主要依赖于设计矩阵 $X^T X$ 的零子空间正交的参数空间。

3.2 Cohort 分析在资产证券化与保险中的应用

Cohort 分析与 Vintage 分析都是信贷风险管理的常用方法[13]，但基于 Cohort 分析与 Vintage 分析的一种衍生分析方法可应用于信贷资产证券化对信贷资产的分析。在信贷资产证券化中，发起人一般会提供静态资产池的表现数据。基于这些数据，人们首先需要对资产进行分类，如根据信用评分和期限进行分类；然后根据每个子类中的发行年代分成若干静态资产池；最后计算每个资产池的年龄累计损失曲线。

一些时间比较长的资产往往包含多期表现数据，而一些时间短的资产拥有的表现数据比较少。为了解决数据长度不同的问题，我们常常需要对不同时间段的曲线做"归一化"处理，具体步骤如下。

（1）将累计损失率转化为当期新增损失率，如我们通过当期累计损失率减去前一期累计损失率作为当期损失率。

（2）生成损失时间曲线点，主要根据 Vintage 计算出平均新增损失率，接着将这些平均新增损失率进行累计就得到了平均累计损失率，最后用每期的平均累计损失率除以总损失率就构成了损失时间曲线。

（3）利用损失时间曲线，计算每个 Vintage 的预计总损失率。

人们并不知道当前资产池中的 Vintage 会表现得像历史上的哪一个，所以需要考虑历史上各 Vintage 的平均累计损失率，并且也要关注其变化范围。

接下来介绍 Vintage 预测中尚未表现出坏账率的典型案例。下面以某公司的信用分期为例来说明上述信贷资产证券化的评级方法。

表 3-3 给出了 6 个静态资产池的累计违约率，该静态资产池的总体违约率为 3.5%左右，但由于最近 3 个月的资产没有得以充分表现，因此其未来趋势没有得到相对准确的认识。

表 3-3 6 个静态资产池的累计违约率

时期	累计违约率					
	2018年9月	2018年10月	2018年11月	2018年12月	2019年1月	2019年2月
1	1.00%	0.80%	0.90%	0.85%	0.87%	0.89%
2	2.70%	2.50%	2.40%	2.60%	2.70%	
3	2.90%	2.90%	2.60%	3.10%		
4	3.10%	3.10%	2.95%			
5	3.40%	3.60%				
6	3.50%					

表 3-4 给出了 6 个静态资产池的新增违约率。随着表现期的推进，新增违约率呈现递减趋势，同时在表现期前 2 期是违约集中爆发期，因为该资产是分期产品，前 2 期违约率高则说明在进行风险管控时应该提高反欺诈

能力,从而降低该资产的整体违约率。

表 3-4　6 个静态资产池的新增违约率

时期	新增违约率					
	2018年9月	2018年10月	2018年11月	2018年12月	2019年1月	2019年2月
1	1.00%	0.80%	0.90%	0.85%	0.87%	0.89%
2	1.70%	1.70%	1.50%	1.75%	1.83%	
3	0.20%	0.40%	0.20%	0.50%		
4	0.20%	0.20%	0.35%			
5	0.30%	0.50%				
6	0.10%					

由表 3-5 中的违约时间曲线可知,80%的违约在前 3 期已经暴露出来,70%的违约在前 2 期暴露出来。

表 3-5　违约时间曲线

时期	平均新增违约率	平均累计违约率	违约时间曲线
1	0.89%	0.89%	24.21%
2	1.70%	2.58%	70.60%
3	0.33%	2.91%	79.49%
4	0.25%	3.16%	86.32%
5	0.40%	3.56%	97.26%
6	0.10%	3.66%	100.00%

表 3-6 给出了静态资产池的预计累计违约率。2019 年 2 月的资产池在实际违约率第 1 期表现为 0.89%,其预计累计违约率为 3.676%。2018 年 12 月的资产是所有静态资产池中表现最差的,回溯 2018 年 12 月来识别出各种影响因素,如获客政策变化、风控模型调整、客户本身变化等,找到关键问题后制定出相应措施来解决。

表 3-6 静态资产池的预计累计违约率

日期	实际违约率	数据长度	已发违约率	预计累计违约率
2018 年 9 月	3.50%	6	100%	3.500%
2018 年 10 月	3.60%	5	97.20%	3.704%
2018 年 11 月	2.95%	4	86.32%	3.418%
2018 年 12 月	3.10%	3	79.49%	3.900%
2019 年 1 月	2.70%	2	70.60%	3.824%
2019 年 2 月	0.89%	1	24.21%	3.676%
2019 年 3 月	0.90%	1	24.21%	3.73%

随着信贷产品的多样化，同类型产品的比较非常关键，其在利率、额度、期限方面有很大的差异。这些产品之间的利率一般都会统一到内部收益率（Internal Rate of Return，IRR）的年化或年利率（Annual Percentage Rate，APR）的年化，然后进行比较。但坏账率该如何进行比较，如一月期年化率为 36% 的信贷产品、一年期年化率为 36% 的信贷产品、两年期年化率为 36% 的信贷产品，这些情况下坏账率都是 1%，其各自真实的风险到底是什么？

对于此，业界争论不休，各有各的看法。一月期信贷产品的坏账率按照 1 年 12 次周转，其真实风险就是 1%×12 =12%。真的是这样吗？

上述逻辑是不科学的。因为 Vintage 的计算逻辑是按照同一周期内的放贷在未来的资金表现计算，其不仅有坏账，而且有本金。根据经验，一月期信贷产品的本金周转了 8.6 次，而一年期按照月分期则每期收回本金为总贷款的 8.33%，加权后本金年周转次数为 5.5 次。如果一月期信贷产品的坏账率为 1%，那么该如何调整使其与一年期信贷产品的坏账率进行比较呢？

该问题的核心是标准化，其关键点在于：①本金周转次数；②坏账率按照简单方法换算到年上，如一月期信贷产品的年化坏账率为 1%×12=12%，但这明显高估了短期信贷产品的坏账率。

第一种比较方法是：一月期信贷产品可比较坏账率应该为 1%×12÷

本金周转次数=1%×12÷8.6=1.40%，而一年期信贷产品的可比较坏账率应该为 1%×12÷5.5=2.18%，两年期信贷产品的可比较坏账率应该为 1%×24÷11.5=2.09%。该方法的核心是根据一年期为 12 期，并利用本金周转次数来修正的，从而得到相对可比较的坏账率。

第二种比较方法是：根据在 1 年内能发生的非坏账率的倒数作为系数来调整坏账率，如一月期信贷产品的坏账率为 $1/(1-1\%)^{12} \times 1\% = 1.128\%$，而一年期信贷产品的坏账率为 $1/(1-1\%) \times 1\% = 1.01\%$，两年期信贷产品的坏账率为 $1/\sqrt{(1-1\%)} \times 1\% = 1.005\%$。

这两种基于 Vintage 计算逻辑的方法不仅可避免出现短期坏账率被放大而导致无法比较，还凸显了短期产品更容易通过冻结账户等操作来控制风险的效果。

Vintage 分析不仅可以在信贷风险管理和资产证券化中使用，而且可以在保险中使用。对应信贷和资产证券化中的逾期率，保险的出险率就等于出险保单数量与投保保单数量之比，而金额方面的出险率等于出险保单的理赔金额与投保保单金额之比。

因此，我们可以按照每个月投保保险在投保期间中每个月的出险率，来分析保险核保政策等的有效性。

表 3-7 给出了 6 个静态样本池的累计出险率。6 个保险标的静态样本池的总体出险率在 3.5‰左右，但由于最近 3 个月的保险债务没有得以充分表现，其未来趋势将得不到相对准确的认识。

表 3-7 6 个静态样本池的累计出险率

时期	累计出险率					
	2018 年 9 月	2018 年 10 月	2018 年 11 月	2018 年 12 月	2019 年 1 月	2019 年 2 月
1	1.00‰	0.80‰	0.90‰	0.85‰	0.87‰	0.89‰
2	2.70‰	2.50‰	2.40‰	2.60‰	2.70‰	

续表

时期	累计出险率					
	2018年9月	2018年10月	2018年11月	2018年12月	2019年1月	2019年2月
3	2.90‰	2.90‰	2.60‰	3.10‰		
4	3.10‰	3.10‰	2.95‰			
5	3.40‰	3.60‰				
6	3.50‰					

应用上述方法可估算出该公司 2019 年 1 月、2 月的出险率分别为 3.82‰、3.68‰。

除利用出险率来分析外,理赔率是理赔金额与投保保费的比值。表 3-8 给出了 6 个静态样本池的累计理赔率。根据某保险公司汽车险的理赔率来看,每个月的理赔率是总体上升的,而续保后整体理赔率维持在 35% 左右。

表3-8　6个静态样本池的累计理赔率

时期	累计理赔率					
	2018年9月	2018年10月	2018年11月	2018年12月	2019年1月	2019年2月
1	10.0%	8.0%	9.0%	8.5%	8.7%	8.9%
2	27.1%	25.2%	24.0%	26.0%	27.0%	
3	29.1%	29.1%	26.1%	31.0%		
4	31.3%	31.1%	29.5%			
5	34.5%	36.1%				
6	35.1%					

应用上述方法可估算出该公司 2019 年 1 月、2 月的理赔率分别为 37.94%、36.559%。

| 第 4 章 |

信贷运营

人们正迈向体验经济时代,体验经济将取代服务经济。

—— 经济学家 约瑟夫·派恩和詹姆斯·吉尔摩

一家机构一旦从战略上决定要从事信贷业务，就需要对信贷业务经营进行详细的研究和考察，一般信贷的业务流程如图4-1所示，其核心是MIS。在信贷业务开展前，信贷机构首先需要根据自身的资源来确定目标客户群，明确目标客户的特征和画像，而客户画像要能用数字清晰地描述出来，然后基于客户画像进行信贷产品设计，明确获客方式，如通过哪些渠道来获客等。

与此同时，信贷机构需要建立既符合客户体验又能满足风控要求的流程，并仔细斟酌客户申请、调查、审批、合同、放款、还款计划、还款、催收、结清等环节可能的风险、成本或收益，进而根据信贷机构自身的信贷策略、渠道策略等来构建和调整相关流程。这些都是开展信贷业务的关键，任何一步出现差错都可能导致信贷机构亏损，甚至倒闭。

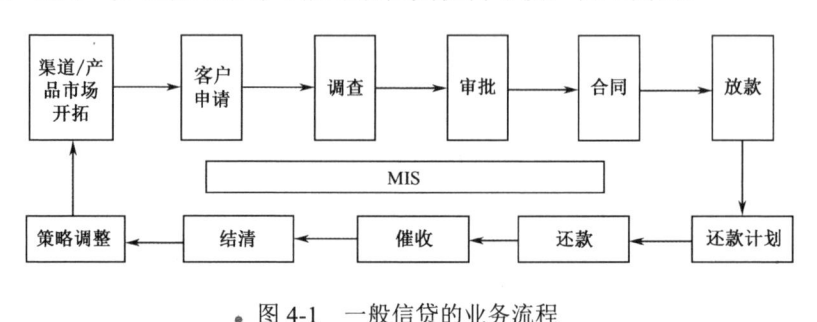

● 图4-1 一般信贷的业务流程

4.1 客户画像

在确定开展信贷业务之前，机构首先要明确目标客户[14-15]。一旦明确了目标客户，机构就需要借助客户画像来勾勒出目标客户的特征。

第4章
信贷运营

客户画像是一种勾勒目标客户、客户需求与产品目标的有效工具。在大数据时代，客户数据充斥于互联网中，机构将客户的每个具体数据抽象成相关标签，并利用这些标签将客户的形象具体化，从而为客户提供服务和体验。

在过去，信贷机构主要依靠客户经理、业务人员等的个人经验来描绘信贷客户的画像，因而客户经理或业务人员的个人经历、经验、文化水平、认知能力等方面所存在的差异将影响客户画像的清晰度并形成误差，进而误导相关决策。

在大数据时代，各机构可通过互联网、传感器、大数据技术等来收集整理客户数据，而后借助人工智能、机器学习技术等形成相对客观的、准确的、清晰的标签。例如，以住房抵押贷款为例，客户首先需要支付首付款，首付款的数据及占整个贷款的比例是客户画像的重要标签之一，因为首付比例为10%，与50%之间存在很大差异，且代表着客户的不同风险偏好、财富等。又如，客户选择不同的还款方式，如等额本金与等本等息，也存在很大差异，反映了客户对金融知识的了解程度、对未来收入的预估。

客户画像的标签可以有无限种，但其关键在于紧紧围绕客户、业务来抽象相关标签。例如，住房抵押贷款要判断是否有房、房屋地址、房屋大小、房屋年龄、产权证件是否齐全、收入多少、消费支出占比，等等。

在大数据时代，客户画像的重要性是不言而喻的，尤其是在这个产能过剩和竞争激烈的时代，没有精准的客户画像和客户定位，机构就不能找准方向做内容、做运营、做活动，就不能很好地进行市场推广和营销，也不能利用精准实时营销获得好处。

小微企业贷、学生贷、医美贷的客户画像如图 4-2 所示。以小微企业的信贷业务为例，小微企业一般定义为注册资本最高不超过 50 万元，并且所从事的是贸易、流通、服务、生产、加工、制造等与老百姓的日常生活息息相关的各类个体工商户、微型企业、小型企业及家庭作坊。

生意和家庭收支不分　　收入来源靠父母　　　公关、夜店相对比较多
财务资料少　　　　　　单纯容易被利用　　　稳定性差
无可抵押资产　　　　　年龄在18～30岁　　　额度比较高平均在5万元

图 4-2　三种客户画像

小微企业目标群体的主要呈现特征如图 4-2 所示，其特征详细描述如下。

（1）从财务报表来看，这类客户权益相对较低，流动资金有限但周转率高，业务中占用的资产相对较少，因而无法向信贷机构提供抵押品或质押品或提供得很少。

（2）在收入和支出上，家庭与生意不分开，典型的就是夫妻店，如水果店、小商品店等。

（3）没有或非常少的财务资料，有少量的财务资料，但没有完善的财务报表，甚至进货、发货的记录都不全。

（4）用来周转或进行小额投资的流动资金相对较少。

（5）还款的责任主体是家庭，不存在公司主体。

（6）对于申请、放款和还款的流程要求尽可能简单，而且办理迅速且价格合理，总而言之，就是不要有太多的繁文缛节。

个人贷，以学生贷为例，而学生主要以在校大学生为主，因而这类客户画像主要针对大学生，大学生的客户画像如图 4-2 所示，他们的收入来源主要依靠父母。

（1）年龄一般为 18～30 岁，主要为大专生、本科生、硕士生、博士生，学校有 "985" "211" 和一般院校之分。

（2）学生收入来源一般主要来自父母资助，购买产品主要是电子产品，如手机、计算机等，这类商品价格在 1000～10000 元不等。

（3）学生比较单纯很容易被人利用，如黄牛等。

消费贷，以医疗美容为例，这类客户画像主要是以名媛、公关、夜店人员为核心，他们的年龄一般为 18～45 岁，住处一般不固定，美容等花费占消费比重较高，而医疗美容一般费用平均在 5 万元左右。

在了解了业务目标客户的画像后，信贷机构可根据不同特征进行产品设计。

4.2 信贷产品设计

信贷产品设计的关键要素是利率、授信额度和到期日，而其他的要素则根据风控和不同的客户特征来设计。例如，小微企业信贷产品，其核心要素为：贷款金额在 5000～500000 元；利率在 10% 左右；期限则按照贷款用途而不同，如周转性借贷时长为 3～12 个月，扩充门店等投资借贷时长为 3～36 个月。其他要素如还款方式、客户准入条件、共同贷款人等，则主要根据风控能力来权衡取舍。

"完美"的产品要求客户填写的资料往往比较多，如提供最近两年的收入证明和支出记录、财务报表；提供最近 12 个月经过逐月核实的现金流；提供抵押、质押或担保，并提供相关关系证明；等等。这些要求虽然非常重要，但这样苛刻的条件完全可能把好的客户过滤掉，留下的很有可能就是一些从其他信贷机构无法获得信贷款的客户。他们根本无法按要求、实事求是地提供信贷审批材料，即使有些客户能提供，也是非常差且不能通过审批的，最终他们只能通过做假、提供虚假资料和不真实的数据来获得贷款。这些虚假信息是按照风控条件进行量身定做的，当然也是被不合理的要求所逼迫捏造出来的。它们的蒙蔽性很高，往往误导风控的审批和决策，从而导致逾期并产生坏账。

信贷产品选择不同还款方式对风控影响同样很大，如等本等息、等额本息、等额本金、先息后本（先还利息，到期还本）、按月付息按季付本金、先一次付利息后按期还本、先一次付利息到期还本等。首先，这些还款方式中的分期还款方式可以增加客户与信贷机构的交互，而从还款带来的风险来说，先息后本的风险是相对较大的，因为到期日一次性还本，当还款金额比较大时，客户的资金压力也是非常大的，使客户逾期率上升；其次，按月付息按季付本金的风险就相对小一些，但与等额本息、等本等息相比还是要大得多；再次，先一次付利息到期还本的风险相对更小一些；最后，等额本息、等本等息、等额本金的风险更小，还有就是先一次付利息后按期还本的风险最小。

信贷产品的信贷政策也可能是风险的来源，如我们的信贷政策规定客户的贷款额度，按照"最近3个月日均营业收入的3倍、不超过年销售收入的10%、不超过实际需求额度的40%"的最低额度确定原则。假设一个客户年销售额500万元，最近3个月日均营业收入为8000元，客户实际需求额度要100万元，最终客户的审批额度为min(50, 2.4, 40)万元。也就是说，客户最高贷款额度为2.4万元。然而，这个额度不能满足客户的需求，客户要么不用这笔贷款，要么通过虚报日均营业收入来获取更高额度的贷款。这样的信贷政策出发点是控制额度，但本身的逻辑是存在缺陷的，如一个年营业收入取 10% 额度=日均营业收入×10%×365 天，而现在取日均营业收入的3倍=日均营业收入×3，这之间是存在差异的。实际上，相对合理的是将最近3个月日均营业收入的30倍作为标准，这样避免了逼迫客户造假，且该客户按该标准可贷额度为 24 万元。另外，该政策也可修改为"最近 3 个月日均营业收入的 3 倍，不超过年销售收入的 1%，不超过实际需求额度的 4%"，那么该客户的可贷额度仍然是 2.4 万元。因此，信贷政策之间的逻辑要合理，信贷策略应以信贷机构利润和风险调整资本收益率（RAROC）为核心并保证其逻辑一致性。

4.3 引流获客与市场营销

在确定了目标客户和设计完产品后，信贷机构就需要获得目标客户，让其尽快了解产品并进行消费或获得相关服务。

对于一个新业务而言，引流获客是非常关键的，毕竟"酒香也怕巷子深"，需要认真考虑获得客户的相关方式和方法。同时，引流获客与市场营销是风控的关键环节，到底开拓哪些市场，对于什么样的客户进行营销，维系什么样的客户，这些最终都将反映在信贷机构的坏账率上。

引流获客与市场营销需要牢牢紧扣客户的痛点和偏好，把握市场的趋势，洞察客户在不同情况下对产品的需求。根据客户画像与产品，信贷机构需要选择有效的引流获客方式，制定合适的市场营销方案。

在引流获客方面，信贷机构可以与相关机构进行合作，如有大量客户的电商平台、超市，或者导流机构等。例如，通过业务入口嵌套到导流机构的网站、App 等，从而不断获取客户，但这就需要信贷机构的业务入口不仅可向外分享，而且具有标识能表明是来自哪些机构的。又如，通过赠送一些产品、服务等来接送客户到相应网点。

同时，信贷机构可以有针对性地向目标客户推送相关广告，如借助精准广告平台来进行宣传，借助电视、电台等进行广告宣传，也可以借助社交媒体的分享功能分发一些带广告性质的文章，还可以借助地铁、高铁、飞机等广告栏进行广告宣传，甚至可将一些广告植入到电影、电视剧、短视频、直播，等等。

无论采用哪种引流获客与市场营销方式，信贷机构都要基于自身的客户画像有针对性地进行营销推广，从而有效提高广告费的效益。同时，信贷机构要明确主要营销对象的特点，有针对性地推出特色产品，把业务信息准确地传递给客户，并特别注意维护自身机构的形象。

开展业务该采用哪种方式来引流获客与市场营销，信贷机构需要仔细斟酌。以小微企业主贷款为例，客户主要为小微企业主，信贷机构可采取直接营销，这需要信贷人员积极主动地对潜在客户进行面对面的介绍和销售。对于消费贷业务，客户主要来自线上，信贷机构需要和其他第三方广告公司合作，用精准营销的方式获得客户。对于线下消费贷业务，信贷机构可以通过折页、宣传页等方式进行宣传。

一般来说，信贷机构的营销方式可以分为"地推"获客、网点获客、其他机构导流获客、以"客"带客、精准营销获客等。

4.3.1 "地推"获客

"地推"获客是地面推广人员获客的方式。这种方式是信贷机构长期有效的一种营销方法，如中安信业、美团、阿里巴巴B2B等都采用过这种营销方式。

其管理人员需要根据业务所在区域制定出"需求表"，对业务区域进行分片管理，而后责任到人，同时制定相应的获客引流与市场营销方案，以及相关激励制度。同时，这种方式要求信贷人员使用手机回传照片、实时定位，并且每周营销时间不少于3小时，做到该区域目标客户均知道自身机构的信贷业务。

"地推"获客是推广人员主动赢得潜在客户的方法，如直接上门。推广人员在目标客户密集的地方可利用"地推"进行推广与营销,这种方式成功的关键在于推广人员携带提前准备好的联系方式,如名片、营销记录反馈表,根据"需求表"来确定扫街的区域(一般提前在行业资金需求出现两个月前开始多次营销),或者是结合以前营销记录有目的地进行,并要避免先入为主而人为屏蔽一些客户,进行选择性营销(在无法判断某主体是否为目标客户的情况下,不能放弃对其进行营销),最后要与潜在客户进行充分沟通,让客户理解产品的特点,如无抵押、无须任何手续费、调查结束后 1 小时即可提款、外地人也可申请、利率设定合理等。

"地推"获客需要管理层不定时地对相应的案例进行复盘,树立标杆,并陪同信贷人员上门帮助解决一些问题。虽然"地推"人力成本较高,但是营销效果通常比较好。

"地推"获客的反馈表很重要,是后续建立市场响应模型的关键数据来源,为以后市场"地推"提供有效的策略和支持。"地推"反馈表如表 4-1 所示。

表 4-1 "地推"反馈表

企业/店铺名	地址	店主联系方式	店主年龄	店铺工人数	第一次拜访时间	第一次拜访结果	第二次拜访时间	第二次拜访结果	第三次拜访时间	第三次拜访结果
店铺王	上海南京东路 1 号									
烧卖专卖店	北京建国门 3898 号									

说明:拜访结果主要用数字来表示,具体如下:

1:有资金需求且详细地了解了产品等;

0.5:对产品感兴趣,但暂时无贷款需求;

0.1：有资金需求，但对利息不满意；

0.05：有资金需求，但有其他融资渠道；

0：无资金需求；

0.5：只交给了客户，如老板不在家，比较忙等。

"地推"获客主要依赖推广人员到目标客户集中的社区、园区、办公楼等进行面对面拜访。这种方式的成本相对比较高，且客户会因隐私等考虑而不会立即答应，需要推广人员分发名片或二维码等，降低客户的敏感性。

4.3.2 网点获客

网点是指一些机构在不同地区开设的分支机构或办事处，用来开拓和办理业务。通常，机构可以利用网点进行营销，这也是获客的常用有效方法之一。

信贷机构总部及相应网点等相关负责人应有计划、有规律地在网点布置宣传页、X架、LED展示屏、易拉宝、海报等营销工具。客户经理需要及时到网点与相关人员进行沟通并实地调查，确保信息流畅传递并及时更新。同时，为了确保网点的客户量，网点可以借助一些"39.9元拿食用油"等方式来吸引客户。

一般而言，"网点"获客的成本比较高，但效果比较好，因为该营销方式以信贷机构网点作为信息发布途径，并且信贷信息本身可信度比较高，客户接受度相对来说也比较高。

4.3.3 其他机构导流获客

其他机构导流获客是指机构与其他有客户资源的机构进行合作来获得客户。例如，各大商场、办公楼物业、电商平台、拥有上下游供应链的核心企业等都可以为主营小微企业主贷款的信贷机构导流，因为它们都有相当数量的具有资金需求的商户。又如，主营医疗美容信贷的机构，通常会和各大医疗美容机构进行合作，因为医疗美容机构会遇到一些客户有美容需求而资金不足的情况。

通过其他机构导流获客的方式是"多赢"模式，通过强强联合来更好地服务客户。为了提高客户忠诚度和客户体验，拥有客户的平台往往需要不断为客户提供增值服务。对于客户而言，他们也喜欢通过已有平台获得更优质、更丰富的服务内容。对于信贷机构而言，其可以获得相对稳定的客户来源，并且客户特征比较清晰。

信贷机构借助其他机构导流获客很容易使业务快速发展起来，但是这又可能让相关人员忽视了客户的体验，降低了相关服务意识等，从而使得信贷机构自身的风险增加。同时，导流机构有可能从自身利益出发，利用自身推荐权和客户联合欺诈，从而造成获客机构亏损。因此，机构需要对获客渠道进行严格审查和监控，采取"谨慎分析，大胆冻结"的态度来对待这些获客渠道。

4.3.1 以"客"带客

以"客"带客是指机构通过相关激励措施来鼓励存量客户帮助获客的方式。一般而言，机构的存量客户往往都使用过相关产品，有相关体验。

根据消费行为理论可知，客户在消费后往往都有评价和分享的倾向。机构可以通过激励措施来促使分享更有效，借助客户的信用来获得新客户。这就需要机构的相关产品能够支持分享，同时要重视客户关系，做好与客户的情感联系。

通常来说，机构的业务达到一定规模后，就会出现老客户介绍新客户的情况。对于信贷机构而言，如果介绍人本身就是优良客户，其介绍的新客户一般也是比较优质的，因为他们具有某些相同的社会特征，或者处于相似的社会环境，还款意愿和能力也比较强，类似客户的批准率通常都比较高，很容易形成良性循环；但如果介绍人是不良客户，其介绍的客户很可能也是不良客户，从而形成恶性循环。因此，以"客"带客的模式需要有选择性地实施。

以"客"带客的优点在于获得客户的成本相对比较低，并且留存率比较高。

4.3.5 精准营销获客

广告获客是通过电视、电台、户外灯箱、楼宇电梯、报纸、杂志等广告进行营销推广，但这种方式往往是"漫天撒网"，很难评估营销效果。

随着通信技术的发展，广告获客还可以通过电话、短信、电子邮件等方式来进行。机构可以借助不同客户的特征，如不同手机号、电子邮箱，来制定相对个性化的营销方案，进而可评估不同营销策略的效果。

在大数据时代，随着大数据技术的发展，机构可以采用精准营销方式来获客。精准营销是指充分利用大数据的分析和挖掘技术，根据过去短信、EDM、申请贷款日期、转化情况等来判断不同人使用信贷的可能性而进行有针对性的宣传、推广。精准营销主要依据市场响应模型进行评分，并按照分数高低采取不同的策略。

机构建立市场响应行为模型是为了评估客户在短信、推送信息、邮件等方式下的响应率。但无论哪种营销方式都需要一定的成本，如果没有针对性地盲目"撒网"，机构往往很难获得相关客户，从而使得营销成本很高。同时，在大数据时代，这种毫无目标地打扰客户的行为将造成客户体验不高。为此，机构需要建立市场响应模型来让尽可能多的目标客户获知信息并接受相关产品或服务，同时尽可能地避免打扰到非目标客户。

市场响应模型的因变量 Y 是指营销活动后目标客户是否接受，通常以

1 来表示接受，0 表示不接受，而预测变量则主要包括客户的各种行为，如当前的负债程度、对新贷款的追求等。当前负债程度主要数据有负债率、短期应还负债等，而对新贷款的追求主要数据有最近 7 天的申请贷款数、申请贷款机构数等。

机构也可以开发出在不同触达方式下的市场响应模型，如短信的市场响应模型和邮件的市场响应模型，而后可以制定出更加合理的策略，如短信响应度比邮件的低就采用邮件；无折扣的响应分数比用折扣的分数高，就不用折扣。精准营销方式重点关注营销效果和成本，目的是确保营销效果最佳而成本最低，但对实施人员的技能和数据的品质要求比较高。

在一定条件下，机构也可选择实时营销、需求方平台（Demand Side Platform，DSP）的方式来获得客户。但这需要机构具有清晰、准确地刻画客户的能力，从而参与相关拍卖来获得相应的广告展示位，但是赢得竞拍并不等于获得了客户的申请。

4.3.6 软性传播获客

随着竞争的日益激烈，机构可以借助其他的优势来获客，如赞助相关会议、沙龙、赛事等；借助名人、明星和爆品的"势"来营销；将相关广告等植入各种电影、电视剧、视频、直播等场景中。

机构可以通过赞助某些大会、运动会等进行品牌、价值的传播。例如，在一些"真人秀"中，机构可赞助一些衣物、道具等。机构也可以邀请一些名人、明星来使用产品，并为相关产品推广提供动力。

机构还可以通过植入方式来获客，即将产品或品牌植入影视剧的内外造型或独特功能中，或者将产品或品牌植入游戏、赛事中，等等。

4.3.7 多种营销方式联合获客

不同营销方式获客的成本、效果等都不一样，且各有千秋。因此，机构不能过于依赖某种获客方式，而应将多种营销方式组合起来。

这样可以充分利用不同营销方式获客，保证客源质量和稳定性，因为不同的营销方式获得客户的成本、转化率、忠诚度、风险都是不一样的。

从获客的成本来看，"地推"营销模式的获客成本最高，其次是机构推荐，再次是精准广告，最后是客户带客户。从客户的转化率、忠诚度、风险来说，不同营销方式也是不同的。机构可参考多种营销方式来优化自身的客户来源，从源头上控制好风险。

营销效果或结果是业务发展的基本保障，应通过不断地管理、监督来保证和提高营销效果。机构对营销效果的衡量，可以使用 Cohort 分析来分解出时长效应、时期效应和 Cohort 效应，并实时改进策略。为了达到好的效果，机构应检查每月提交的营销报表，同时检查营销效果及营销计划的合理性，并及时调整营销策略。

4.4 申请调查

一般而言，信贷的申请阶段流程如图 4-3 所示。信贷机构需要客户提供身份证、手机号、申请表或页面内容、银行流水、营业执照、客户手机所对应的运营商密码或验证码，最后还需要绑定银行账号，具体的申请流程根据不同客户而不同。

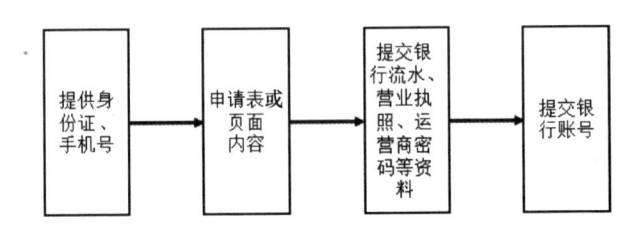

图 4-3　信贷的申请阶段流程

信贷申请流程会根据不同客户群体进行相关环节的调整。但信贷机构要充分了解申请者，不仅要知道他是谁、如何联系上他，还需要了解其对资金的需求、还款能力等。因而，申请人需要提供身份证明、可联系的手机号、地址、紧急联系人等，还需要按照信贷机构的要求填写申请额度、期限、还款方式等，授权其查询资金流水等信息。为了确保款项能够顺利发放，申请人还需要提交收款、还款的银行账号。

信贷机构在收到客户提交的申请后，将启动调查程序。一般而言，调查可分为实地调查、电话调查、视频调查等。同时，该阶段可分为调查时间和地点确认、调查前准备、实地或电话调查分析三部分。

4.4.1 调查时间和地点确认

实地或电话调查的时间应根据客户贷款的需求日期、申请日期的先后顺序进行安排。原则上，实地或电话调查的时间应该安排在客户申请后的3个工作日内，具体时间需要和客户协商（比如，约定为某天上午或下午的几点几分）。

如果信贷机构的相关人员不能在3个工作日内安排相关调查，相关人员应及时与客户取得联系并重新约定调查时间。如由于客户的原因，导致5个工作日内无法联系，信贷机构可以默认该客户放弃申请，视作申请作废。

借助互联网开展信贷业务，信贷机构为了提高客户体验往往不要求与客户面对面确认，而是采用电话、视频等方式。因此，其需要确认调查的时间。

随着大数据技术的发展，信贷机构不需要与客户进行直接沟通，因而不需要确定调查地点和时间，但它们主要依赖自身的数据收集、分析和挖掘能力。在客户提交申请后，信贷机构的业务系统就立即开展相关信息的收集工作，如可以自身收集数据，也可以通过第三方数据或风控公司获得相关信息。

多年的实践经验表明，在大数据时代下，信贷机构需要立足于自身的数据，深入挖掘并得到较好的结果。

4.4.2 调查前准备

调查人员在调查前要做好充分的准备工作，做到"打有准备的仗，打有把握的仗"。

在实际操作中，调查人员常常由于调查前没有做好充分的准备，而在实地或电话调查过程中出现信心不足、丢三落四的情况，甚至导致后续的信贷分析和决策混乱，无法给出准确的判断。例如，在调查前，调查人员因没有研究客户相关信息而导致在调查时话题被客户所主导，从而被动地收集相关信息。

调查前准备工作主要包括：审阅申请表、查阅相关行业的资料，也可以根据需求询问经验丰富的同事或朋友；列出实地或电话调查中的必要和重点问题，以及相应交验的问题项，客户的主要和独有风险点；等等。

调查前准备可以帮助调查人员分担实地或电话调查中的一部分工作，所以应尽量结合客户在信贷机构的申请表所填写的信息，减少实地或电话调查的内容，提高客户体验。

在调查前准备阶段，客户的申请信息就应进行数字化、实质化和精准化，而不是流于形式、模糊不清，要厘清实质内容和信息。如果信贷机构的相关技术比较好，就可通过技术抓取一些数据来作为分析和交验的数据源。调查前准备作为备忘笔记，可以列出调查人员调查时容易遗漏的问题和关键问题，如贷款金额、期限、贷款用途、还款方式、携带征信授权书等。

互联网信贷的客户主要来自互联网上，调查前准备主要是信贷机构根据自身目标客户群体选择合适的第三方数据或风控公司，或者自己收集客户信息,并根据合作方或自身收集所需要的信息做好相关准备工作。例如,收集客户在申请时填写的输入、滑动等行为数据,并对其进行分析和挖掘。

4.4.3 实地或电话调查分析

调查分析是调查准备工作完成后,需经过相关人员授权才能进行的活动。任何没有经过授权而进行的调查都是违规的,授权又可分为临时授权、长期授权等。如果客户无特殊原因而不能按要求提供资料或在 5 个工作日内联系不上,那么该客户的申请在审批环节前就会给出"建议暂时拒绝"。

传统信贷认为,调查是以客户申请信息为核心进行的核对,这是由于没有其他数据源进行校验,只能以口述信息作为申请信息的校验数据来源。因此,在传统信贷调查中,调查主要以客户申请信息为核心进行核对。

在大数据风控中,申请数据可与调查数据、系统收集数据、分析与挖掘结果数据等进行相互校验,因而大数据风控的调查是为了弥补系统无法收集或分析的信息而进行的,以非客户申请信息为主。这些信息是客户没有填写,但调查的时候需要进行询问的,有利于数据的真实性校验。

贷款调查流程如图 4-4 所示。无论是实地调查、电话调查,还是视频调查,出于礼貌和正常交际需要,都需要开场白,而后对基本信息、收入、支出等事项进行调查。

一般而言,调查人员需要在规定时间内完成对申请人、共同借款人和担保人的调查,并通过信息逻辑检验,发现和识别客户提供信息的逻辑是否一致。

调查分析的关键点在于对各信息进行相互逻辑检验。为了尽可能准确地获得客户的真实经济状态,按照 IPC 微贷技术要求,至少要有 3 种以上逻辑检验，即每项至少保证有 3 项数据源。例如，大额消费贷中的个人收入验证，可通过银行流水、所在企业/公司和职位、资产和工作年限进行相互校验；房租支出的验证，可通过客户口述的房租、互联网上相应小区的租房价格信息、房租支付的流水进行相互校验。

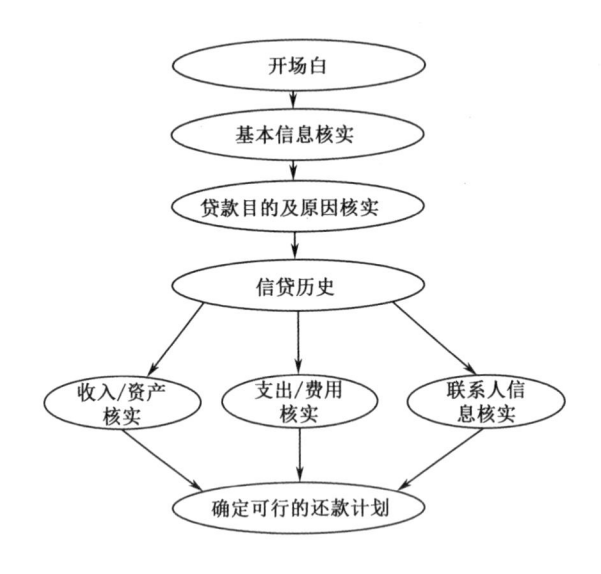

```
开场白
  ↓
基本信息核实
  ↓
贷款目的及原因核实
  ↓
信贷历史
  ↙  ↓  ↘
收入/资产核实  支出/费用核实  联系人信息核实
  ↘  ↓  ↙
确定可行的还款计划
```

图 4-4　贷款调查流程

调查分析的重点是客户的还款意愿和还款能力，其需要对客户的收入、开支费用、资产权益、成本和毛利润率，以及一些"软"信息进行校验。要了解客户的还款能力，信贷机构就需要构建客户的资产负债表。资产负债表通常是企业必须提供的，但信贷机构应以 IPC 微贷技术等为基础为个人构建资产负债表，即建立个人的收入、支出表等。

构建个人的资产负债表可根据客户、第三方等所提供的数据进行构建和交叉核实。一般而言，信贷机构可借助银行流水、工资单、税金等推算收入，也可通过个人所归属不同维度的地区可支配收入进行加权平均作为其收入；通过客户的理财收益可以推断出客户的资产；根据客户的消费记录可以构建出客户支出；等等。

在实践中，99%的企业是小微企业，它们没有规范的财务报表。在放贷之前，信贷机构的调查人员需要进行相关调查，然后根据各种信息构建出相应的财务报表，如资产负债表、收益表、现金流量表等，并进行相应分析。

即使企业提供了财务报表，信贷机构仍需要从客户的财务报表中抽取出真实信息进行深入调查分析。该调查主要是通过通览报表，检查有无过于"突出"的科目，循着问题做进一步调查，审查总账、明细账及记账凭证，最终构造出相对真实的财务报表。

不同贷款产品、场景调查的要求是不同的，如对于金额大、时效低的产品和场景，信贷机构可以采用实地、电话、视频等进行调查，但对于一些金额小、时效要求高的，信贷机构进行相关调查是低效率的。对于大中型企业的大额贷款，信贷机构可以采取实地详细调查；对于小微企业和大额个人信贷，信贷机构可以采用电话、视频的方式进行调查。而对于电商的信用支付类产品，额度小且购物体验和时效要求高的，这种就不需要实地、电话或视频调查，更多的是依靠电商数据、申请数据等进行分析，如微粒贷是靠腾讯自身积累的数据来判断的。

客户是掌握了自身完全信息的、"最好的"风险分析员。在实践中，一些客户会采用虚夸财力，不想进入细节，做出恼怒的态度，想用自己"头力"镇住信贷人员或通过声东击西的方式分散信贷人员的注意力，这就需要信贷人员能够立场坚定、持之以恒和不达目的不罢休地收集信息。

| 第5章 |

信贷分析

> 风险是可量度的不确定性，基于事实中的结果分布是已知的或是可确定概率的。
>
> —— 经济学家 富兰克·奈特

第 5 章
信贷分析

在进行信贷调查后，信贷机构要对相关信息进行汇总、分类、分析和挖掘。在经济学中，信息是一个非常关键的概念，是提供决策的有效数据；信贷分析和决策不可避免地将使用各种信息。我们将用于信贷的信息分为信贷硬信息和信贷软信息。

任何可用于勾勒客户社会面貌的数据，均为信贷软信息；而可直接量化客户还款能力和还款意愿的信息则为信贷硬信息，如财务报表、信贷数据等。

信贷分析主要围绕着"客户是否具有偿还能力，是否具有偿还贷款意愿，第一还款来源是否稳定"展开。

传统银行信贷审批技术的主要原则有数据准确性原则、制衡原则、交叉验证原则。IPC 微贷技术的原则主要是眼见为实原则、交叉检验原则、基于现金流原则。大数据风控技术和巴塞尔协议风控量化技术的原则也主要为数据精准原则、交叉验证原则。因此，参考传统银行信贷审批技术、IPC 微贷技术、巴塞尔协议风控量化技术和大数据风控技术等不同信贷审批技术的原则，我们可以总结出信贷分析必须遵守如下 4 个原则。

1．真实性原则

无论是传统银行信贷审批技术、IPC 微贷技术、巴塞尔协议风控量化技术，还是大数据风控技术，都要求调查人员在实地考察、电话调查或技术获取后提供的数据，必须是经过验证并核实的真实数据。其目的是保证信息的真实性、可靠性，否则客户就会出现表面上利润非常好而实际现金流却非常匮乏的问题。

IPC微贷技术要求信贷人员亲自参与并检验后，才能将相关数据加入报表。例如，客户的现金必须由客户当着信贷人员的面清点后，信贷人员才允许将其列入资产负债表中；在IPC微贷技术中，其被称为眼见为实原则，具体体现在客户的存货必须由信贷人员亲自清点或估算，并登记入册[16-18]。

在实际工作中，信贷人员对在客户经营场所所见的流动资产（货物或固定资产），也必须向客户核实其权属，以及观察客户对仓储是否熟悉，如观察大门的狗是否对着客户乱叫，门卫与客户是否熟悉，因为曾经发生过客户借别人仓库及货物来充当自己资产的案例。经验显示，看到的货物有时不一定就是客户拥有的，也许是他人在客户处赊销的或为了骗贷而临时借来的。

大数据风控技术的前提是熟悉相应数据产生的业务场景，而后依据业务场景来勾兑出相应数据是否符合业务逻辑，检查数据是否存在造假、虚构等。在传统信贷业务中，信贷机构需要客户提供身份信息、财务报表、银行流水等信息，同时要核实这些数据的真实性。如果有客户提交的身份证号为"970952198409084502"，信贷机构就要识别出这个号码是不对的，避免通过审验并放款，因为在中国内地身份证号开头数字最大的是6，未来可能最大的数字为8。同时，可以通过与第三方机构合作来校验身份证，从而解决信息的真实性问题。

2. 现值原则

一般情况下，信贷客户都拥有一些资产。对于这些资产，信贷机构可采用现值方法来确定资产的价值。在实际工作中，客户资产通过虚拟出售的方式所能获得的现金数量就是客户资产的现值，即在调查分析的时刻，假设客户资产（如房产）被出售，根据市场价格等所能得到的净现金流。现值原则最有可能出现以下两种结果。

（1）资产价值减少。在财务报表中，资产是会计数字，而不是实际现金流的处理结果。然而，IPC 微贷技术则要求根据资产实际的市场兑现价值进行估值，同时传统银行信贷分析过程中对于资产真实价值的要求也是市场价值，而非账面价值。例如，客户拥有计算机资产，购入时的价值为 8000 元，根据会计法规定，折旧后现值为 4000 元，但当地计算机市场行情为 2500 元，那么该计算机的资产价值真正纳入报表中的应是 2500 元，而不是 8000 元，也不是 4000 元。在不同地区，同样品牌物品的现值是不一样的，要把区域因素考虑进去，这样才能获得合理的评估。以现值为原则，信贷分析要以物品变现的兑现价值为准。

（2）资产价值增加。例如，客户经营出租车业务，在 5 年前其购买出租车营运证投资了 50000 元，而现在在客户所处的地区，其出租车营运证转让价值为 150000 元，同时现在以这样的价格在市场上立刻就能够进行兑现，那么我们应当将这个客户拥有的该营运证进行升值，信贷人员在填写该营运证的价值时就应该以 150000 元为准。

3. 谨慎原则

在实际工作中，相关机构无法做到低成本、高效率地获得真实的数据或现值。例如，对客户的冰箱价值进行估计，我们没有办法在旧货市场中找到现值依据；对客户提供的营业额或毛利润率水平，我们没有办法进行清晰的界定。在这种情况下，信贷机构就需要使用谨慎原则，即采用价值区间最低的价值数据。

在反欺诈过程中，机构可利用客户的身份证号、身份所在地、手机号、E-mail、IP 等信息来构建出客户之间的关系网络。然而，按照运营商对"手机号停用 6 个月会被重新启用"的策略，通过手机号就不能确定是否是同一人了。但为了风险最小化，在实际业务中，同一手机号通常一律视作同一人处理，除非有非常准确的信息能证明二者不同。这也是谨慎原则的具体体现。

在授信过程中，授信会按照客户的收入高低来决定。但在实践中，授信常常按照客户的可支配收入来确定。然而，可支配收入的评估方法会因消费的不同而得到不同的消费额度。例如，按照运营商的标准可以评估出一个消费额度；按照一个地区的个人消费能力也可获得一个消费额度……为了谨慎起见，将按照这几者之间最大的或累计的额度作为个人消费额度，而后计算出客户的可支配收入。

4．交叉验证原则

交叉验证原则是谨慎原则的深化，也是其他原则落地的根本所在。交叉验证原则用来确认各信息源所提供的客户信息之间是否真实和一致，包括客户向信贷人员所描述的信息，以及通过不同的信息来源提取的信息。

各种来源的信息之间需要进行相互印证，多角度、多维度地验证。一种数据要成为信贷分析中有价值的信息，就必须经过至少 3 种方法的交叉验证来核验其真实性，以及它与其他数据源之间的一致性，而后该数据才能作为分析的一个元素，并作为证据链中的一个证据被采用。

5.1 信贷硬信息分析

信贷硬信息主要包括财务报表和信贷记录等。其中，财务报表包括资产负债表、利润表、现金流量表及附录、现金流水记录等。

一般来讲，拥有财务报表的组织或企业是企业类客户。信贷机构要获得其市场信息，即使获得部分市场信息都是很困难的，然而《企业会计准则》规定了"企业应当编制财务会计报告",这就使得财务报表是相对容易获得的信息资料。因此,财务报表是信息的主要来源之一。

5.1.1 财务数据真实性分析

一般而言,信贷分析的还款能力评估主要是以客户的财务情况为基础的。财务报表中的数据是否真实可靠是非常关键的,因为基于造假或虚构的财务报表进行分析,不真实、不可靠的数据等将导致结论必然是错误的,进而使得信贷机构遭受无法挽回的损失。

为此,在信贷分析前,信贷机构需要借助相关技术,如 Themis 财务预警技术,对资产负债表、利润表和现金流量表中各科目进行逻辑校验,来确保各科目数据是真实的、准确的。

1. 基于财务指标自身逻辑校验真实性

销售收入对后续财务比率分析、杜邦分析等非常重要,更为重要的是它可以作为企业或个人的"同身寸"的标准。因此,信贷机构最初就必须对销售收入进行校验。

销售收入的计算方法会因企业类型的不同而不同,如对于生产加工类企业而言,其实际产品销售与附加服务收入的总和为销售收入;对于代加工类企业而言,其加工费等收入为营业收入;对于贸易类企业而言,其实际的销售收入为销售收入;对于服务类企业而言,其实际产品销售收入与附加服务收入的总和为销售收入;对于体验类企业而言,如平台企业,其实际收取的服务费用为销售收入;等等。

对销售收入进行逻辑校验主要通过以下9种方法。

(1)根据产品收入结构,即不同产品的收入占比,以及不同产品销量和产品价格进行相互校验,从而获得相对稳定的销售收入。

(2)根据入库单、装箱单、提货单、发货单、运货单、发票等校验销售收入。

（3）根据生产产值、水电费、辅料或产品配件消耗、工人绩效工资校验销售收入。

（4）根据银行流水、税收、应收账款占比、账本记录来校验销售收入。

（5）根据其他第三方数据验证，如物流公司、电商、销售支付结算终端（Point Of Sale，POS）流水来校验销售收入。

（6）根据生产线工艺水平，计算不同产品成本结构和不同产品成本占比，并据此来推算产品加权毛利润率，同时根据行业中整体毛利润率来校验其销售收入。

（7）根据不同行业来识别出销售收入，如贸易或服务行业可以按日、周、月、年等时间的销售收入来推算销售收入；生产企业可按生产能力、工作时间等来检验销售收入；客运可以按照加油发票、里程表等来校验销售收入。

（8）通过供应链上下游来确定销售收入，如贸易行业可以通过进货额（期初存货-期末存货+期间进货）×（1+毛利润率）来估算出销售额；加工行业还可以通过水电费等估算出生产量，而后根据期末和期初库存计算出销售量，最终可计算出销售收入；服务、客运行业可以按照上座率、平均消费和人流量来计算出客户的真实销售收入。

（9）与同地区、同行业其他企业的销售收入进行对比，判断客户销售收入是否合理。

销售收入依赖于所获得的各种资产，如机器、厂房等固定资产，或者现金等资产。尤其是在产品服务化过程中，制造业的工厂、设备、生产线等都可租赁或代加工，因而企业提供的财务报表资产需要核实产权归属。

第5章
信贷分析

1）产权归属核验

要校验针对资产负债表中的资产，就必须先要弄清楚相关的产权归属，避免后期可能发生的一系列法律问题。因而，产权所属需要进行相关调查和核实[19]，具体如下。

（1）为了避免客户借他人公司或越权等导致风险敞口过大，需要确认是否独立经营、是否为实际经营者、是否有合伙人（实际的也算），如果存在，那么实际合伙人是否同意作为共同借款人。

（2）遵守相关法律法规及政策等，需要检查营业执照，公司类型的还要查看公司章程、验资报告、股权结构等文件。

（3）如果生产场地、机器设备等所有权归客户所有，则客户需要提供相关证明，如购买合同、发票等；如果生产场地、机器设备或商标等是租赁的，就需要检查租赁合同来确认租赁主体。

（4）根据客户对资产的熟悉程度来验证产权所有，如果客户到一个仓库，仓库门卫阻挡或客户绕来绕去找不到，就可以基本判断该仓库不是该客户的。

（5）检查与核验发货、进货、生意往来银行流水等能证明产权归属的单据，如客户与下游的铺货合同、下游接货清单等，因为对于客户代销出去的货，如果下游商家不能出售还可以退给客户，那么这些货物的权属并没有改变，所以这些货物应列入资产负债表，否则一概不采用。

（6）针对客户所提供的资料进行交叉验证，以及通过侧面调查等方式进行核实。

在确定了资产产权归属后，信贷机构才能对资产负债表中各种资产进行一一校验。

2）固定资产校验

固定资产是指用于未来经营的资产，使用期限通常超过一年、单位价值在规定标准以上，并在使用过程中保持原来物质形态的资产，主要包括房屋及建筑物、机器设备、运输装备、工具器具等生产经营资产。

在固定资产权属通过核验的前提下，固定资产校验的重点是核验资产的价值[20-21]。对于不属于生产经营主要设备的物品，其价值在 2000 元以上，使用期限在两年以上的也应作为固定资产。

固定资产校验要从其初始价值、折旧、是否被抵押等出发，因为它们将影响固定资产的真实价值，具体方法如下。

（1）若固定资产被抵押或质押，则其现值应扣除相应的金额等；若固定资产被租赁出去，则需要核验租赁合同等，并根据租期等确定其价值。

（2）固定资产的现值可通过当地的旧货市场、互联网二手平台，以及专业的第三方机构或人员进行评估，从而找到各方都可接受的相关资产估值。

（3）根据资产购置价值、市场价格、折旧方法，以及变现的难易程度情况等来评估固定资产的价值。固定资产可分为一般性、专业性。不同类型的变现难易程度是不同的，因此要对固定资产现值进行调整；固定资产的折旧方式不同对现值影响不同，需要多方协商给出合理的折旧方案。

在实际操作中，尤其是信贷业务初期，信贷人员在评估资产价值时会遇到各种困难和问题。但随着各种资产评估方法的不断完善，以及资产价值数据逐渐丰富，信贷机构可建立一个资产价值评估数据库，并不断更新相关数据、评估模型等，从而为新进入的资产提供合理的评估方法和准确估值，同时可对有效贷款的抵押资产的价值等进行监控，并对资产价值波动过大的发出预警。

除了固定资产，信贷机构也需要分析流动资产。流动资产是指预计能在一年时间内产生经济利益的资产，如现金及存款、存货、应收账款和预付费用。现金及存款是持有的货币或可以随时转化为现金的资产。

3）现金校验

借款人手头持有的现金一方面能反映借款人的生活水平或运营情况；另一方面能反映借款人的习惯。正如凯恩斯所阐述：人们对货币的需求出自以下3种动机：交易动机、预防动机和投机动机。也就是说，借款人持有的现金主要有交易动机、预防动机和投机动机，但到底是哪一种或几种动机则需要进行验证。

在确定现金的权属后，信贷分析对现金的校验主要有以下几种方法。

（1）客户提供现金的相关证据，如银行凭证等，而需要告知客户现金证据一般不会影响申请。如果客户属于贸易型，那么必须得看到现金，当然有特殊解释的除外。

（2）存款是不同的现金形式，应根据利息收入来计算存款等情况。

（3）一般尽量选择客户最近12个月左右的存款、收入、支出进行计算，来校验客户存款是否合理。

在实际中，不仅现金、存款等可用于偿债等，而且存货会被当作重要的偿债方法。

4）存货校验

存货是指随时可以被出售的物料和货品。如果企业用现金购买物料，那么企业财务报表中相应科目表现为现金科目减少而存货科目增加；如果企业通过赊购，那么企业财务报表中相应科目表现为应付账款增加而存货科目增加。一般而言，存货具有一定的现金价值，也是资产的重要组成部分,是评估还款能力的重要影响因素。

在确认存货的权属后,信贷分析需要确认店面中、仓库里及在途的货物、半成品及原材料(注意,一些特殊形式的存货,如贸易类客户在超市以赊销月结等方式结算的货物),并按照市场价格进行价值评估。

对存货校验的主要方法是以存货明细账、实地走访、借款人口述和实物清点等相结合,分析存货结构,以及与营业额、应收账款的关联,同时要考虑季节性。存货的具体校验方法[20-21]如下。

(1)实地考察货物在仓储区域的位置,是否根本就难以取出来,包装箱上是否有灰尘,存放是否有序,借助直觉来判断这些货物的市场变现能力。

(2)可通过提货单、托运单、出货单、仓库租赁合同、进货付款银行交易痕迹等校验存货价格、质量等。

(3)根据存货与对应生产量、销售量之间的关系来进行校验。

(4)无法销售的存货的价值应该为 0,应该列在表外。同时,要考虑价值为 0 的存货是否合理,是否标志着客户不了解其行业,对于初创生意,这点很重要。如果客户对市场行情不了解,那么再次囤货也有可能销售不出去,从而无法变现。对于信贷机构来说,其还款来源是不足的。

(5)根据客户报出数量、报表和对实物的盘点,而后按照存货的进货价格、市场价格二者中最低价格来核算出存货的总价值。

(6)接入第三方仓储等数据或物流数据进行分析。

(7)贸易行业存货与现金、应收账款和进货或生产之间的逻辑校验。

(8)利用 Themis 方法[22]校验存货变化是否合理。

半成品、原料、在途货物与成品存货的验证都类似,相应的价值评估也是按照市场价格来估算的,只是在权属上要注意差别。除了没有销售出去的存货,销售出去的产品或服务还应被转化为收入或应收账款。

5)应收账款校验

应收账款是指供应链下游的客户赊销而形成的销售收入,是客户尚未支付的货款,也是申请人对供应链下游批发商、销售商等的信贷。

应收账款的账期是相对固定的,如超市和百货大楼供货的业务、大型工矿企业提供运输服务的业务,这些业务都采用延期支付,账期有一个月的,也有两个月的,甚至有更长的,存在应收账款是很正常的事。目前,应收账款的账期主要以3个月和6个月为主,其受经济环境的影响比较大。在经济环境好时,应收账款的账期则短一些;在经济环境不太好或竞争激烈时,应收账款的账期则较长。

企业或个人回收货款基本上已经形成稳定的循环,如账期为3个月,客户6月收3月的货款,7月收4月的货款。在货款收到后,会计科目中现金增加,应收账款减少。这样的循环基本没有问题,但在信贷分析中,我们需要考虑季节性,这会影响客户现金流。在实践中,企业和个人为了自身利益,应收账款也存在被夸大的可能,所以应收账款的校验也是非常关键的。应收账款的校验方法[20-21]如下。

(1)销售收入与销售现金收入之差是否等于新增应收账款。

(2)当期应收账款余额要与当期销售收入进行比较,判断是否存在虚构成分,若存在虚构成分,则应将其去掉后放入客户的应收账款表中。

(3)明确供应链上游或下游供应商名称、企业类型、各自占比、往来时间长短、结算方式、供应链上下各方的信用情况等,并与应收账款信息(主体、金额、发生日期、到期日期等)进行比对。

(4)联系应收账款的主体确认相关应收账款。

（5）对不同月份的应收账款需要根据应收对象的信用度来决定折扣率，而对超过 12 个月以上的应收账款，没有合理解释的不应放到应收账款表中。

（6）利用 Themis 方法校验应收账款变化是否合理。

在信贷分析中，应收账款不仅要验证其价值、第三方债务（如赊销货物，预计将被及时全额支付），还需要进行风险等级调整，因为不同账期的风险是不同的，账期越长则回收率越低。

在实践中，应收账款是给客户的信贷，而预付款则是给供应商的信贷。

6）预付账款校验

预付账款是指因企业或个人在生成财务报表之前所支付的费用而产生的资产科目，往往表现为现金减少而预付账款增加。

在信贷分析中，预付账款只应包括可验证其价值的部分。预付账款是否合理可从客户所处的供应链位置进行考量。例如，通过客户的银行流水分析可判断其相对位置（如客户收入的来源账户所对应的一般是客户的供应链下游），或者与客户沟通获得其供应链上下游客户，信贷机构可依据其供应链上下游的关系，来判断预付款对象的信用风险和决定如何调整预付款的风险等级。

在财务报表中，其他非经营资产包括在建工程、商业投资、专利权、知识产权、品牌、商誉、特许经营等。对于这些资产，只要有充分的证据，如专利证书、特许经营许可证等，且经得起验证的，信贷机构就需要评估其价值并列入资产负债表中。

7）负债校验

负债是指经济主体在过去的交易或事项中形成的，履行该义务，预期会导致经济利益流出经济主体，也指任意的债务或责任。

负债源于客户遵照通用会计原则计算净利润与报税净利润之间因计算时间点差异所形成的。其包括从银行或其他信贷机构的贷款、从亲戚或朋友处借款、民间借贷或高利贷等。

一般来说，负债可通过相关征信报告、银行流水等识别出来。但客户的民间借债则需要通过比较期初到期末的积累、资产、权益之间关系来识别。

一些隐藏在其他应收、应付账款等中的隐性负债需要与合同等进行校验，或者通过对固定时间、固定频率的扣款进行分析来甄别隐性负债。同时，通过重构客户的资产负债表、Themis 等技术可甄别隐性负债，如个人投入企业的资金来源，必要时还需要分析个人的银行流水等。

为了清楚计算出相关的负债，信贷机构需要一一列出客户的各负债，同时需要列出负债的出借主体、贷款用途或原因、发生日期、总金额、利率、期限等。除负债之外，信贷机构还需要列出对外担保情况，因为被担保方一旦无力还款，就会增加企业或个人的负债。出于谨慎原则，信贷机构还需要对上述的负债、担保进行分析，计算其累计金额，同时要根据相应还款时期的累计金额，估计出客户的还款能力。

8）应付账款校验

应付账款是指应付的各种费用，如原材料等供应商账款、加工费、到期未付的人员工资、水电费用、税金、场地租金等。应付账款校验是根据与上游供货商等结算、工资发放、消费等相结合进行逻辑校验。

9）权益校验

所有者权益是指企业资产扣除负债后由所有者享有的剩余权益，是投资人对客户经营净资产的所有权，包括投资人对客户经营的投入资本，以及形成的资本公积金、盈余公积金和未分配利润等。

权益校验主要通过比较资产负债表中的实际权益和计算出的预期权益大小来实现。预期权益=初始资本+分析期间的累计+利润表中其他收入-利润表里未列出的大项支出-非业务支出-设备折旧。其中，分析期间的累计通过平均可支配收入乘以期间的月数得到。

（1）以实际权益与预期权益之比的大小来判断。如果实际权益与预期权益之比为 0.95～1.05，那么相应数据可判定为真实有效，即客户提供的信息是真实和合理的；如果实际权益与预期权益之比小于 0.95，那么客户实际利润比计算出的预期利润低，部分利润可能用于生意之外的其他开支（如不良嗜好），或者客户隐匿了现金或存款，或者信贷人员少点了库存或资产；如果实际权益与预期权益之比大于 1.05，那么实际利润比预期利润高，信贷人员分析时可能忽视了客户其他收入来源，或者客户隐瞒了其他负债，如民间借贷或高利贷（需要特别关注），以及部分存货或固定资产不是客户的。

（2）了解客户从事当前的工作是从什么时候开始的，其收入如何，或者当前的生意是因何机缘、从何时开始的，最初投资了多少钱，资金从哪里来，当前的收入和利润是多少及积累情况如何。

（3）了解客户过去主要从事什么行业或什么工作，过去从事的行业或工作与当前从事的行业或工作是否相关，相关性有多大。

（4）了解客户的家族成员或朋友是否有从事相关行业的。

任何投资的目的都是追求利润，而利润蕴含于现金流之中，为此要校验利润、利润率，并且要先校验现金流。

10）现金流校验

现金流对企业和个人更是尤为重要的指标。基于对倒闭或违约企业和违约个人案例的研究，人们会发现其都存在相似的问题——应收账款太多而导致现金流断裂,即"现金流者,企业和个人之大事,死生之地,存亡之道,不可不察也"。

一般而言,现金流能真实反映客户(通过某个账户)完成的经营情况。例如,人们通过银行现金流一方面可汇总出客户向上游供应商汇款的总额,对营业收入进行逻辑检验;另一方面也可通过现金流的动态变化观察客户生意的季节性,以及通过大额现金的流出情况来验证客户口述开支的真实性。总而言之,通过银行的现金流分析,人们可以估算客户是否有足够的还贷现金流。

在遇到客户银行账户现金流远大于其生意资金需求的情况下,人们必须对其进行验证。例如,客户的账户是否为其他生意提供了通道服务等。对于银行现金流中显示出的超大额存入和开支,需要弄清其真实情况。

11)成本校验

成本是客户为获得收入或利润而需要付出的代价,如制造产品所需原材料、劳动力等产生的费用;运营所需要的场地等所产生的租金、运输、水电费;等等。

成本是影响可支配收入的重要因素,成本校验的主要方法如下。

(1)根据业务流程进行成本核算。

(2)根据采购价格、工资、营业费用等进行成本核算,如贸易与服务型客户的销售成本通常为获得产品的成本、营销费用、绩效工资和提成等。

(3)利用 Themis 方法校验成本变化是否合理。

(4)根据加权毛利润率推算可变成本。

(5)通过比较实际纳税与应缴税款来判断成本合理性。

客户真实的利润应是收入减去各种成本,因而利润也需要校验。

12）利润校验

任何企业的存在都是为了追求利润。一般来说，衡量企业的利润主要有毛利润率和净利润两个指标。毛利润率的校验方法如下。

（1）客户提供的毛利润率与客户所处行业的毛利润率进行比较。

（2）根据生产线的工艺水平，计算不同产品成本结构和不同产品成本占比，并据此来推算产品加权毛利润率。

（3）计算出客户可支配收入/净利润与其生活水平（居住环境）等校验。

（4）一般而言，税率相对固定，根据税收额度可推算出客户的利润。

根据经验可知，问题企业的营业收入通常保持不变，甚至可能是增长的，而以息税折旧及摊销前利润作为现金流衡量指标往往会下降，甚至出现负数[23]。例如，康得新在2018年以前，营业收入不断增加，每年23%左右，而息税折旧及摊销前利润的增长幅度更大，但其2018年的营业收入减少了22%，而息税折旧及摊销前利润则减少了72%。如果根据其季度财报来分析，其真正出问题的时间是在2015年第三季度，因为其营业收入增加了9.9%，而营业利润仅增长了1.89%。

在实际工作中，人们可根据个人和企业所处的行业等来总结相对多的校验方法。每种校验方法都不是万能的，风控需要不断自我提升、自我优化的学习过程。在该过程中，校验方法只会越来越多，风控需要根据自身业务特征进行不断重组、借鉴，从而发展出适合业务特点的财务指标校验和构建方法。

2．以收入为标准核查真实性

在实践中，企业经营发生亏损或应收账款周转率降低，或者资产负债率超过80%等，但这些指标往往在当期报表没有显露。这是因为财务报表制作、发布时间都相对滞后。

第 5 章
信贷分析

除虚假的财务信息外，少数企业还会采用不同的核算方法来操纵财务报表。例如，企业将应收账款计算到销售收入中，但应收账款本质是信贷，就存在损失的可能，因而直接将应收账款归入销售收入，从而导致还款能力也发生膨胀。图 5-1 所示为以个人为例进行示意的资产和负债真实与虚构额。

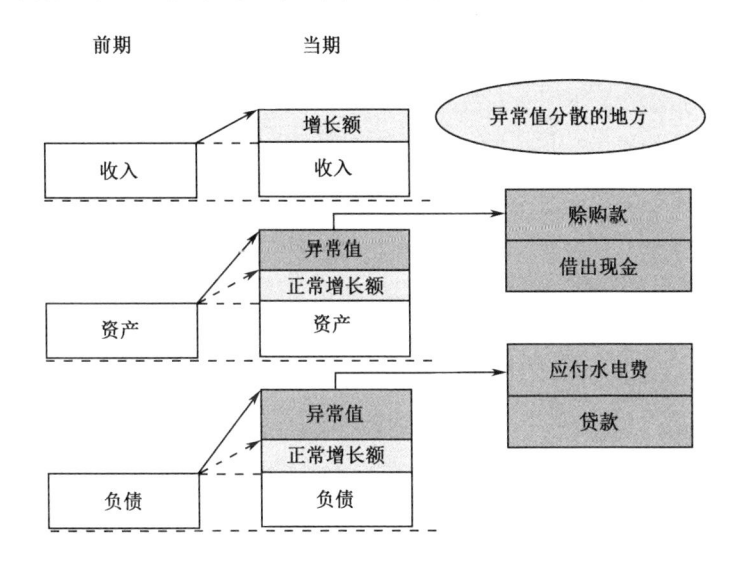

图 5-1 以个人为例进行示意的资产和负债真实与虚构额

在图 5-1 中，资产和负债的正常增加额是收入增长额的平行额，而异常值是超过了正常增长额的部分。异常值是评估个人是否虚构资产和负债、是否有欺诈现象的关键。例如，欺骗者有预谋地在短时间内把客户的信用拉升起来，主要采用购房、买车等来虚增其还款能力。

还款能力不仅要考虑收入、资产的量大小，而且需要考虑其持续稳健性。

对于个人而言，信贷机构按照正常经济年增长率来推算个人收入，那么这些客户用于归还汽车或房子贷款的还款来源——个人收入是不足的，即客户的正常还款能力存在虚构额，其大小是贷款所需还款与可支配收入之间的差额。

对于企业而言，其财务报表的操作空间更大，且不同行业中的不同企业的财务报表差异很大。也就是说，仅就企业的财务报表进行分析是没有办法判断企业的运营是否正常的。例如，一般情况下，制造企业的固定资产占比较大，假设某制造业的固定资产占比平均为 50%，标准差为 5%，但制造企业 A 的固定资产占比达到 72%，即可认为企业 A 的固定资产占比是异常的，但若企业 A 成立不足两年，则这种情况就是正常的。

由上述分析可知，引入行业平均水平可解决一些问题。正所谓"道高一尺，魔高一丈"，各种粉饰、欺诈手段不断出现，使得原来的分析方法失效。在社会中，一些按照正规流程组建的公司，为员工正常发放工资、缴纳五险一金，然后让员工申请信贷，可在贷款发放后，整个公司的人员集体消失了，等等。

正所谓"魔高一尺，道高一丈"，针对此类问题，风控可通过跨时期对比来进行判断，以企业的销售收入为基础，计算出各种比值，根据这些比值跨时期的变化来判断客户是否虚构，因为无论何种企业都需要通过销售来实现增值。

企业的正常和异常财务报表如图 5-2 所示。在正常运营情况下，企业的各种财务指标在趋势上应该与销售收入是一致的。但在实际业务中，人们会遇到销售收入异常、贷款异常或虚构资产等各种情况。为此，信贷分析可进行跨时期分析，即对不同时期的各项财务指标与相应销售收入之间的比值进行分析，对有些出现相反方向的异常指标进行修正，来判断企业是否会发生亏损或可能倒闭。

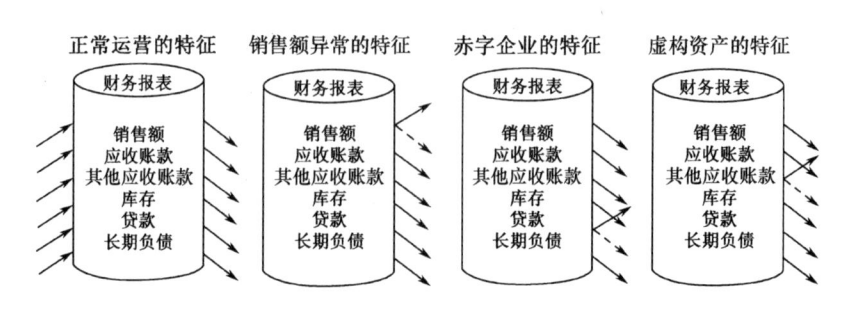

图 5-2 企业的正常和异常财务报表

目前，针对上述情况的风控完整方法是 Themis 财务预警评级。该方法需要连续 3 期（月、季度、年）财务报表，通过第 N 期和第 $N-2$ 期财务报表数据和指标对比，例如，金融债务变化度 =［第 N 期的借款余额-第 $N-2$ 期的借款余额］/第 N 期销售额；金融债务变化度=（第 N 期的借款余额 / 第 N 期销售额）/［第 $N-2$ 期的借款余额 / 第 $N-2$ 期销售额］。

当然，这种固定的跨期方法很容易被客户"摸透"，从而进行有针对性的"美化"。风控的信贷分析需要多维度、多层面地建立不唯一的指标体系，不断更新自身的风险管理系统。例如，跨时期可以是跨 2 期或跨 3 期，有条件的可以跨更多期，尽可能地揭示客户的风险。总之，大数据风控的核心就是尽可能多地基于自身数据，衍生出更多的指标来控制各种风险。

除此之外，财务报表中各指标都有自身的逻辑验证方法，这些方法的基本理念是充分利用各种信息和数据之间的关联性来对报表中的指标进行相互校验，判断合理性。

5.1.2 财务报表构建

财务报表主要有 3 张表，分别是资产负债表、利润表、现金流量表。

1. 资产负债表构建

资产负债表是企业或个人在某个特定时间节点的资产、负债和权益的静态数据描述，是客户在该时点拥有的价值、资产来源、资源结构、配置的综合反映[24]。但是，仅仅一个时间节点的资产负债表并不提供任何关于利润或盈利的信息，资产负债表只是资产=负债+所有者权益的恒等式，如图 5-3 所示。

资产负债表不仅适用于企业，还适用于个人，但个人的资产负债表相对简单。因此，信贷机构建立企业、个人资产负债表应简明扼要。在后续内容中，将不区分企业和个人的资产负债表情况。

```
┌─────────────┐           ┌─────────────┐
│   流动资产   │           │   流动负债   │
└─────────────┘           └─────────────┘

┌─────────────┐           ┌─────────────┐
│   固定资产   │           │   长期负债   │
└─────────────┘           └─────────────┘

┌─────────────┐           ┌─────────────┐
│   无形资产   │           │  所有者权益  │
└─────────────┘           └─────────────┘

     资产         =         负债+所有者权益
```

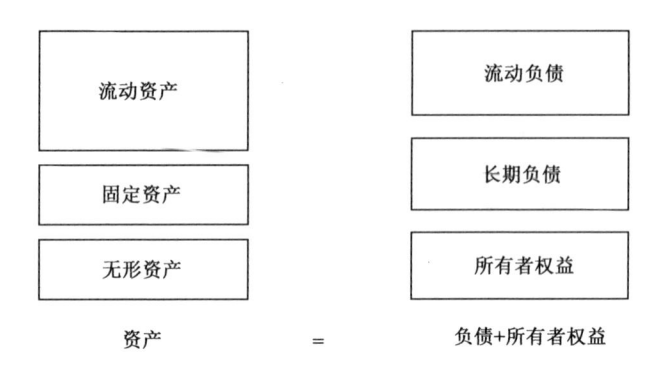

图 5-3 资产负债表的基本结构

表 5-1 给出了资产负债表的基本科目，有成百上千个。本节以基本的科目为主，而且相关科目用语不需要太精准，这是因为从风险管理的角度来解读财务报表，风控从业人员只要保证能熟练使用财务报表并能构建出简单的财务报表即可。

表 5-1 资产负债表的基本科目

资产	负债+所有者权益
流动资产：现金及存款、应收票据、应收账款、其他应收账款、预付账款、现金、存款等	流动负债：应付票据、应付账款、其他应付账款、预收账款、短期贷款等
固定资产：厂房、机器设备、运输工具等	长期负债：长期贷款、长期应付款
无形资产：土地使用权、商标权、专利权等	所有者权益：实收资本、资本公积、盈余公积、未分配利润
其他资产：投资等	

资产负债表不能包括"不可预测的"现金及存款、产权不清晰的资产、难以回收的应收账款等。

在信贷分析中，私人或非生意上的资产，原则上不应纳入资产负债表，因为一旦将其纳入资产负债表将干扰相关判断。例如，一位卖早餐的客户在生意上的资产不多，但如果将他拥有的一套自住房和一辆宝马汽车加入资产负债表，那么就明显扭曲了客户的生意。

但在生产经营中，其他形式的资产，包括摊位、商店、代理等的押金，可通过押金收据、合同等验证其权属与价值，其价值应列入资产负债表中。以预付店铺租金为例，预付店铺租金是为确定租房权利而提前预交的资金，假设客户 2021 年 1 月预交了 2021 年一年的 12 万元店铺租金，从而客户得到了 2021 年对店铺的使用权益（通过合同、收据等验证）。当信贷人员在 2021 年 5 月 31 日进行实地调查时，客户尚有 7 个月的店铺使用权，则该使用权的价值应列入资产负债表。

不同企业资产负债表的科目是不同的，下面以贸易、生产、服务型企业为例，分别进行分析说明。

表 5-2 给出了贸易型资产负债表。贸易型企业的资产主要集中在流动资产科目上，固定资产一般都较小。一般该类资产主要集中在存货（正常状态下）或现金及存款（存货卖出且尚未进货）上。在信贷分析中，信贷机构需要验证客户提供的银行流水。

表 5-2 贸易型资产负债表

单位：元

资　　产		负　　债	
流动资产：	42434	流动负债：	3000
现金	7900	短期贷款（<12 个月)	3000
银行存款	8870		
应收账款	16764	长期负债：	0
存货	8900	贷款 >12 个月	0
固定资产：	600	权益	40034
总资产	43034	总负债+所有者权益	43034

表 5-3 给出了服务型资产负债表，服务型企业的主要资产是固定资产。例如，运输公司的资产主要在车辆本身，信贷分析主要看其行车证信息、车辆的当前价值；对于网络运营公司，信贷分析主要看特许经营牌照，要验证牌照是否合规、合法，是否存在伪造现象等。

表 5-3 服务型资产负债表

单位：元

资产		负债	
流动资产：	36000	流动负债：	0
现金	5000	短期贷款（<12个月）	0
银行存款	31000		
应收账款	0	长期负债：	0
存货	0	贷款 >12 个月	0
固定资产：	100000	权益：	136000
总资产	136000	总负债+所有者权益	136000

表 5-4 给出了生产型资产负债表。其结构相对复杂，因为不同行业的生产型企业，资产负债表的结构也存在差异。这种差异主要体现在细的科目上，但在资产、负债、权益上总体一致。例如，劳动密集型企业的固定资产在总资产中所占比重相对低一些，这是由于企业以流动性资产为主，主要用来支付劳动者的工资等；而在资本密集型企业（如钢铁、石油化工、汽车等）的资产负债表中，固定资产的占比要相对高一些，这是由于这些公司一般以流水线、自动化设备、厂房等资产为核心，相应的价值也就高一些。对劳动资本密集型企业，信贷分析主要以银行流水为核心核实银行存款，对资本密集型企业则主要核实资产的权属并估值。

表 5-4 生产型资产负债表

单位：元

资产		负债	
		流动负债：	190000
流动资产：	509900	应付账款	190000
现金	4900	短期贷款（<12个月）	0

续表

资产		负债	
银行存款	53000		
应收账款	32000	长期负债:	0
存货	420000	贷款 >12个月	0
固定资产:	782000		
		权益:	1101900
总资产	1291900	总负债+所有者权益	1291900

2. 利润表构建

除了资产负债表，利润表（也称为损益表）一般被比喻成"电影"，反映了企业或个人在一段时间内经营的动态信息。它提供了收入、成本、利润和成本结构的信息，并反映出客户生意的盈利能力和还款能力。

在实践中，大多数的小微企业都没有利润表，因而需要构建利润表；而信贷机构无法确认客户所提供利润表中的数据是否合理，因此需要重构利润表以便于判断其数据真实性。

随着经济的发展，各种新业务不断出现，使得利润表中的科目越来越复杂。从信贷分析角度来看，这些科目需要合理归类并分析。利润表的科目与业务内容如表5-5所示。

确定了利润表的科目后，我们还需要确定一个时期以构建利润表。利润表的收入不等于现金，因为无论收入是否为现金，都会在发生的时候记账，属于未来的收入则记为预收账款。依据配比原则，已记利润表的收入所对应的成本和费用也应记入利润表。对于不同的业务来说，利润表要能覆盖全部淡旺季，从而使信贷分析结论更加可靠。特别需要注意的是，某段时间内的营业额，包括现金销售和赊销等所有的交易方式下产生的营业额，不能与同期收到的现金相混淆。

表 5-5 利润表的科目与业务内容

科 目	业 务 内 容
营业收入	公司在一定时期内经营活动所产生的销售收入
营业费用	公司在一定时期内经营活动所产生的费用,如财务、管理、消费、运营、开发等
销售成本	公司在一定时期内销售产品所直接产生的成本
其他收益	非核心业务获得的收益
折旧与摊销	固定资产在一段时期内的老化及耗损,无形资产基于成本的减值
投资收益	公司储蓄或其他投资获得的利息和分红
所得税	政府基于公司营业情况征收的费用
利润分配	按公司的利润和分配原则在股东之间进行分配

在构建利润表的过程中,无论如何,信贷机构都需要各种费用、开支的具体记录,而且需要以单据或第三方数据作为证据,同时对每项收入、费用进行交叉验证,从而保证结果是可靠的。

3. 案例分析:利润表构建

某个体户 A 销售衣服,每件的售价是 40 元。一月份 A 销售了 100 件,二月份销售了 200 件,三月份销售了 150 件。一件衣服的成本是 7 元。A 每月支付员工工资 1500 元,店铺租金 250 元,水电费 10 元,运输费 5 元,通信费 50 元,广告费 100 元,税费 25 元,以及其他费用 10 元。个体户 A 的利润表如表 5-6 所示。由表 5-6 可知,个体户 A 的毛利润、毛利润率、3 个月的平均利润率等情况。

表 5-6 个体户 A 的利润表

单位:元

科目	不同月份收入与支出的流水账		
	一月份	二月份	三月份
销售	4000	8000	6000
－产品成本	－700	－1400	－1050
＝毛利润	3300	6600	4950
－工资	－1500	－1500	－1500

续表

科目	不同月份收入与支出的流水账		
	一月份	二月份	三月份
一租金	−250	−250	−250
一水电	−10	−10	−10
一运输	−5	−5	−5
一通信	−50	−50	−50
一广告	−100	−100	−100
一其他	−10	−10	−10
一工商、税收	−25	−25	−25
＝营业利润	1350	4650	3000
所得税	0	0	0
＝净利润	1350	4650	3000

根据前面所提到的公式得到

A 的毛利润率=1−产品成本/销售收入=（1−采购价格/销售价格）×100%=82.5%

A 3 个月来的净利润率=平均净利润/平均销售额×100%=48.9%

90%小微企业主的家庭和生意是不分开的，家庭收支和生意收支不分开，需要构建企业主的生意和家庭的利润表，将家庭中其他收入，如配偶收入等纳入进来，同时将家庭产生的费用也纳入进来。

这种一体式评估需要计算可支配资金（可支配资金=生意净利润+生意外收入−家庭支出），这就需要用现金流量表来分析。因为现金流量表记录了客户资金的流入和流出情况，并反映了资金流动性状况。注意，流动性不等于盈利，流动性意味着有足够的钱来支付各项费用及偿还贷款。

4．现金流量表构建

现金流量表是用来测量一家公司在一段时间内创造或花费了多少现

金的报表，而这些现金流主要是由经营活动、投资活动及融资活动所产生的。

在《企业会计准则》中，现金流科目至少有30项。但对于信贷分析人员来说，其可简化，并只需弄清企业的期初现金量、期间现金流入量、期间现金流出量，即可获得期末现金量，即

期末现金量=期初现金量＋期间现金流入量−期间现金流出量

一般而言，期初现金量等于前一期期末现金量。期初现金量是客户期初拥有的现金量，但并非都是客户自己的钱。期间现金流入量主要来自销售收入现金、应收账款回收、客户预付账款、借款、投资分红等。期间现金流出是购买原材料、设备预付账款、偿还借款等。期末现金量是客户期末拥有的现金量。

5. 案例分析：现金流量表构建

客户A在第1个月的期初现金为2500元，期间现金流入量来自销售收入的为10000元，来自其他收入的为500元；期间现金流出量主要分别是材料采购费7000元、支付固定费用2000元、老人养老费用500元（本月未支付）、家庭开支1500元、为儿子办生日聚会250元。客户A在第2个月的销售收入为20000元，但只收到了17000元，其他3000元将在下个月收到；现金采购材料花了14000元，支付固定费用2500元，他不仅支付了本月固定费用，还支付了第1个月欠的500元，家庭开支1500元，如表5-7所示。

表5-7 客户A的现金流量表

单位：元

	第1个月	第2个月
期初现金	2500	2250
＋销售收入	＋10000	＋17000
−材料采购费	−7000	−14000

续表

	第 1 个月	第 2 个月
－支付固定费用	－2000	－3000
－家庭开支	－1500	－1500
－其他开支	－250	0
＋其他收入	＋500	0
期末现金	2250	750

6. 案例分析：编制利润表和现金流量表

销售和采购都用现金交易，销售收入为 15000 元，采购费用（销售成本）为 11000 元；雇用员工的工资为 400 元/月；每天日常固定费用为 10 元，每月租金为 300 元；每个月缴纳税金为 250 元；每个月家庭开支为 1200 元；如表 5-8 所示。

表 5-8 利润表和现金流量表

单位：元

利润表		现金流量表	
销售收入	＋15000	现金销售流入	＋15000
－销货成本	－11000	－现金销售采购流出	－11000
＝毛利润	＝4000		
－工资	－400	－工资	－400
－租金	－300	－租金	－300
－其他费用	－300	－其他费用	－300
＝利润	＝3000		
－税金	－250	－税金	－250
＝净利润	＝2750	＝经营现金流	＝2750
－家庭开支	－1200	－家庭开支	－1200
＝月可支配收入	＝1550	＝期末现金	＝1550

标准的利润表是根据最近 12 个月的收支等数据进行估算而编制的，如果收集最近 12 个月数据存在难度，就可以按照客户统计数据的习惯，估计上年及当年的利润表区间，但是表中数据要求完成匹配逻辑检验。

在拥有了真实、经过逻辑检验的资产负债表、利润表、现金流量表数据之后，我们需要对其进行深入分析。

5.1.3 财务分析

一般而言，财务分析不仅会使用财务比率分析，而且会使用杜邦分析、Themis 财务预警分析等方法。

1. 财务比率分析

一般常用的财务比率有流动比率、速动比率等。

流动比率是衡量企业或个人是否具备短期偿债能力的指标之一。

$$流动比率=流动资产/流动负债$$

一般来讲，流动比率越高越好，因为流动资产与流动负债之间是净运营资本。如果流动比率小于 1.0，就是说净运营资本为负，这对一家正常运营的企业来说是不正常的，需要特别关注。流动比率的意义是相对的，一般流动比率在 2.0 左右较好，过高则可能是短期资产没有被有效利用，即企业的运营没能充分利用资源。

速动比率是衡量企业或个人是否具备短期偿债能力的指标之一，排除了存货和部分难以变现的应收账款，主要是它们变现能力弱，也称为酸性测试比率。

$$速动比率=（流动资产-存货）/流动负债$$

若速动比率小于1，则说明企业存在大量现金销售；若速动比率大于1，则说明企业有足够的能力偿还短期债务，但同时说明企业拥有过多的不能获利的现款和应收账款。

在信贷过程中，流动比率和速动比率要结合使用，才能对企业的短期偿债能力进行有效的评估。

杠杆率反映企业的财务杠杆水平,以及长期偿还债务的能力。

$$资产负债率=负债总额/资产总额$$

资产负债率是杠杆率的指标之一,主要反映债务融资对公司的重要性,资产负债率越高,财务风险越大。

$$产权比率=负债资金/权益资金$$

产权比率反映了公司财务的结构是否可持续和稳定,产权比率不应该大于1.5,若大于1.5,则说明企业的债务负担过重,已超过了资本的承受范围。

$$股本比率=(权益/总资产)\times 100\%$$

股本比率体现企业在实际运营中,自有资金的占比。在小额贷款项目中,这个占比越高,说明客户自己承担的经营结果(盈利与亏损)的比例也越大,贷款"安全度"也相对越大。

$$资本化比率=(固定资产/总资产)\times 100\%$$

资本化比率主要体现客户资产中固定资产的比重。该比率必须根据行业特点进行评估。一般来说,生产型企业特别是资本密集型企业,资本化比率较大;而贸易型企业,资本化比率一般相对较小。

$$盈利性比率=企业纳税付息前收益/资产总额$$

盈利性比率主要反映了企业正常经营赚取利润的能力,是企业发展的关键性指标,无论是投资人、信贷机构还是企业自身的管理人员都非常重视和关心这一指标。

$$股本回报率=(利润/权益)\times 100\%$$

用通俗的话来说,股本回报率是企业挣的钱占自身本钱的比率。一般来说，其越高，则说明该企业盈利能力越好。但是需要注意的是，如果某企业权益过少而负债很多，且股本回报率在短期内很高，那么该企业业务风险很高。

$$资产回报率=（利润/总资产）\times 100\%$$

从理论上说，资产回报率越高，说明该企业组织越有效率，企业的组织是企业经营与获利的基础。信贷人员同样必须动态分析客户过去几年的业绩，以及利用敏感度分析对客户业务进行预期分析。

$$毛利润率＝毛利润/营业收入\times 100\%$$

式中，毛利润是从收入中移出销售成本后的净值。如果有多种产品产生营业收入，则需要单独收集每个产品的营业额和可变成本等信息，再根据销售占比进行加权平均，这样就可以计算出加权毛利润率。

$$营业利润率＝营业利润/营业收入\times 100\%$$

式中，营业利润是以货币形式表示的客户生意经营成果（也称税前利润），是收入减去销售成本、营业费用而得到的。

$$净利润率＝净利润/营业收入\times 100\%$$

式中，净利润是指以货币形式来计量客户一段时间内的经营成果，也称为税后利润。净利润率根据行业和地区的不同而不同，但是通常（给定的行业）净利润率越高，说明经营得越好。

与行业、地区等利润率比较，如果客户拥有高于行业的平均利润率，那么该客户的经营获利能力比较强，如供应链、生产工艺、产品等具有优势。一般来说，客户经营时间越短，其营业利润率越低，这是由于客户尚未具备足够的经验来优化自己的经营方式。

$$资产利用率=营业额/运营占用资本\times 100\%$$

第5章 信贷分析

一般来说，资产利用率越大，组织经营越有效率，但在衡量这个标准时必须考虑其他一系列的问题。

$$存货周转率=存货价值/月销售成本\times100\%$$

存货周转率说明客户现有的货物还能够卖多少个月。在评估这个数据时，要考虑货物的特点。如果货物的进货周期很长、毛利润很高，客户囤积的量可能就较大；如果客户进货频率很高，客户就不需要大量的存货。总而言之，该比率体现客户业务的特点，其在产业链上的位置。如果客户偏离了正常状态，就需要思考其原因，尤其需要结合客户的贷款目的进行分析。

$$应收账款周转比率=应收账款/月营业额\times100\%$$

应收账款周转比率是指应收账款与月营业额的比率，即延期获得的收入所占营业额的比重。我们以月营业额作为基本数，就能知道客户的应收账款的账期，而季节性也是考虑的因素之一。例如，如果客户与下游客户的账期为一个月，我们在月底（上个月的应收账款尚未结算）分析时获得的数据，若不考虑季节性，客户的应收账款周转比率就在1左右。如果账期为两个月，在同样的环境下，比率应在2左右。如果客户处于垄断地位，其供货一般是先收取预付账款，那么应收账款周转比率应在0左右。

固定资产减少而现金增加，这属于资产资本化，需要关注客户为什么要出售资产，是更新换代还是转型，或者是出现经营困难等。

在实际操作中，仅用财务比率来衡量客户经营的情况是容易犯错的，因为每个行业有自身的经营特点，也产生了不同的"合理的"比率。也就是说，同样的行业会因地区不同而使其财务比率有所不同。多个财务比率必须同时分析，并借助其他信息，才能真正衡量出信贷的风险。

2. 杜邦分析

杜邦分析是由美国杜邦公司率先使用的一种综合分析方法。它主要将若干个用以评价企业经营效率和财务状况的比率按其内在联系有机地结合起来，同时将效益和效率有机地结合起来，从而将单个的、分散的财务指标贯穿为一个完整的指标体系。

基于财务指标之间的关系和逻辑结构，杜邦分析可分析出企业权益收益率变化的原因，并简洁明了地展现各财务指标的勾稽关系。这样有助于信贷机构更加清晰地看到权益资本收益率的决定因素，以及销售净利润率与总资产周转率、债务比率之间的关系。同时，杜邦分析还提供了一张明晰的考察公司资产管理效率和是否最大化股东投资回报的路线图，从而能够更加准确地判断该企业的还款能力和还款意愿。

基于谨慎原则，凡是不能被完整的、逻辑一致的证据链所支持的资产、收入等都不应列入财务报表中，而凡是有证据的负债、支出等都应列入财务报表中。基于经过修正或重构的财务报表对客户的信用进行分析，来判断客户的还款能力才是相对合理的。

除此之外，人们还需要用征信报告来分析客户的还款能力等。

5.1.4 征信报告分析

对于持牌金融机构而言，其数据主要来源于中国人民银行（简称央行）的征信报告。

征信报告提供了客户的电话、居住住址、工作单位、工作地址、职位等基础信息，以及在各金融机构的表现信息，如贷款金额、还款守约情况等。这使得信贷机构可利用征信报告的信息来评估客户。

征信报告的数据主要来源于各持牌金融机构依自身业务发展所上报给央行征信系统的记录。其组成和来源如图5-4所示。

第 5 章
信贷分析

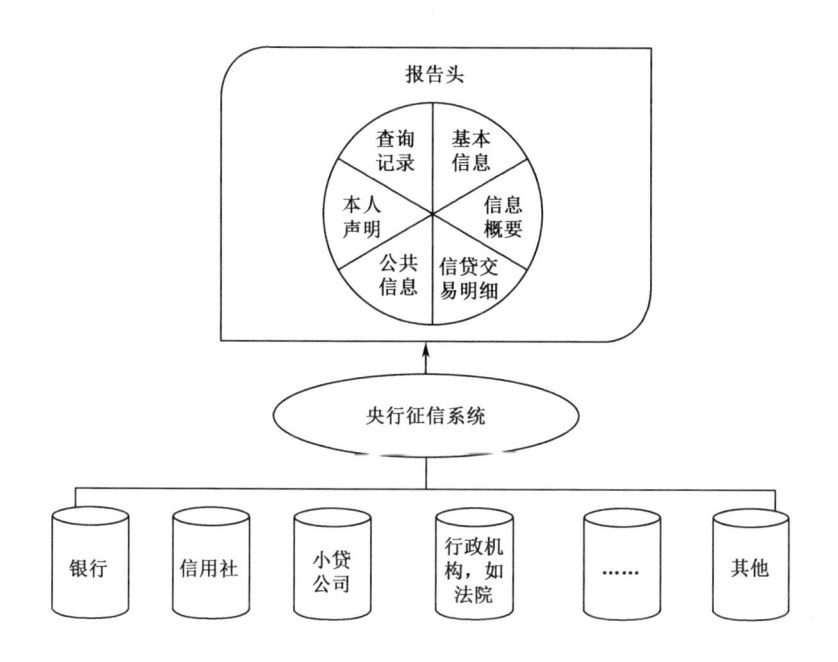

图 5-4　征信报告的组成和来源

征信报告由 8 项内容构成，分别是基本信息、信息概要、信贷交易明细、公共信息、本人声明、查询记录、报告头、报告说明，而具有价值的是前六部分。下面以银行版征信报告为例按照征信报告构成顺序进行说明，并阐明其对信贷机构的价值。

1. 报告头

征信报告的报告头主要包括报告编号、查询请求时间、报告时间、被查询者姓名、被查询者证件类型、被查询者证件号码、查询操作员、查询原因，如图 5-5 所示。其中，报告编号是央行征信中心自有的编号，报告时间是报告产生的最新时间。一般征信报告都有 30 天的停滞期，因为信贷数据是按月上报征信系统的，且每次查询都需要费用，具体费用各不相同，如银行机构查询费用为 6 元/次。报告头的信息对于信贷机构的主要作用是防止信贷机构过度查询，而无谓地增加运营成本，可以设置查询时间间隔，如对同一个人在 20 天后才可以再次查询，而且过度查询也会使客户的查询记录过于庞大，影响客户的信用。

报告编号：20111115000000		查询请求时间：2011.11.15 10:05:10		报告时间：2011.11.15 10:05:20
被查询者姓名	被查询者证件类型	被查询者证件号码	查询操作员	查询原因
张	身份证	110108******181x	中国工商银行信用卡中心/user	特约商户实名审查

图 5-5　征信报告的报告头

从查询操作员和查询原因方面看，报告头可帮助信贷机构控制内部操作风险。一旦相关报告泄露出去，监管机构可快速追踪到具体操作员，从而有效地保护客户信息。当然，信贷机构本身的系统日志也会记录相关操作，从而可以判断是哪位操作员泄密。

2．基本信息

征信报告的基本信息如图 5-6 所示。它包括性别、出生日期、婚姻状况、联系方式（手机号码、单位电话、住宅电话）、学历等信息。信贷机构通过客户填写的工作单位和单位地址，并利用爬虫技术可以判断客户填写的信息是否真实等。

信贷机构可对地址进行标准化，如以百度等地图标准地址库为准，对征信报告提供的地址进行标准化，同时将地址转化为经纬度，而后对标准化后地址、经纬度构建出一个家庭地址库和一个公司地址库。结合征信报告中提供的客户进入不同单位的时间段和单位、地址信息，信贷机构可判断出客户之间是否是同事关系，并通过家庭地址库和身份证号码可以构建出家人关系网络，同时可以根据联系电话建立电话的关系网络。然后，信贷机构可借助这些关系网络来判断客户之间是否有团体欺诈和团体逾期的可能性，从而防范欺诈风险。

信贷机构根据客户的居住情况来得知客户当前是否租房、是否在本地购房，从而可以判断客户还款意愿度；从客户的职务变化和从事行业来判断出客户社会地位和收入情况，可以估算客户的还款能力和违约成本。

身份信息

性别	出生日期	婚姻状况	手机号码	单位电话	住宅电话	学历	学位
男	19**.*.*1	已婚	1381***1234	010-66**1234	010-61**1234	研究生	硕士

通讯地址	户籍地址
北京市**********************3**室	北京市****************7号楼C5**室

配偶信息

姓名	证件类型	证件号码	工作单位	联系电话
山****	外国人居留证	123456******8888	中国*****************公司财务部	1391***1234

居住信息

编号	居住地址	居住状况	信息更新日期
1	北京市*************北区7号楼C5**室	按揭	2011.02.01
2	北京市***************甲2号楼4**室	集体宿舍	2009.01.22
3	北京市****************街4号楼6**室	租房	2008.02.01
4	北京市***************院1号楼2**室	租房	2008.01.22
5	北京市***************3号楼7**室	租房	2007.11.12

职业信息

编号	工作单位	单位地址
1	中国*************中心**部	北京市***********街35号国际企业大厦A座3**室
2	北京***************软件工**究所	北京市**********园路5号理科3号楼6**室
3	清华**************学院	北京市**********华园1号
4	中科*********究所	北京市***********园路3号
5	**********心	北京市************东路8号

编号	职业	行业	职务	职称	进入本单位年份	信息更新日期
1	办事人员和有关人员	金融业	中级领导	中级	2008	2011.02.01
2	专业技术人员	信息传输、计算机服务和软件业	中级领导	中级	2007	2009.01.22
3	专业技术人员	信息传输、计算机服务和软件业	一般员工	初级	2004	2008.02.01
4	专业技术人员	信息传输、计算机服务和软件业	一般员工	初级	2003	2008.01.22
5	专业技术人员	信息传输、计算机服务和软件业	一般员工	初级	2001	2007.11.12

图 5-6　征信报告的基本信息

一旦放贷后，信贷机构就需要对客户进行监控。对于个人客户而言，其主要风险是失业、配偶失业等导致还款能力急剧下降。在预警监控阶段，信贷机构要监控客户及客户配偶就职公司所处的行业、公司自身发生的各种事件，并评估客户及其配偶的各种风险，如通过客户所就职的公司所有人因为违纪违法被公安机关逮捕而导致公司破产等。如果公司破产的可能性提高到 40%，那么相应的客户失业概率为 40%，而客户职位和职能决定了再就业的可能性为 20%，人们可估计出客户未来还款能力下降的概率，然后根据该情况决定是否提前回收贷款或可暂时不发放没有发放的款项。

除用于防范欺诈和判断还款能力、还款意愿、违约成本和预警监控之外，客户的基本信息在贷后管理也是非常重要的。一旦客户失联，客户的工作单位、居住地址都是找到客户的潜在途径。例如，信贷机构可以通过客户居住地址找到当地的社区委员会或村委会，也可以通过客户的单位电话找到客户的新联系方式等，最大化地化失联客户为可联客户，提高催收的触达率、回款率，降低信贷机构的资产损失。

3．信息概要

征信报告的信息概要主要以表的方式呈现，并将信贷分为四大类，分别是贷记卡、准贷记卡、住房贷款、其他贷款，如图5-7所示。信息概要提供了四大类信贷的笔数、月份数、单月最高逾期总额、首笔贷款发放月份、首张贷记发卡月份等信息。央行征信中心对于"账户数"的定义是指客户名下分别有几个信用卡账户、几笔住房贷款、几笔其他贷款。在这里，需要特别指出的是，信用卡的账户数并不等同于信用卡的张数。以双币种信用卡（含人民币账户和美元账户）为例，商业银行将双币种信用卡按两个账户数计算，则相应的信用报告显示信用卡账户数为2。

（一）信用提示

住房贷款笔数	其他贷款笔数	首笔贷款发放月份	贷记卡账户数	首张贷记发卡月份	准贷记卡账户数	首张准贷记卡发卡月份	本人声明数目	异议标注数目
3	2	2005.09	5	2005.03	5	2005.03	4	4

中征信评分

中征信评分	评份月份
568	2011.06

（二）逾期及违约信息概要

呆账信息汇总		资产处置信息汇总		保证人代偿信息汇总	
笔数	余额	笔数	余额	笔数	余额
3	170000	1	20000	1	10000

逾期（透支）信息汇总

贷款逾期				贷记卡逾期				准贷记卡60天以上透支			
笔数	月份数	单月最高逾期总额	最长逾期月数	账户数	月份数	单月最高逾期总额	最长逾期月数	账户数	月份数	单月最高透支余额	最长透支月数
3	5	5500	2	2	5	5500	2	2	3	5500	4

（三）授信及负债信息概要

未结清贷款信息汇总

贷款法人机构数	贷款机构数	笔数	合同总额	余额	最近6个月平均应还款
2	2	3	1010000	552000	6000

未销户贷记卡信息汇总

发卡法人机构数	发卡机构数	账户数	授信总额	单家行最高授信额	单家行最低授信额	已用额度	最近6个月平均使用额度
2	2	4	80000	30000	20000	15000	4000

未销户准贷记卡信息汇总

图5-7 征信报告的信息概要

由图 5-7 中住房贷款笔数可知，该客户至少有 3 套房子，或者换过 3 次房子；通过准贷记卡账户数可知，该客户有 5 张准贷记卡，但异议标注数目为 4 张。也就是说，该客户的身份信息被盗用，因此对于该客户的信贷记录需要注意逾期是否为异议标注准贷记卡造成的。

通过征信报告的信息概要，信贷机构还可以知道客户的信贷基本情况。例如，是否有逾期账户、逾期账户数、发生过 60 天以上逾期账户数，这些都是在放贷决策中具有影响力的指标。如果一个客户的其他贷款笔数为 8，发生过逾期的账户数有 7 笔，其中发生过 60 天以上逾期账户数为 7 笔，那么这个客户应该是黑名单客户，这样有利于加快审批决策速度，提高客户的体验。又如，通过首笔贷款发放月份，信贷机构可以衍生出客户的信贷时长等指标，从而提升信贷分析的精准度。

在开展信贷业务前，信贷机构就可以基于征信报告建立市场响应、申请评分、行为评分、催收评分、收益评分、反欺诈等模型，而这是其他不能查询征信报告的信贷机构所不具备的。不仅如此，信贷机构还可以根据征信报告所提供的不同产品的逾期，如住房抵押贷款、信用卡、其他贷款的逾期，来找到相似产品的因变量 $Y=\{逾期，正常\}$，从而基于自身数据，如网络申请的行为记录、电话调查等一系列记录为核心指标，可以建立其"薄信用"申请评分和收益评分模型。因此，能够查询征信报告的信贷机构无形中就比不能查询征信报告的信贷机构具有更多的竞争优势。

4．信贷交易明细

征信报告的信贷交易明细主要来自各信贷机构，一般包括发放机构、贷款目的、是否担保、截止日期、五级分类、本金余额、剩余还款期数、当前逾期期数、当前逾期金额等信息，如图 5-8 所示。

180期，按月归还，2020年9月22日到期。截至2011年11月5日

五级分类	本金余额	剩余还款期数	本月应还款	应还款日	本月实还款	最近一次还款日期
次数	400000	108	4055	2011.11.05	0	2011.09.05
当前逾期期数	当前逾期金额	逾期31~60天未还本金	逾期61~90天未还本金	逾期91~180天未还本金	逾期180天以上未还本金	
2	5500	1000	0	0	0	

2009年12月—2011年11月的还款记录

| N | N | N | N | N | N | N | N | N | N | N | N | N | N | N | N | N | N | N | N | N | N | 1 | 2 |

2009年10月—2009年11月的逾期记录

逾期月份	逾期持续月数	逾期金额	逾期月份	逾期持续月数	逾期金额
2009.10	1	2500	—		

特殊交易类型	发生日期	变更月数	发生金额	明细记录	
展期（延期）	2008.09.22	10	318020	该贷款展期10个月	
贷款机构说明					添加日期
该客户委托xx房地产开发公司偿还贷款，因开发公司不按时还款导致出现多次逾期					2008.12.22
本人声明					添加日期
本人因出国未能按时还款，非恶意拖欠					2009.12.12
异议标注					添加日期
该贷款正处于异议处理中					2010.12.25

2007年9月29日机构"A"发放的10 000元（人民币）助学贷款，业务号X，免担保，不定期归还，2011年12月28日到期。截至2011年6月30日

五级分类	本金余额	剩余还款期数	本月应还款	应还款日	本月实还款	最近一次还款日期
正常	2000		1000	2011.06.30	1000	2011.06.09

2009年07月—2011年06月的还款记录

| * | * | * | * | * | N | * | * | * | * | * | * | * | * | * | * | * | * | * | * | * | * | * | N |

特殊交易类型	发生日期	变更月数	发生金额	明细记录
展期（延期）	2008.11.14	12	5000	该贷款展期12个月

图 5-8 征信报告的信贷交易明细

基于这些相对原始数据，信贷机构可以看到客户的具体信贷情况。结合银行实际情况等，信贷机构可以对这些数据进行加工抽取多个指标，如最近 3 个月住房抵押贷款次数等，从而勾勒出申请客户的风险画像。同时，信贷机构可以研究客户所偏好的信贷机构，从而制定出自身更加有竞争力的运营体系和策略。

5. 公共信息

征信报告的公共信息主要是税务、法院、行政处罚、住房公积金、电信等违约情况，以及相关日期、额度等，如图 5-9 所示。这可以帮助信贷机构更加全面地了解申请客户到底是什么样的人。

6. 本人声明

征信报告的本人声明是为了防止违背客户自己意愿的业务，如因为证

件丢失，被其他人冒充贷款，如图 5-10 所示。这种情况可以通过本人声明使相应的贷款、信用卡等无效，确保客户征信报告中的信息是出自客户的意愿。

四 公共信息明细

欠税记录

编号	主管税务机关	欠税总额	欠税统计日期
1	北京市东城区地税局	500	2009.05.11
2	甘肃省靖远县国家税务局	700	2008.03.17

民事判决记录

编号	立案法院	案由	立案日期	结案方式
1	北京市宣武区人民法院	—	2008.09.11	判决
2	北京市东城区人民法院	—	2007.05.09	判决

编号	判决/调解结果	判决/调解生效日期	诉讼标的	诉讼标的金额
1	被告张十五赔偿原告李四人民币500000元	2009.07.09	房屋买卖纠纷	500000
2	被告张十五赔偿原告王五人民币200000元	2008.10.11	房屋买卖纠纷	200000

强制执行记录

编号	执行法院	执行案由	立案日期	结案方式
1	北京市西城区人民法院	—	2008.09.11	执行结案
2	北京市宣武区人民法院	—	2007.05.09	执行结案

编号	案件状态	结案日期	申请执行标的	申请执行标的价值	已执行标的	已执行标的金额
1	执行完毕	2009.09.15	房屋	420000	房屋买卖纠纷	420000

图 5-9　征信报告的公共信息

五 本人声明

编号	声明内容	添加日期
1	本人身份证丢失，2011年1月后的新业务均非本人办理	2010.10.14

图 5-10　征信报告的本人声明

7．异议处理

征信报告的异议处理是为了防止因为误操作或非还款意愿和还款能力造成的失误，如图 5-11 所示。例如，因为电话并未欠费，而是电信公司自己搞错了，导致客户征信记录不良的，需要进行更正处理；或者客户身份证丢失，有人利用其丢失的身份证办信用卡、贷款等而逾期造成身份证真正的主人背负逾期。对于这种身份证丢失后挂失处理的，公安部推出了挂失身份证查询服务，这有利于减少因丢失身份证而无故背负贷款和逾期。今天，信贷机构要防止这种情况的出现，在业务经营时，需要查询公安部挂失身份证数据库来防止自身损失。

六 异议处理

编号	标注内容	添加日期
1	中国铁路甘肃分公司报送的固定电话并未欠费，异议正在处理中	2010.12.16

图 5-11 征信报告的异议处理

8．查询记录

征信报告的查询记录是记录最近 1 个月和 2 年内的查询次数，以及查询的目的和查询明细，如图 5-12 所示。查询记录对于信贷机构来说非常重要，因为通过查询记录可以看到客户在哪些信贷机构贷款，以及目前的状态如何，从而避免多头授信和过度授信的问题。

七 查询记录

查询记录汇总

最近1个月内的查询机构数		最近1个月内的查询次数		最近2年内的查询次数		
贷款审批	信用卡审批	贷款审批	信用卡审批	贷后管理	担保资格审查	特约商户实名审查
0	0	0	0	7	0	0

信贷审批查询记录明细

编号	查询日期	查询操作员	查询原因
1	2010.02.10	D/xy kcrmz	信用卡审批
2	2009.12.14	B/kmzui	贷款审批

图 5-12 征信报告的查询记录

在实践中，查询次数是申请评分卡的一个关键性指标。审批查询次数代表这个客户在一段时间内的贷款需求。如果客户还款能力只有 10 万元，而其他机构已经审批了 12 万元，则信贷机构对该客户要谨慎放贷。信贷机构给予超过了客户还款能力的授信额度，这是对客户的过度授信，会使客户的违约收益进一步提升，客户违约的概率也将相应增加。

9．征信报告的自动化处理

对于信贷机构来说，征信报告的重要性和可挖掘性是不言而喻的，但央行征信中心提供征信报告的格式是 PDF 格式或 DOC 格式，因此在充分利用征信报告的数据前需要将征信报告进行预处理，使数据结构化而便于加工。图 5-13 给出了征信报告的自动化处理流程。

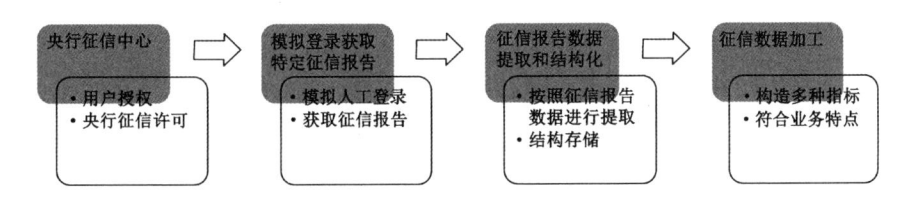

```
央行征信中心  →  模拟登录获取      →  征信报告数据       →  征信数据加工
• 用户授权       特定征信报告         提取和结构化          • 构造多种指标
• 央行征信许可    • 模拟人工登录        • 按照征信报告         • 符合业务特点
                • 获取征信报告          数据进行提取
                                    • 结构存储
```

图 5-13　征信报告的自动化处理流程

如果信贷机构希望更好地利用征信报告中的数据，那么需要将查询到的征信报告集中起来统一处理，并且处理流程必须规范化。这将给信贷机构带来以下好处。

（1）可避免同一客户同一时期多次查询，造成运营成本的增加。一次征信查询可多次查阅，按照每次查询 6 元计算，每查询一次就多花费 6 元，若按照年化利率为 18%，则需要 33.33 元以上的贷款来弥补这些额外的查询费用。

（2）为后续的数据分析和挖掘打下坚实的基础。无论是审批、监控、贷后管理、催收都需要数据支持，而征信报告对于信贷机构来说是最重要的信息来源。

（3）有助于防止信息泄露等操作风险的发生。

征信报告的处理流程主要是信贷机构在得到客户授权后向中国人民银行征信中心申请并查看客户的征信记录，然后信贷机构可以通过模拟登录的方式来获取客户的电子版征信报告，接着从电子版征信报告中抽取相关原数据，最后根据业务需求对抽取的原数据进行加工并衍生出各种数据指标。征信报告处理可以由技术团队建立征信报告处理系统来自动处理，或者在人工下载后由统计分析软件（Statistical Analysis System，SAS）、Excel

的 VBA 来抽取数据写入数据库。

一般而言,各种衍生指标的统计可以采用不同计算机程序语言(如 Java 等)来处理,但从效率、后续维护和及时操作上来说,用 SQL 语句来处理最合适。从满足需求角度来看,如何加工各衍生指标是由风控人员根据自身需求决定的。例如,到底是看过去 1 周的信贷查询次数还是 1 个月、3 个月、6 个月、1 年或 2 年的信贷查询次数,等等。

从现实来看,对于风控人员来说,他们不可能都精通 Java 等复杂语言工具,若让 IT 部门来完成,则增加团队之间的沟通成本,以及成员之间存在无法修正的理解偏差,而 SQL 是风控分析人员的基本功。

从风控系统角度来看,所有的风控系统背后都有数据库,其核心技术都是 SQL。以 MySQL 为例,各种每天需要计算的指标将以 SQL 文件的方式存储,通过定时任务执行 SQL 文件来完成各种指标的计算。当任务比较多且存在依赖关系时,风控人员自己可以使用 Windows 的 DOS 或 Linux 的 Shell 语言设计一个简单的调度系统,也可以由 IT 人员来开发可视化调度系统,然后通过调度系统来完成 SQL 按序定时执行。

如果没有征信报告,那么信贷机构需要通过技术手段获取一些其他数据来弥补信贷报告缺失造成的数据不足。信贷机构自身的信贷记录不仅有申请次数、使用次数、使用金额、还款行为、逾期情况等,还有客户的行为记录,如填写身份证号时长、客户的图片或视频、客服的电话记录等。

5.1.5 交易流水分析

交易流水可分为银行流水、POS 流水、电商购物流水等。信贷机构首先要确保这些数据是真实、可靠的,主要看数据内容是否一致、是否有规律。例如,各金额数字的开头是否符合幂律分布(Power Law Distribution),对于金额过大而异常的数字要特别注意,现金流或业务流对象、时间是否有异常等。根据流水估计出企业或个人的支出、收入，信贷机构可以构造出这段时间内的利润表等。

关于银行流水分析，以建设银行的银行流水为例，其内容包括表头、卡号、客户名称、起止日期、终止日期、摘要（转账存入、转账支取、消费、取款、结息等）、金额（正数表示进账，负数表示出账）、账户余额、交易日期、记账日期、商户/网点号及名称、对方账户、对方户名及银行的印章。对于复印的流水，信贷机构一定要高度警惕，因为其很容易被伪造。对于流水单中的交易，信贷机构要随机选取3～5笔，然后打电话给银行进行核实。如果它们和银行的数据吻合就没问题；反之就是假的。伪造银行流水更多的是通过关联企业或具有隐蔽关系的企业之间，进行相互转账来"刷"流水。例如，有人注册企业对信贷申请人按时发工资来"刷"流水进行欺诈。

银行流水可评估出该客户的每月收入情况，因为一般情况下公司发工资都有固定的日期，看日期是否有规律。而对于公司客户来说，银行流水可以看出下游客户数量、购物品率、估算企业账期，以及下游客户是否为知名企业等。

信贷机构可以通过银行流水中结息来估算企业或个人的一般结余余额的平均值。

$$结余余额的平均值=结息\times 1/0.35\%\times 4$$

式中，0.35%是活期利率，这需要根据不同时间的利率而定。这样就可以计算出每天存款结余余额，也可以通过计算某日余额，加上进入的额度，然后减去出去的额度，得到最终余额。通过流水中金额进出额度来判断资金周转，收支是否能够相抵。

信贷机构根据银行流水的支出，可以判断一个人是否有不良嗜好或一家企业是否处于正常经营状态。在收入稳定的情况下，个人支出是相对稳定的，如果客户有不良嗜好就会出现一些额外支出；而对于企业来说，支出也是有规律的，因为通常发放工资、支付货款等具有规律性，这说明企业处于正常经营状态，否则企业处于异常状态，这时信贷机构就需要谨慎审批和放贷。

与银行流水类似，人们通过 POS 流水和电商购物流水能估计出营业收入，判断收入结构是否合理，并结合不同商品的成本，找出商户的主要盈利点在什么地方，毛利润是多少，最终构建出商户的资产负债表、利润表等，从而可以判断客户的还款能力。

POS 流水、电商购物流水不仅可估算出卖方（商户）的情况，还可估算出买方（客户）的情况。通过对 POS 流水、电商购物流水的分析，信贷机构可以知道客户名称、地址，通过将地址和房地产数据等信息联动起来，可以判断出客户的房租或房价，通过购买商品名称来判断客户的偏好，如分析出客户消费频率、消费额度、最近一次消费时间，并可以预测未来客户可能消费时间点、消费金额，然后判断客户的可支配收入，估算客户是否需要信贷，如果需要信贷，那么多少额度合适等。

对于卖方（商户）和买方（客户）而言，其还款意愿可以通过退货和评价进行判断。例如，对于卖方（商户）而言，其客户退货次数、退货客户数等越高，则说明商户诚信度越低，评价越差则商户诚信度越低，同时从商户的客群变化也可以知道商户诚信度，从诚信度可以推断商户的还款意愿情况。又如，对于买方（客户）而言，通过商户的评价及客户退货对商户整体退货的贡献度可以判断客户的诚信情况，结合客户的客服信息也可以判断出客户的还款意愿。各家金融机构提供了支付或购物流水、POS 流水的产品。

5.1.6 其他类流水信息分析

一些企业基于自身在产业或供应链中的核心位置，提供了产业/供应链信贷产品以达到与合作伙伴共赢和保值增值的目的。例如，平台类企业充分利用自身和合作伙伴的资源为供应链上下游提供各种金融服务；物流类公司为客户提供仓单质押、保兑仓、动产质押、提货单质押等信贷产品；等等。这些企业充分利用自身信息的优势和对货物的控制力来为客户提供信贷产品，供应链的业务流、资金流、物流、信息流、价值流如图 5-14 所示。

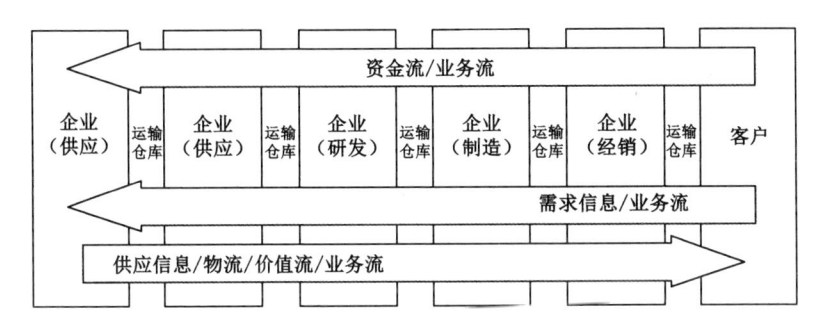

```
┌─────────────────────────────────────────────────────────────┐
│         ←──────────── 资金流/业务流 ────────────             │
│ 企业  运输  企业  运输  企业  运输  企业  运输  企业  运输  │
│(供应)仓库 (供应)仓库 (研发)仓库 (制造)仓库 (经销)仓库  客户│
│         ──────────── 需求信息/业务流 ──────────→            │
│ ────── 供应信息/物流/价值流/业务流 ──────→                  │
└─────────────────────────────────────────────────────────────┘
```

图 5-14 供应链的业务流、资金流、物流、信息流、价值流

围绕供应链所提供的系统或服务，如 ERP 系统，都是投资或信贷、投后或贷后管理的关键性抓手。通过这些系统或服务，信贷机构可获得企业的运营成本、租金，根据审批合同可以获得业务收入、应收账款、预付账款等，并构建企业的财务报表，最终可以决定是否对该企业进行放贷，以及放贷的金额。同时，通过这些系统或服务，信贷机构可获得员工职位、联系方式、姓名、住址等信息，并估算出员工的收入，从而可提供工薪贷等。

客户流量也是信贷的基础。一般来说，信贷机构可先根据商户的着陆页（Landing Page）质量估算其具体转化率（实际转化率在 5%左右），进而估算商户的客户量，结合客单价，即可以通过着陆页上具体陈列商品及价格来估算不同商品组合的价格。然后，通过不同商品组合分布数据，从而评估出客单价。最后，计算出商户每天、每周、每月等单位时间内的营业收入、成本、毛利润等。

除了客户流量，信贷机构根据电商平台的费用，如平台管理费、技术服务费、收单费、精准广告费等，可以计算商户具体的净利润，进而可以构建出电商平台卖家的资产负债表、利润表，然后决定是否放贷、贷款额度。

广告平台在广告盈利模式中的角色不同，其相应的收入和支出是不一样的。例如，广告交易商平台（Ad Exchange）向需求方平台（DSP）收费，向媒体/供给方平台（Supply Side Platform，SSP）分成，同时向二者收取技术服务费。SSP主要从各网站、媒体的收入中提成，一般DSP提供商是以某种计费方式收费的，如千人成本（Cost Per Mille，CPM），从各大交易平台及程序化优先购买（PPB）处购买一个展示，而这个展示没有被点击就不会计费，只有被点击才会计费，所以DSP广告是以每次点击付费（Cost Per Click，CPC）的方式收费的。因此，根据广告展现率和收费方式，可以估算该平台的广告收入，从其公司基本信息、招聘价位、着陆页的效果等情况可以推断成本，成本的估算可以通过员工工资、租金、税金等判断该平台的利润情况，从而可以判断是否对该企业进行放贷等。

谷歌（Google）开创了广告放贷的先例，谷歌在2012年10月8日宣布在英国推出一项全新服务——AdWords Business Credit，这项针对中小型企业的贷款服务旨在帮助这些企业购买搜索广告。虽然不知道谷歌依据什么来放贷，但我们可以依据谷歌拥有的数据来判断。因此，广告数据也是信贷的重要信息来源。

总之，信贷就是要充分利用一切可用的数据来判断客户的收入、支出，并计算出净收入，推断其还款能力和还款意愿。

上述都是对第一还款来源的估计，而在实际操作中，有担保方、抵押物、质押品、信用保证险等多种方式作为第二还款来源，如住房抵押贷款、汽车抵押贷款、林权质押、股票质押等。因此，信贷机构需要对抵押物/质押品进行相关的调查和核实。

（1）对抵押物/质押品进行合法性判定，确认产权证明的真实性，以及抵押物/质押品是否存在多次抵押和质押。

（2）对抵押物/质押品的价值估计，不仅要考虑当前价值，还要确认在贷款到期时的价值和变现能力，从而给出不同的抵押率。

（3）按照相关法律法规规定，对抵押物/质押品进行确权登记，取得他项权利证书或其他抵押物/质押品登记证明，确保相关登记真实有效，从而避免后续产生纠纷。

（4）根据抵押物/质押品的价值波动特性，合理确定价值重估频率，并定期或不定期地进行监控来确定抵押物/质押品的价值。

客户还可以通过保证/担保来提高还款能力。因此，信贷机构需要对保证/担保人进行相关的调查和核实。

（1）向保证/担保人咨询是否了解借款人在信贷机构申请借款，并确认是否愿意为借款人进行担保。

（2）完成保证/担保人的保证能力评价，保证/担保人的保证能力至少要覆盖贷款额度的一半以上，并对保证人收入或营业收入及毛利润率数据进行检验，而且至少要完成一个原始单据的营业额检验。

为了提高还款能力，客户还可借助共同借款人（如配偶或合伙人）来提高其还款能力。因此，信贷机构需要对共同借款人进行相关的调查和核实。

（1）向共同借款人咨询是否知晓与借款人来信贷机构进行贷款申请，是否同意成为共同借款人，以及理由。

（2）如果共同借款人同意，就需要他（她）签署查询征信和信息收集等授权，告知相关的规定和申请贷款的基本流程。

（3）核对共同借款人的基本信息，如身份证、手机号、婚姻状况、家庭住址等信息，并与信贷机构自身获得的数据进行比对检验。

（4）对于共同借款人的资产、负债、权益等进行调查与核实，从而确保其足够的还款能力。

从本质上说，抵押或质押、担保等增加了客户的违约成本，但若过度依赖抵押、质押、担保等带来的还款能力，将会忽视客户的第一还款能力。

5.2 信贷软信息分析

信贷分析的主要目的是评价客户的还款意愿、还款能力和持续盈利能力，客户能够正常还款的前提是还款意愿和还款能力都必须合理。还款能力可通过调查获取的各种财务或财务相关数据进行估算，而还款意愿则需要依据各种软信息来判断借款人还款的意向和想法。

在信贷分析过程中，还款意愿可以通过客户的过往信贷记录来判断，但并不是每家信贷机构都能获得相关数据。为了判断客户的还款意愿，周围人对客户的评价、客户的消费记录等信息就必须纳入信贷分析过程中。如果客户的消费记录等很难获得，那么软信息如客户学历、年龄、性别、户籍、当前居住地等就显得特别重要。

软信息可分为两大类，即人口统计信息、社交网络和行为信息。其中，人口统计信息主要是指性别、年龄、家庭成员、地址等相对变化比较小的信息；社交网络和行为信息主要包括电话等与通信相关的人及机器的消费行为、支付行为、点击行为等动态信息。软信息之间必须经得起逻辑验证，没有经过验证或不符合逻辑对称要求的道听途说的"软信息"，是不能作为决策依据的，只有这样才能保证对客户的还款意愿评价是相对客观的。

在实际业务中，部分软信息能够被直接量化。这类信息可以通过 IPC 微贷技术中的不对称偏差分析模型来分析。其他不能被直接量化的软信息，则需要客观地对待，需要经过交叉验证后予以采用，不能因为道听途说而主观拒绝客户。遇到这类信息，信贷调查人员可以加强侧面了解或直接向客户求证，并想办法直接或间接进行量化。

可量化的人口统计等相对静态的软信息大致可以分为以下几种。

（1）年龄、教育程度、婚姻状况、性别、身体健康程度、孩子数量、孩子上学情况、父母情况、配偶情况等信息。

（2）居住地、出生地、经营地、居住年限、是否有房子、房子面积、房子位置、是否有房贷等。

（3）是否有车、车型、发动机型号等。

（4）是否有手机、手机型号、IMEI、是否有计算机、计算机品牌等。

（5）是否有吸烟、喝酒、赌博、嫖娼等不良嗜好。

（6）工作经历、工作年限、从事行业年限等。

可量化的社交网络和行为等相对动态软信息大致可以分为以下几种。

（1）申请书写笔迹、网络上各种行为、网络浏览、网络下载内容、浏览器开关频率等。

（2）交通行为轨迹、手机上的行为轨迹、手机陀螺仪、经纬度等。

（3）社交网络：直接联系人、朋友的朋友、经常联系人教育程度、嗜好等。

（4）经营相关：员工跟随老板年限、员工与老板的关系、治理结构、管理制度与执行情况。

对于一些看起来不可能被直接量化的信息，人们也要想方设法通过间接的、可收集的数据来量化，从而实现对某些无法直接量化的信息达到与直接量化的信息具有相同或相似的效果，进而提升软信息的支持能力，以达到所有信息都可量化。

这个过程需要有一切皆可量化的理念。在这种理念下，如果遇到不可量化的软信息指标，就要坚持这种理念并重新确定其定义，因为量化的方法就在指标的定义中。在可量化的软信息之间进行数据联动和组合，能够帮助人们更加清晰地刻画出客户画像，并逐步接近客户在真实的社会经济环境中的情况。

5.2.1 人口统计等相对静态软信息分析

在信贷业务中,年龄是基本信息,可通过身份证号(默认为 18 位的)第 7~10 位得出。当客户年龄太小时,信贷业务存在法律风险;而当客户年龄超过 60 岁时,则客户死亡率增加,使得坏账率上升。人应在不同年龄段尽不同本分,如上学、就业、结婚、生子等。

在信贷业务中,性别是关键软信息要素。一般来说,女性比较谨慎,且女性的各种不良嗜好较少。性别信息可以通过身份证号(默认为 18 位的)的第 17 位得出。

在信贷业务中,婚姻状况是重要的指标。根据"男大当婚,女大当嫁"的风俗,人在 30 岁之前,理应结婚。在实践中,婚姻受学历等影响,往往是客户的学历越高,结婚就越迟;而学历越低,则结婚越早。一般来说,年龄超过 35 岁仍未婚,可能是其游手好闲、赌博、贫穷等造成的。对于客户的婚姻状况判断主要是根据征信报告、客户提交的结婚证,也可根据购物流水中商品名称的关键词,如"家庭装修""亲子"等进行识别。

结婚之后,家庭就是关键性要素。家庭成员包括客户的父母、配偶、孩子及其他社会关联人员。一般来说,随着年龄的增长及客户结婚后,父母对客户的影响会逐步减弱,配偶和子女的影响会逐步增强。对于年轻未婚并与父母居住在一起的客户,信贷机构需要关注客户父母的情况,如职业等;对于已婚的客户来说,信贷机构需要关注客户配偶的情况,如职业等。因此,家庭成员可作为共同借款人来降低风险。

家庭需要稳定的居住之所,即住房是客户的关键信息。客户的住房所处的地理位置、交通状况、装修是否豪华等都反映了客户的经济情况。但是,对于交通工具或住房过于豪华并与其收入情况不匹配的也要引起警觉,这些客户崇尚高消费,资金来路不明会蕴含很大的风险,可能有赌博等不良嗜好或外债。判断客户是否有住房主要根据征信报告、客户提交的房产证，还可以通过购物流水中商品名称的关键词，如"成套家具""折叠床"等进行识别。

除了住房，人们出行还需要汽车。信贷机构通过客户的汽车品牌、车牌号等，估算客户的经济收入情况。判断客户是否有汽车主要根据客户提交的行驶证、强制保险单来判断，也可以通过购物流水中商品名称的关键词，如"机油轮胎""车载蓝牙"等进行识别。

一般来说，人的收入主要来自工资。人的工作年限越长，其风险就越低。客户开始做什么工作，后来做什么工作，为什么和从什么时候开始自己做生意。对于工作年限短的客户，信贷机构要保持警觉，因为这样的客户还没有抵抗"大风大浪"的能力。对于年龄大，但是履历上显示经常变换生意类型的客户，我们也要格外提高警惕。

贷款目的是重要的风险管理标杆之一。在实际操作中，贷款目的需要根据类型进行判断，如果贷款是消费类的，那么一般小额贷款需要特别注意防范欺诈，对于额度大的需要注意还款来源是否可靠。如果贷款客户是小微企业，就需要按贸易类、服务类、生产类等企业来区分其贷款目的。

贸易类的企业在小微贷款业务客户中的占比较高，一般占比是所有客户数目的60%左右，主要是以便利店、服装、五金、家电、日化等为主。这些行业的贷款需求主要是流动资金短缺，如面临旺季需要加大备货（如春节），其上游供应商促销，客户可以低价进货，等等。服务类客户的贷款需求主要是由于设备更新与购进新设备，扩大经营规模（如开新店）等。生产类行业的贷款需求主要是进货和购买原料、机器更新、厂房扩建、工人工资等。

在实际调查中，如果客户所在经营场所相对干净、整齐，并拥有辅助设施（如煮水工具、电视等），就说明客户所处的经营环境还不错且运营正常；否则就要提高警惕。

软信息包罗万象，在实际工作中，信贷机构必须抓住重点，原则是所获得的信息必须对称。

5.2.2 社交网络和行为等相对动态软信息

社交网络可通过通话等社交获得。人与人之间的通话时长、时间点等可反映其关系是亲人或朋友等，而电话号码或 IP 等所蕴藏的地址信息，可识别出其收入水平等。

除此之外，转账、寄收快递等交往行为也可建立社交网络。银行、支付公司等的转账次数可识别出其亲密程度，而若结合转账双方的基本信息，如身份证号码，则可以判断转账双方是否为同乡，等等。快递公司可通过两个地址之间的次数等建立社交网络。

除了社交往来行为数据，在大数据时代，智能设备中各种传感器所获得的行为也是重要的软信息。行为往往可透露出很多信息。例如，客户填写信息的时长极短，则可能是程序或模拟器填写的等；但其时长较长，则说明客户对申请信息不熟悉等。

在信贷业务中，客户需要提供身份证、征信报告、通话记录等信息。联动分析可找到更多的信息，如通过手机号可分析出是否为黑名单内号码、通信运营商、归属地，进而结合客户的年龄、性别给出一个相对可靠的可支配收入；通过手机号来跟踪客户的行动轨迹，可确定客户经常所在的地方主要为家和工作场所。例如，经常在晚上长时间停留的位置就是客户的家，经常在工作时间长时间停留的地方就是客户工作的公司，等等。

类似地，对于企业客户，信贷机构根据企业主/法人等的手机号、身份证号可初步判断企业主/法人的欺诈可能性、可支配收入、违约率等关键信息，然后结合企业的行业、治理架构、财务报表等信息进行分析。

在图 5-15 中，以个人客户 A 为例，客户 A 与客户 B、客户 C 有紧密的关系，客户 D 与客户 B、客户 C 有直接关系，而已知客户 D 是骗子，那么从社会网络中分析客户 B、客户 C 是骗子的概率也很高，通过评估概率为 0.9，而可以计算出客户 A 也有可能是骗子的概率为 0.8。通过客户 A 的手机号可以知道通信运营商、归属地，进而可以知道人均可支配收入、生活成本；通过客户 A 的身份证号可以知道其出生地、人均可支配收入和生活成本。结合客户的经纬度变化，信贷机构可以找到客户的公司和家庭居住地，而后根据公司找到客户的可能性收入，通过家庭居住地并结合购物品类等可以判断客户是否拥有房子、房子的价值是否合理等。

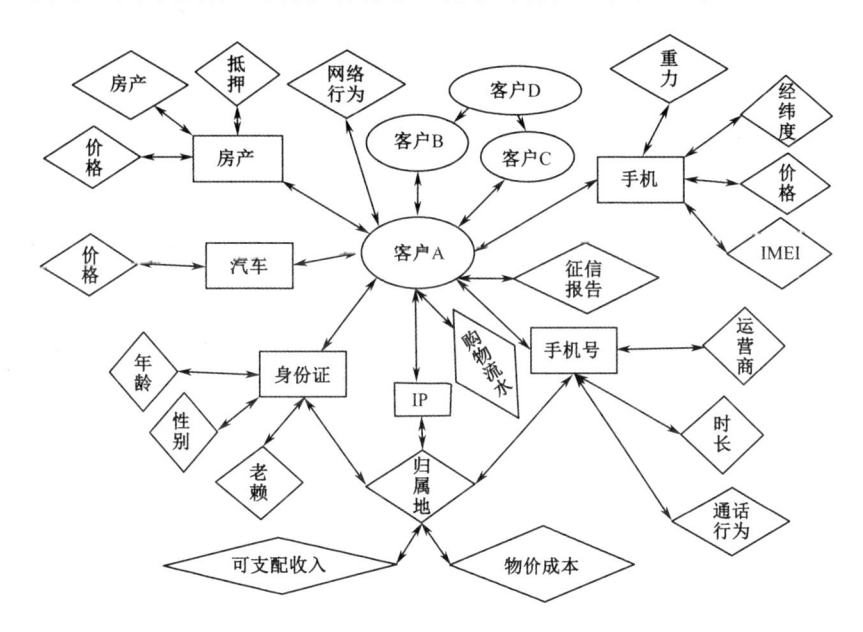

图 5-15　客户 A 的软信息图

5.3　还款意愿量化方法

一般来说，人们认为客户的还款意愿很难量化。但多年的大数据实践经验与经济研究使得我们相信：世界上任何东西都可量化，只要将概念弄清楚，就可以找到相应的量化方法。例如，美国劳工部每月都公布新增就业情况，可以通过体检数量、手机定位的行为轨迹变化等分析得到。

还款意愿的量化可通过过往信贷记录获得，或者通过 IPC 微贷技术的不对称偏差分析法获得。在这里，我们提供一种经过多年研究和实践的量化方法——还款意愿货币化方法。

5.3.1 IPC微贷技术不对称偏差分析法

不对称偏差分析法能有效剥离并呈现风险点，能帮助信贷人员迅速发现潜在风险点，并帮助决策人员做出决策。

在实际工作中，不对称偏差分析法的标杆必须由各信贷机构根据当地实际情况制定。标杆的制定必须遵守两个原则，否则就会减少它的有效性：①标杆的量值必须能够清晰量化，尽量避免主观因素，更多地应用客观因素，如已婚、未婚、离异，或者经营1～5年、5～10年、10年以上等；②标杆数量应适中，而太多标杆会降低效率，这是因为按照每个指标有5个等级，每增加一个指标，场景就增加5倍，当指标为10个时，场景个数将近1000万个。

IPC微贷技术对不对称偏差分析进行讲解是以小微企业为例的，这里具体以医美行业为例进行阐述，不对称偏差分析的通用型如图5-16所示。

离婚	>60岁	<1年	无资产	申请时长<10秒	<3000元	学生
再婚	45～60岁	>10年	部分资产	11～25秒	>3万元	名媛
已婚	26～45岁	3年以上	良好资产	26～45秒	1万～3万元	刚工作白领
未婚	18～25岁	1～3年	少量资产	>45秒	3000～1万元	女公关

图5-16 不对称偏差分析的通用型

案例一：

客户A今年30岁，已婚，每个月收入在2.5万元左右，工作了6年，通话记录基本上集中在早上9点到晚上8点，通话记录中主要有两个号码：

一个号码和客户 A 的号码归属地相同；另一个号码归属地为客户 A 的身份证号所在地，经过确认，这两个号码分别是其配偶和母亲的。根据购物记录来看，商品主要为小孩的尿不湿、奶粉等，可以判断家里有孩子且孩子年龄比较小。家里有一套房是和配偶共同购买的，价值估计在 600 万元。在申请贷款时，其填写信息共用 40 秒。客户 A 的信息不对称偏差分析结果如图 5-17 所示。

离婚	>60岁	<1年	无资产	申请时长<10秒	<3000	学生
再婚	45~60岁	>10年	部分资产	11~25秒	>3万元	名媛
已婚	26~45岁	3年以上	良好资产	26~45秒	1万~3万元	刚工作白领
未婚	18~25岁	1~3年	少量资产	>45秒	3000~1万元	女公关

图 5-17　客户 A 的信息不对称偏差分析结果

有经验的审批人员一般会用"不错""挺好""正常"等言语表达。但贷款决策依据需要的是量化结果。客户 A 的软信息不对称偏差相对比较小，可以认为是一个优质客户。

案例二：

客户 B 今年 22 岁，未婚，每个月收入在 3.5 万元左右，工作了 4 年，通话记录基本上集中在早上 9 点以前和晚上 10 点后，通话记录中电话号码集中度不高，通话对方的归属地不集中，通话时间都比较短，无法确认其父母或亲属的号码。根据购物记录来看，主要为女用衣服，多是 200 元左右的各种女式内衣等。客户 B 没有自己的房子和车子，居住靠租房。在申请贷款时，填写信息共用 80 秒。其不对称偏差分析结果如图 5-18 所示。

离婚	>60岁	<1年	无资产	申请时长<10秒	<3000	学生
再婚	45~60岁	>10年	部分资产	11~25秒	>3万元	名媛
已婚	26~45岁	3年以上	良好资产	26~45秒	1万~3万元	刚工作白领
未婚	18~25岁	1~3年	少量资产	>45秒	3000~1万元	女公关

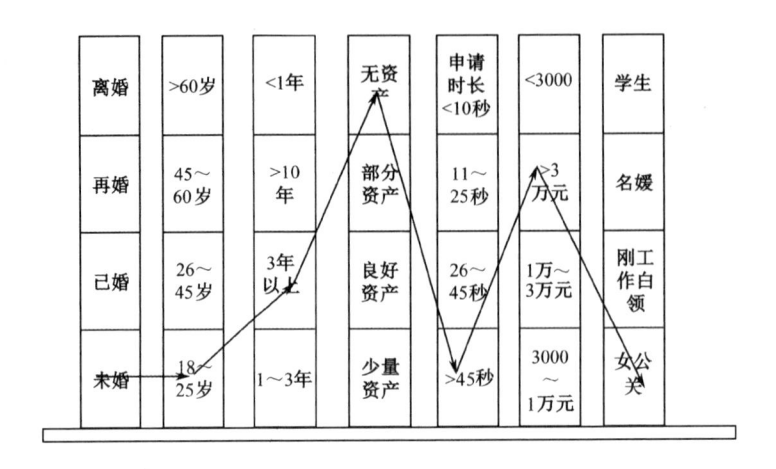

图 5-18　客户 B 的信息不对称偏差分析结果

有经验的信贷人员对客户 B 会用"感觉不对""不是很好"等语言表达，而该客户的软信息不对称偏差波动大，仍有许多问题需要核实，如客户 B 工作这么久为什么还没有资产，等等。

在实际工作中，风控对软信息的分析可以按照上述方法进行，但维度尽量多一些，因为单一的信息无法很好地刻画客户，更不要说来评估客户是"好"是"坏"了，只有通过多个维度组合、联动起来对我们才有意义。

5.3.2　还款意愿货币化方法

信贷机构要量化还款意愿，首先要给出清晰的还款意愿定义。还款意愿是指借款人具有还款能力，但是否愿意还款。还款意愿在传统信贷中主要通过关注借款人的品德和过往信用记录来判断，而违约成本对还款意愿的影响非常大。例如，银行机构的客户不还款就会在征信报告中出现逾期，导致其他机构不愿意贷款等。

一般信贷对还款意愿主要从品德和违约成本两个方面加以分析。在信贷行为中，品德是指借款人无论是否具有还款能力都会采取不同的还款行为，主要可以从客户的声誉、生活习惯、表情眼神、言行举止、过往的信用记录等得出。违约成本是指借款人需要为其违约行为付出的代价，如信贷机构拒绝为借款人授信、负面的征信记录、其他机构拒绝服务等。

对客户进行还款意愿评估，无论是从品德还是从违约成本分析，都是基于一个客户的经济行为为了自身利益而采取的，客户有还款能力而不还款是为了获取违约带来的收益。也就是说，客户需要计算自身违约的收益，这是由违约收入和违约成本所决定的。当客户的违约收入远远大于违约成本时，客户就会选择违约，这里的违约收入是客户违约的收益，违约成本是客户违约的损失。

根据巴里·施瓦茨的阐述"损失对人的心理影响几乎是收益的两倍"[25]，这里的收益应该是我们所称的收入，这种厌恶损失的心理就是卡尼曼和特沃斯基的损失厌恶。因此，当违约收入超过违约成本的两倍以上时，客户因为违约成本而获得的失落感会被客户得到超过两倍的违约收入的喜悦感所对冲，客户就会违约。客户的收入构成是多方面的，如金钱、身份和地位、信誉、家人和睦相处、便利服务等，成本则是因获得收入而付出的费用或代价。

在实践中，信贷机构初期对客户整体授信平均额度为 1200 元，后期当整体额度提高到 2400 元时，违约率因此升高了 4%。因为客户违约的收入主要是放款额度，而其违约成本则包括费用（如违约罚息等）、丧失名誉、妻离子散等。因此，还款意愿货币化的本质是对违约成本的货币化，还款意愿的违约点是贷款金额大于违约成本两倍的点。

$$还款意愿的违约率 = \begin{cases} f(\dfrac{放款本金或本息}{违约成本} - 2)，违约成本 > 0 \\ 0.999，违约成本 \leq 0 \end{cases}$$

其中，当违约成本大于 0 时，存在函数 f 可以确定还款意愿的违约率；当违约成本可能小于或等于 0 时（如欺诈用户、黑名单用户等，他们的违约成本就小于 0，任何收益都是他们违约的动力），建议直接拒绝。

量化还款意愿的关键是如何将违约成本货币化。一种可行的方法是通过将违约成本分解到各要素，然后对各要素进行货币形式的量化。在违约成本中，各种费用如违约罚息、违约金、诉讼费等都以货币形式计量，而名誉或信誉等可以参考国家规定和司法实践，将"面子"基础价值定为以每个地区可支配收入的 1/10 为基数，并考虑客户的年龄、地区、职业、地位、教育程度等信息对客户"面子"或名誉、信誉的价值进行调整。同时，便利服务被禁用也是人们在信用违约后可能要承担的代价，如铁路、飞机、通信等便利服务被禁用与否的价值差别有多大。除此之外，其他要素都是可以货币化的。

例如，A 先生年龄为 26 周岁，尚未结婚，居住于上海，无房无车，就职于某金融机构，无不良嗜好，申请信用贷款 5 万元进行容貌修复。其违约成本主要是逾期时长×0.05%×贷款额度+逾期超过 60 天后按开始计算×5000×（1+性别违约成本 2%+年龄违约成本 1%+上海违约代价 5%+父母的违约成本 2%+硕士违约成本 5%+金融行业违约成本 10%+无不良嗜好违约成本 20%+社会地位违约成本 200%），假设逾期 90 天，可以得到其违约成本为 2250+17250=19500。因此，通过还款意愿货币化的量化方法可以得到，A 先生的违约成本是 19500 元。

假设 A 先生还款能力为 8 万元，则决策过程中需要考虑量化后还款意愿违约成本，放款额度控制在违约成本和还款能力之内，最好不要超过客户的违约成本，A 先生放款额度最多为 3.9 万元。

抵押、质押、担保等标的是提高违约成本的重要方式。在无抵押品情况下，还款意愿货币化价值为 5 万元；若有实际价值为 20 万元的抵押品，该客户的还款意愿货币化价值为 25 万元。

这种量化还款意愿的方法主要是将主动和被动还款意愿都转换为违约成本，对违约成本进行量化，从而达到量化还款意愿的目的。在实际运用中，该方法的准确率可以达到 70%，根据不同业务场景合理调整参数后，准确率可以达到 80%。

| 第6章 |

信贷分析方法融合与全面风险管理

知彼知己,胜乃不殆;知天知地,胜乃不穷。

——兵圣 孙武

风控
大数据时代下的信贷风险管理和实践（第 2 版）

随着认知的升级、技术的更新换代，信贷分析方法也随之发生了改变。在初始时，放贷者利用自身的影响力或控制力进行放贷；银行等金融机构基于社会信任并利用大数法则、定价技术等向陌生人进行放贷；等等。

在经济发展和科技进步不断提升社会信任的同时，各种欺诈、骗贷等恶意现象也随之而来，而客户体验也越来越不可忽视。安全与体验等促使了"信贷工厂"、IPC 微贷技术、巴塞尔协议、大数据风控等相继出现。

风控围绕信贷业务展开的本质是没有变的，即风控不仅要挑战业务，而且要提出更好的方案。因此，在大数据时代，多种信贷分析方法可并存。

自始至终，信贷业务的本质没有变，即资金的所有权和支配权跨时空的分离。但信贷业务在不同时期所面临的核心问题不一样，历史出现的问题依然会再次出现。因此，各种信贷分析方法需要融合。

信贷业务的主流程也没有本质变化，但其相关环节变化使得客户体验更高。在整个流程中，风控模型或规则、策略、流程、体系、理念都少不了，并且都要人来完成。

但随着各种信贷分析方法的发展，信贷分析方法对人的要求发生了变化。起初，风控人员只要有可靠的社会关系就可以，而随着信贷业务的发展，风控人员需要了解一些财务、会计、金融、心理等知识。在大数据时代，风控人员还需要掌握数据分析、SQL 编程、系统部署、Hadoop 或 Spark

第6章
信贷分析方法融合与全面风险管理

云计算等能力。

在大数据时代，短视频、直播等使得各种风控知识扩散，风控所面临的挑战更大。风控人员的核心能力将体现为持续学习与系统思考的能力。因为风控知识的扩散，欺诈人员也会采用新技术来获利，如地址/设备号模拟器等，而风控人员要应对这些场景的前提是了解其原理，然后提出假设并进行证析，最后制定相应的应对策略并形成可以执行或部署的指标。

这种持续学习与系统思考能力不仅在于解决问题，还在于能够融合众多信贷分析，并创造出新的方法。为此，风控人员需要知晓各种信贷分析方法的优缺点以及改进建议。

6.1 传统信贷分析方法的优缺点和改进建议

一般而言，传统信贷分析方法主要基于"5C"[26]（信誉、能力、资本、担保、环境）来进行信用分析，而一些信贷机构还增加了"连续性"。其主要是围绕传统信贷流程（图 6-1）展开的。其中，信誉主要是通过分析客户过去的相关守约记录得到的，主要体现了借款人的还款意愿；能力是指客户的收入、资产等是否能够偿还所借资金；资本是指客户所持有的财产等变现能力，以及当前的净现值；担保是为信贷机构本息安全提供的一种保护，可以分为担保、抵押、质押、共同借款人等方式，作为第二还款来源；环境是指借款人所处的社会经济环境；另外，连续性是指借款人的现金流是否持续稳健。

对于个人类信贷产品而言，其不仅需要客户提供个人的基本信息，如身份证、电话、邮箱、住址等，还需要提供主要家庭成员的信息，以及个人的工作证明、收入证明、资产证明等。同时，信贷机构要查询借款人的征信报告，若信贷机构不能查到，则需要客户提供征信报告或提供 6~12

个月的银行流水。

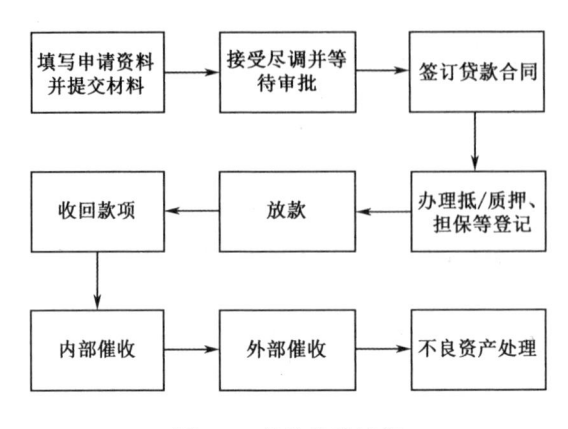

图 6-1 传统信贷流程

对于企业类信贷产品而言，其需要客户提供企业的基本信息、管理层基本信息、财务报表、可用于抵/质押资产的权属证明，以及企业自身的征信报告等。一般来说，企业类信贷分析主要以财务报表分析为核心（具体分析见第 5 章），并且要结合企业所处行业来分析企业供应链上下游的掌控能力。

传统信贷分析方法在申请、审批、放款、催收和不良资产等各个环节已经形成了相对稳定的风控措施。

1．传统信贷分析方法的优点

（1）因为传统信贷分析方法建立在客户提供抵押、质押、担保等基础之上，所以其能够大大缓解信贷的风险。

（2）传统信贷分析方法中押品管理是风险管理体系的重要组成部分，其中押品价值评估、抵/质押登记、保管、抵押率等相关专业能力和经验是信贷机构提供押品类贷款产品的核心能力，信贷机构积累了相关的管理知识，有利于在竞争中形成优势。

（3）传统信贷分析方法用人际关系资源来获取客户，如钢铁协会、潮汕商会、温州商会等行业协会，客户之间知根知底，不仅有利于风险管理，而且便于信贷机构开展业务。

2. 传统信贷分析方法的缺点

（1）过于依赖某些员工的人际关系来获得客户，而员工一旦离职就会造成客户逾期等问题，更有甚者，员工和客户合伙骗贷。

（2）用户规模、多样难以保证，使得大数法则等失效，也使得信息发展、新技术应用等面临挑战，并且使风控限制了业务发展。

（3）存在集中度风险，如2012年钢铁行业的盈利情况较好，但后来这个行业的坏账肆虐，不断爆发出违约事件[27]。

（4）偏好抵押、质押、担保等方式提高了客户获得服务的门槛，使得急需用钱的客户更加缺乏资金，并加剧了机构之间的竞争，如争抢有限的优质客户。

（5）过于倚重某些知识，如押品管理等，使得认知形成偏颇，从而使得业务潜在风险大。

3. 传统信贷分析方法的改进建议

（1）以自身已有的业务数据为核心，充分挖掘相关数据，以客户为中心开发出更有效的指标，不能再以统计等指标为核心，如平均逾期天数、平均逾期金额，而应该以客户行为、认知等指标为核心，如客户在过去一年的平均借款间隔等。

（2）加大对相关数据的校验、联动，如自身业务数据、征信报告的联动、交叉校验，而财务数据则需要多种财务分析方法共用，一旦发现问题立即制定相应的应对策略。

（3）风控策略需要采用决策矩阵、优化算法等，如为了控制集中度风险，同一地区的信用额度不能超越其总的可支配收入的比例，到底是多少则需要借助决策矩阵、优化算法等来确定。

（4）减少抵押、担保等的比重，提高自身的信息获取、技术处理和分析能力，更好地发展有差异、有特色并符合自身条件的信息、技术。例如，银行可查征信报告，采用以征信报告为体系的信贷技术；而互联网金融以线上为核心，可开展针对网络行为的信贷技术。

（5）警惕客户之间形成担保和保证圈风险。个人或企业之间通过相互担保、保证而获得大量信贷机构贷款，担保和保证链或圈具有聚集风险的效应，个人或企业信用发生了膨胀，远高于自身实际还款能力，造成过高违约收益。

6.2 IPC微贷技术的优缺点和改进建议

IPC 微贷技术主要面向数据资料不全的小微企业客户。一般而言，这类客户具有不规范财务报表，或者没有财务报表，甚至连最基本的信贷记录、银行流水都无法提供。

IPC微贷技术要求信贷人员全程参与客户信贷的信用审核、风险评估、审批决策、款项收回、逾期催收各个环节，其模式如图 6-2 所示。在这个过程中，信贷人员以对客户资金流的了解为基础，先构建出客户"资产负债表"、"利润表"和"现金流量表"，然后通过与客户的软信息交叉验证来判断客户是否具有还款能力和还款意愿。

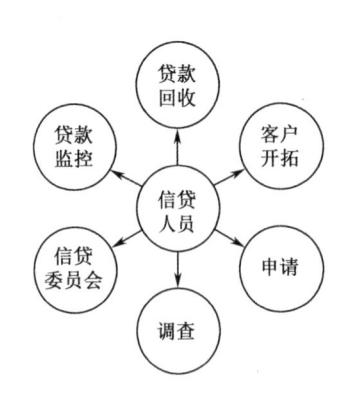

图 6-2 IPC微贷技术模式

在实践中，人们将 IPC 微贷技术直接应用到消费信贷的审批过程中,对无信用记录、无银行流水的消费信贷申请者进行审批,主要通过电话调查的方式,收集客户的收入、资产、支出等信息,建立个人客户的"资产负债表"、"利润表"和"现金流量表",然后结合客户的软信息(如客户的住址信息、公司等信息),并通过爬虫技术来获取客户的房产等数据,从而校验客户给出数据的真实性和合理性,对客户给出的不合理数据进行修正,最后通过修正后的信息来评估客户是否具有还款能力、还款意愿,计算出违约成本,最终决定是否放贷。

IPC微贷技术的优点是明显的,但缺点也是明显的。

1. IPC微贷技术的优点

(1)眼见为实,通过进行实地调查,获得了相对可靠的数据。

(2)建立和完善了客户信息,为后续业务发展积累了丰富的数据。

(3)通过交叉检验,使得数据一致性有所保障。

2. IPC微贷技术的缺点

(1)用过去来推算未来,对未来影响客户的因素考虑太少。相对于审批决定放贷时点,借款期间是未来的。也就是说,影响客户现金流的因素可能和过去的完全不一样,如客户增加新产品、生意模式发生改变等。

(2)需要核实的信息太多,客户嫌麻烦。IPC微贷技术主要靠信贷人员实地调查,并且需要调查与核实的客户信息也太多,一个调查流程下来需要耗费客户很多时间,从而造成客户体验差、调查效率低。

(3)劳动密集型使得业务难以持续。随着人工成本的上升与人员流动性的提高,缺人将导致业务难以维持。为此,其采取了人带人模式,但因为人性常常具有贪婪和自私性,部分信贷人员很多东西不会教授给其他人,以防"教会徒弟,饿死师傅"。

(4）容易出现管理混乱，权责不清的情形，导致亏损甚至破产。企业为了控制损失，采取客户经理负责到底的方式，容易出现道德风险。同时，由于很多信息都集中在操作人员手中，容易造成数据丢失，甚至信息泄露。

（5）IPC微贷技术的调查和审批过于依赖个人。人的决策受自身情绪、价值观等影响，很容易造成同一客户在不同场景和时段得到的审批结果是不一样的。同时，依赖个人的审核方式，无法控制客户多头借贷、欺诈等行为，尤其是当下欺诈以团伙作案、公司化方式实施。

3. IPC微贷技术的改进建议

（1）加入未来能影响客户现金流的因素，提高对客户信贷分析的合理性和稳健性。其根本解决方案是：增加针对性的压力测试、反向压力测试分析，以及对客户未来预期的分析，确保所有可能影响客户正常还款的风险因素都被覆盖到。

（2）更改调查方式，从过去的集中式调查改为分布式调查，即在客户申请、客户访问、调查回访等多个阶段，信贷机构可调查不同的内容。如此一来，可根据每个阶段所调查的内容来决定下一阶段是否需要再调查，从而提升调查质量和客户体验。

（3）信贷机构要提高自身数据收集能力，并就业务所需数据与第三方人员和机构加强合作。信贷机构需要有针对性地收集数据信息，并进行联动分析，从而减少客户调查过程中的自身逻辑校验。若原本需要核实所有填写信息，则通过主动收集数据方式进行交叉验证，剩下没有经过校验的信息，通过调查来核对，这样，调查的则是一些非填写信息。

（4）信贷机构要充分利用大数据、人工智能等来降低人工成本，同时保证业务质量，依据巴塞尔协议中的相关原则，按照分工、协作、制衡来规避风险,增加对内部审查和合规检查。

(5)信贷机构要充分发挥 IT 团队的能力,搭建信贷业务和审批系统,确保每单申请都进入系统中,做到数据留存,并为后续的预警、信贷工厂模式做准备。

6.3 "信贷工厂"的优缺点和改进建议

淡马锡"信贷工厂"模式的理论依据是泰勒的科学管理理论、流程再造理论和六西格玛(Six Sigma)理论。其核心是以质量为主线,以客户需求为中心,利用对事实和数据的分析,提升一个组织的业务流程能力。

"信贷工厂"流程如图 6-3 所示。"信贷工厂"主要面向数据资料齐全的客户,对信贷流程进行功能性分割,即获客、调查、审查、审批、放款、贷后管理和回收贷款、催收等都以标准化的流水线进行分析,并以模型为主、人工辅助的方式来识别风险。

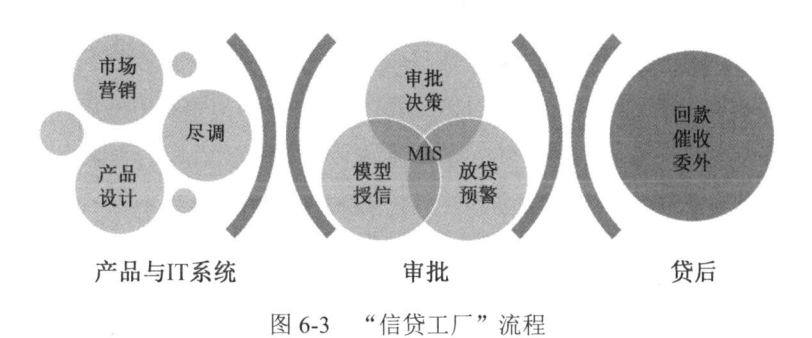

图 6-3 "信贷工厂"流程

1. "信贷工厂"的优点

(1)标准的、统一的风控业务流程、政策和技术,对客户更公正,便于分工协作,从而提高效率和客户体验,降低运营成本。

(2)利用信用评级模型/欺诈模型等,充分使用数据中的信息,更好地平衡风险与回报，并避免由于个人经验不足或过度信赖经验而带来的风险。

（3）通过审批系统，可以均衡分配审批任务，简化工作流程，降低沟通与监督成本。

（4）依靠报表、影像等来审核，实现贷款管理，同时可以发现一些信贷机会，从而推动营业收入的增加。

2."信贷工厂"的缺点

（1）"信贷工厂"的流程分解为多个环节，各环节环环相扣，使得各环节的考核指标、效果评估等难度增加。

（2）新增风险点，因为业务系统、模型都是人做的，其本身也存在各种风险，如业务连续性风险、模型风险等。

（3）标准化、细分流程使得信贷机构很容易培养各方面的专业人才，但很难培养出通才。从人的全面发展角度来看，人员流动性会更大，从而使信贷机构面临员工专业能力或水平不高的问题。

（4）需要人员的专业水平比较高，如其要求系统开发和模型搭建等人员对系统、数据、模型的认知必须达到一定高度，从而使得人员配备齐全比较难，主要是因为市场上相关的专业人才少，而各机构的需求量大，这些专业人才必然成为争抢的对象，所以使得人力成本急剧上升。

（5）管理难度增强。各种专业人才（如模型开发、数据分析、系统开发、运营人员等）聚集在一起形成一个高效的协同团队，将大大增加管理人员的管理难度。

3."信贷工厂"的改进建议

（1）在业务流程的各个环节需要增加测试功能，以便于对比分析和评估相关环节的效果。

（2）为了保证生产业务的可连续性，应始终保留一条线下通道。即使非常稳健的 IT 系统也有宕机的时候，可建立一套线下的、备份的业务系统来保障业务的连续性。同时，这有助于在生产业务系统恢复正常后，顺利将相关业务数据导入生产业务系统中，从而确保客户体验不受影响。

（3）需要加大对相关人员的专业培训，同时采取轮岗制度来确保相关人员满足自身的好奇心，并培养企业自身需要的人才。

（4）团队成员配置需要"不拘一格"，放开招聘的条件，如行业限制。例如，数据分析人员可以来自制药厂、生物信息平台、电商平台、心理咨询平台等。

（5）寻找和培训管理人员，尤其是提升管理人员的计划管理、流程管理、组织管理、战略管理和文化管理的能力。

6.4　巴塞尔协议的风控模式的优缺点及改进建议

巴塞尔（Basel）协议的风控模式是以巴塞尔协议为基础开展的相关风控工作，巴塞尔协议发展历程如图 6-4 所示。

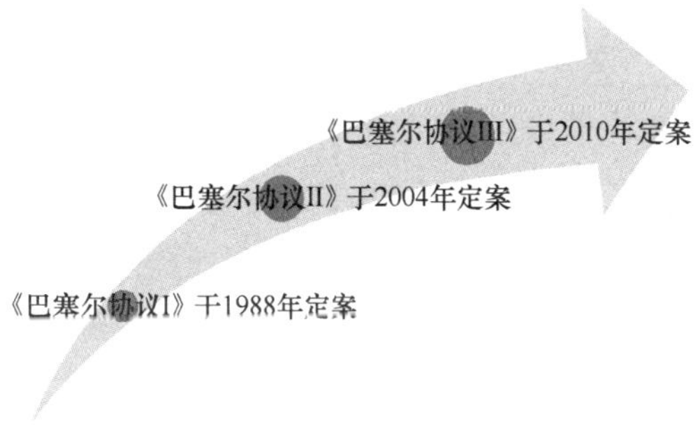

《巴塞尔协议Ⅲ》于2010年定案

《巴塞尔协议Ⅱ》于2004年定案

《巴塞尔协议Ⅰ》于1988年定案

图 6-4　巴塞尔协议发展历程

《巴塞尔协议Ⅰ》全称是《关于统一国际银行资本衡量和资本标准的协

议》。1987年12月10日，国际清算银行在瑞士巴塞尔召开包括"十国集团"以及卢森堡和瑞士在内的12国的中央银行行长会议上通过了巴塞尔协议，一般简称《巴塞尔协议Ⅰ》。其仅考虑到了信用风险，但银行的风险很多，如市场风险、操作风险、集中度风险等。

《巴塞尔协议Ⅰ》的核心是确定了资本充足率的底线为8%，计算方法为

$$资本/资产 \geqslant 8\%$$

式中，资本是巴塞尔协议规定的资本；资产仅是信用风险加权资产。但该版协议未覆盖信贷风险外的其他各类风险。例如，对于银行的操作风险和流动性风险都没有考虑；风险权重只简单地设置5个档次，并对经济合作与发展组织（OECD，简称经合组织）和非OECD成员国规定了不同的资产风险权重，从而导致风险权重设计不合理。

国际清算银行下面的巴塞尔银行监管委员会（简称"巴塞尔委员会"）针对《巴塞尔协议Ⅰ》做了大量的补充和修正，使巴塞尔协议成为国际上风险管控的标准。1997年东南亚金融危机使得巴塞尔银行监管委员会推出了《有效银行监管的核心原则》。该文件涉及银行监管7个方面的25条核心原则，但没有涉及具体如何监管和完善的计量模型。

《巴塞尔协议Ⅱ》于2004年定案，并希望在2007年前大部分国家能够采用此架构。《巴塞尔协议Ⅱ》的架构如图6-5所示。其建立了包含三大支柱的完善资本监管框架，考虑到信用风险、市场风险、操作风险，不同风险可以采用标准方法或内部评级方法等供银行选择，建立资本充足评估程序和监控，要求银行公开披露信息，同时对资本充足率为8%给出了理论解释。

对于第一支柱（最低资本要求）无法覆盖的其他风险如集中度风险、信誉风险、流动性风险等，则放在第二支柱（监督检查）中，监管机构通过审查来控制资本充足评估程序和资本充足性是否有效。对于第一支柱和

第二支柱的实施情况，需要按照信息披露要求（市场纪律）进行披露，发挥了市场相关利益方的监督、监察作用。

```
                    《巴塞尔协议Ⅱ》的三大支柱
        ┌───────────────────────┬──────────────┬──────────────┐
    最低资本要求                              监督检查        市场纪律
   ┌──────┴──────┐                        ┌──────┐      ┌──────┐
  资本定义    风险加权资产                  银行：内部    公开披露要
  ┌──┴──┐  ┌────┬────┬────┐               资本充足评    求：使市场
 核心  附属  信用  市场  操作               估程序        参与者根据
 资本  资本  风险  风险  风险               （ICAAP）    风险状况、
            ┌┴┐  ┌┴┐  ┌┴┐                                资本充足率
           标 内  标 内  基 高              监管当局：    和风险管理
           准 部  准 部  本 级              监督审查      与资本管理
           法 评  法 模  指 计              （SREP）     情况对银行
              级     型  标 量                           进行评估
              法     法  法 法
```

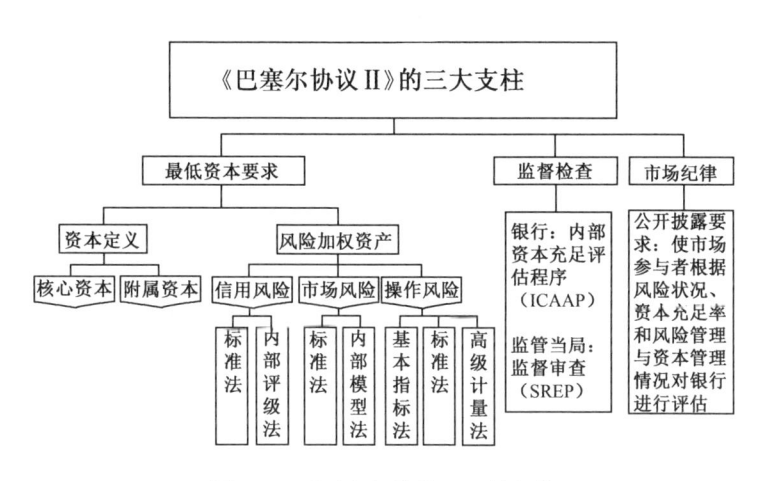

图 6-5　《巴塞尔协议Ⅱ》的架构

自《巴塞尔协议Ⅱ》实施后，各金融机构以全面风险管理理念为基础开始逐步对各种风险进行量化。信用风险主要以违约率、违约损失率、风险暴露、期限、相关性等计量方法为核心来计量；市场风险一般主要利用 VaR 等模型来计量；操作风险的计量主要依赖于《巴塞尔协议Ⅱ》提供的标准法、基本指标法。一些积累了因操作失误等而引发损失数据的机构可以采用内部模型法，如损失分布法和极值法等。同时，一些金融机构开始以风险调整资本收益率（RAROC）和经济附加值（Economic Value Added，EVA）来衡量效益，并确保资本充足率在 8% 以上。

2008 年的金融危机让《巴塞尔协议Ⅱ》的不足暴露无遗，金融机构过度杠杆化，流动性储备不足，风险管理缺陷依旧在，宏观监管跟不上金融业发展速度，如资产证券化、结构性产品等没有纳入巴塞尔协议中，一些交易类业务及交易对手信用风险被忽视。

2010 年，巴塞尔银行监管委员会推出了《巴塞尔协议Ⅲ》，其主要加强了资本框架并进一步明确了资本定义，扩大了风险覆盖范围并加强了交易对手信用风险管理，引入并更新了整体杠杆率，提出了拨备、资本留存、反周期超额资本、应急资本以降低系统性风险，同时提出了流动性标准[28-31]。

《巴塞尔协议Ⅱ》和《巴塞尔协议Ⅲ》可以说是一个有机整体。《巴塞尔协议Ⅲ》是在《巴塞尔协议Ⅱ》基础上的完善，从而更加完善和有效。

1. 巴塞尔协议的风控模式的优点

（1）全面风险管理，涵盖了信贷等业务中的各种风险，具有可实施的风控计量体系和方法等。

（2）其方法、理念很容易被其他机构所认可和接受，有利于信贷机构获得稳健的资金等。

2. 巴塞尔协议的风控模式的缺点

（1）从熊彼特的创新观点来看，任何爆发的风险都在风控管理的视线之外，尤其是监管的视线之外。

（2）对金融创新监管没有实时更新和统一的计量方法。

（3）对于一些业务而言，相关模型的假设、参数等很不合理。例如，在关系型社会，其违约相关系数的参数就很不合理。

（4）过于强调模型、量化，而忽视了过去机构所积累的经验等，并且这些经验也没有得到很好的量化。

3. 巴塞尔协议的风控模式的改进建议

（1）改变当前以监管者的身份来制定巴塞尔协议的方式，可鼓励市场操作者来制定相关计量方式、方法，引入竞争机制，让更多规则、模型等来自一线而不是来自研究者，而监管者从系统性、安全性和收益性等角度来选择相关标准，从而增加巴塞尔协议的可实施性。

（2）对于监管之外的风险，只依靠监管是不现实的，建立激励机制鼓励新业务开展的类"专利"申请，从而提高风险监管的时效性。

（3）统一数据，并鼓励机构共享数据，从而建立更加合理的模型。例如，一家机构有 2 万个客户，其中 100 个为化工企业客户，一般建立模型是把这 100 个化工企业客户与其他客户混在一起，但在统一数据和共享数据后，机构即可借助外部数据与自身数据建立针对化工企业的模型，减少模型的误差。

6.5 大数据风控模式的优缺点和改进建议

在大数据时代，大数据风控成为信贷机构的重要信贷分析方法。例如，在信贷流程中，信贷机构可利用各种数据，如黑名单、消费记录、行为数据、社交网络数据等，通过逻辑回归、决策树分析、神经网络等建立风控模型，从而实现审批和审核决策的自动化。

首先，金融科技公司的数据不仅包括传统的信贷数据，还包括其他能提炼出还款能力、还款意愿等信息的数据，所有数据都被视为信用数据；其次，金融科技公司从数据中提出特征变量；再次，利用机器学习等来建立模型评估还款能力、还款意愿、反欺诈等；最后，做出信贷决策。

大数据风控的基础是数据。不同数据对风险的作用不同，获取难度也不同。但所有的数据都可以看作风控数据，因为数据是人类行为的表现，也是人类的思想、观念的表现，同时是衡量还款能力和还款意愿的关键，不同的数据只是对风控的贡献大小不同而已。

在大数据风控中，其数据分类如图 6-6 所示，从下而上数据对风险的作用越来越大，获取难度越来越大。在实践中，信贷/保险数据是至关重要的，但其并不是每家机构都能够获得的，也不是每个人都具有的。即使信用体系发达的美国，也仍有 5000 万左右的人没有信用报告。也就是说，其他对风险作用相对比较小的数据也必须用上，否则对于没有信贷数据的人，信贷机构是无法评估相关客户的风险的。非信贷数据主要包括消费、支付、运营商、社交、物流、搜索、行为、设备、其他等数据，其中常见的就是其他数据，如使用 App 过程中 SDK 记录下的 IP、时间等数据信息。

```
                信贷/保险数据
                消费、支付
                运营商、社交
                物流、搜索
                行为、设备
                   其他
```

对风险的作用越来越大 ← → 获取难度越来越小

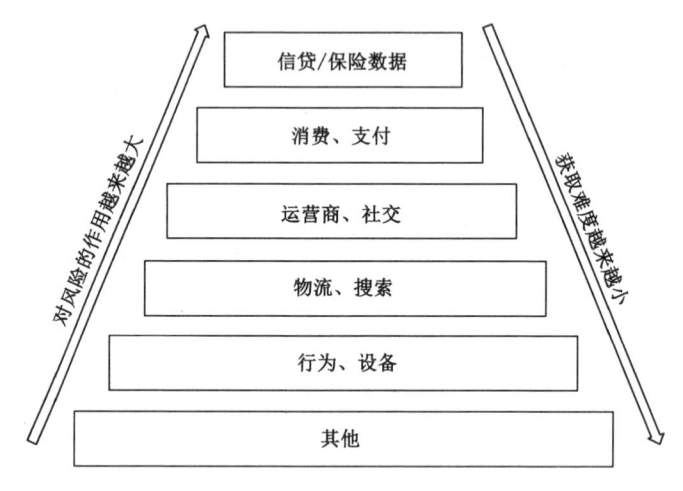

图 6-6　大数据风控的数据分类

在实践中，大数据容易出现稀疏问题，即一些指标是空值或 0。一般而言，0 与空值是有差别的。0 表示有某值且数值为 0；空值的含义则是某个指标是缺失的，这种缺失可能是客户自己没有这方面的数据，也可能是没有抓取到相关数据。

对于大数据分析和挖掘而言，不在于数据量的多少而在于数据质量。数据质量决定数据分析的结果，但模型的参数会发生变化，指标更会发生偏移，需要不断更新指标和模型。一般做数据分析的人都有一个体会，即"当对过去做的东西进行复盘时，我们总会想到更好的方法和指标，以及逻辑处理"。

除了数据，还有基于数据开发的各种新指标。这种加工能力是金融科技的重要竞争力。一般来说，统计指标是基础，如某时间段内的还款额度平均值等。随着人们对数据的深度理解，我们会根据心理行为等开发指标，如某段时间内的还款时间间隔的移动平均值等。甚至一些机器学习算法也用于生成指标，如利用 GDBT 来产生指标，但我们并不提倡使用这种方式，因为其很容易使指标过度依赖于某些基础变量等。

除了数据、变量指标，大数据风控的关键是模型。这也是很多大数据风控从业人员着迷的地方，但实践证明，模型的价值远没有业务数据的价值大且有效。目前，模型有很多，如一般线性回归、Logistics 回归、基因遗传最大似然非线性模型、神经网络、决策树、支持向量机、深度学习等。另外，还有各种模型的变种，如 GDBT+ Logistics 回归对点击率预测、混合 Logistics 回归对点击率预测等。

大数据风控或大数据分析的首要任务是确定商业目标，基于商业目标、自身数据，以及能获取的数据，在数据之上进行数据清理和加工，然后选择合适的算法。图 6-7 所示为大数据风控的分析流程。

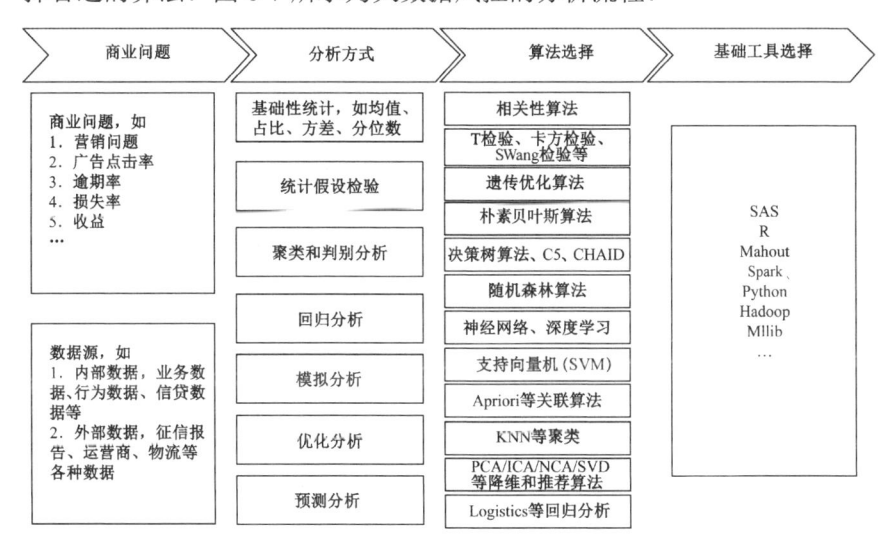

商业问题	分析方式	算法选择	基础工具选择
商业问题，如 1. 营销问题 2. 广告点击率 3. 逾期率 4. 损失率 5. 收益 …	基础性统计，如均值、占比、方差、分位数	相关性算法	SAS R Mahout Spark、 Python Hadoop Mllib …
	统计假设检验	T检验、卡方检验、SWang检验等	
		遗传优化算法	
	聚类和判别分析	朴素贝叶斯算法	
		决策树算法、C5、CHAID	
	回归分析	随机森林算法	
		神经网络、深度学习	
数据源，如 1. 内部数据、业务数据、行为数据、信贷数据等 2. 外部数据，征信报告、运营商、物流等各种数据	模拟分析	支持向量机 (SVM)	
		Apriori等关联算法	
	优化分析	KNN等聚类	
		PCA/ICA/NCA/SVD 等降维和推荐算法	
	预测分析	Logistics等回归分析	

图 6-7 大数据风控的分析流程

下面通过以提高市场营销响应率为商业目标的案例进行分析。首先，明确业务目标，深入业务场景，明确可获得的数据；其次，确保数据可获得性和质量；再次，基于心理学等基础数据加工出对营销响应具有重要意义的指标，并检验各指标在响应组与非响应组之间是否存在差异，可采用卡方检验、SWang检验[34]来识别并确定重要指标；然后，需要计算各变量之间的相关性，并从业务角度来考虑保留哪些因子；最后，利用决策树、Logistics回归、概率神经网络、贝叶斯网络（Bayesian Network），或者重新开发新方法来计算相关参数等，并反复验证且经过评审后才可以应用。

在数据分析与挖掘的流程中，各要素的影响到底有多大？到目前为止，在信贷领域中没有看到相关的评估。这里用我们参与的2008年由美国食品药品监督管理局（Food and Drug Administration，FDA）发起的MicroArray Quality Control二期（MAQC-Ⅱ）项目的一个结果来说明。该结果发表在 *Nature Biotechnology* 上，当时来自全世界30多个国家的1000多个科研团队参与到这个项目中，共有13套基因芯片的数据，最终有3万多个各种方法的数据分析或挖掘流程（这里用模型来表达显得不合理，而用处理流程显得更加合理）的结果[35]。在获得这些结果后，我们团队率先分析了这些处理流程中各因素的影响。例如，团队、数据项、预处理、模型或分类算法、测试方法等因素的贡献。我们以一个MAQC-Ⅱ的随机效应方差成分分解后贡献图为例来讲述，如图6-8所示。

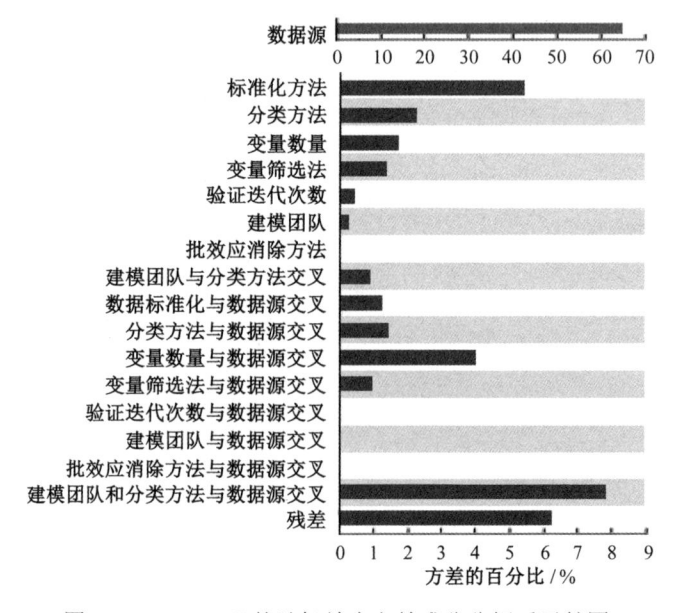

图6-8　MAQC-Ⅱ的随机效应方差成分分解后贡献图

第6章
信贷分析方法融合与全面风险管理

由图 6-8 可知，数据源对数据分析与挖掘流程的效果的影响最大，可以解释数据分析与挖掘流程的效果的 65%以上，而其他的基本都小于 8%。例如，数据标准化方法对其效果的影响仅为 6%，分类方法则不足 3%。因此，在数据分析与挖掘流程中，数据源是至关重要的。

虽然这是基因数据分析与挖掘流程的评估效果，但根据我们近 15 年的数据分析与挖掘经验来看，无论哪种场景下，数据分析与挖掘流程的效果的 65%以上都取决于数据源，并且数据源、团队、分类方法、变量数量等可以决定数据分析或挖掘流程的 85%以上的效果。

一般来说，分类方法主要有神经网络、判别分析（Discriminate Analysis，DA）、随机森林、线性模型、最近邻、Logistics 回归、最近重心法、朴素贝叶斯（Naive Bayes）算法、偏最小二乘法、支持向量机、决策树等，我们可以从 MAQC-II 项目中看到不同算法之间的差异，不同算法对结果的影响如图 6-9 所示。总体来说，其差异不大，判别分析、决策树、偏最小二乘法、Logistics 回归、神经网络等的影响都是正向的。

一些方法改进也能说明不同算法之间差异不大，如 Logistics 回归通过最大似然估计、基因算法估计、贝叶斯（Bayes）估计算法等，最终 ROC[①] 或 KS[②] 指标都有比较小的改进。例如，我们用混合 Logistics 回归多个分布来做信用评分与一个分布相比，KS 没有大的提升。在推荐系统中，奇异值分解（Singular Value Decomposition，SVD）是一种关键的方法，但各种 SVD 改进算法的效果往往与其本身相比都有所提高，但都是非常有限的。对于同一数据源各方法的效果之间的差异不会太大，其根本还在于数据本身。

---

① 接收者操作特征（Receiver Operating Characteristic，ROC）曲线被机器学习、数据挖掘、统计学习等用来检验模型对客户进行正确排序的能力。ROC 曲线描述了在一定累计好客户比例下的累计坏客户的比例，模型的区分能力越强，ROC 曲线越往左上角靠近，而 AUC 系数表示 ROC 曲线下方的面积，AUC 系数越高，模型的风险区分能力越强。

② KS（Kolmogorov-Smirnov）评价指标，通过衡量好坏样本累计分布之间的差值，来评估模型的风险区分能力；而好坏样本累计差异越大，KS 指标越大，模型的风险区分能力越强。

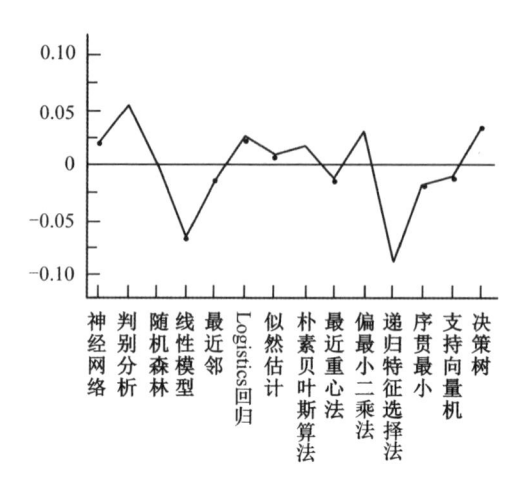

风控
大数据时代下的信贷风险管理和实践（第2版）

图 6-9　不同算法对结果的影响

因此，不断扩展数据并使数据更丰富才是大数据风控的根本。而在给定数据源的情况下，数据标准化对数据分析或方差的效果影响最大，$[6\%/(1-65\%)] \times 100\% \approx 17\%$，而算法的效果为8%左右。因此，在给定数据源的大数据分析或挖掘中，尤其是大数据风控过程中，更应该将精力放在数据预处理上。

数据预处理的关键是数据之间的联动分析与挖掘，即尽可能将所有数据联结起来。大数据风控是一种理念，如果小数据可以轻松解决问题，就不需要使用成本相对较高的大数据，同时在小数据上应用大数据风控方法，可以创造出同样的价值。例如，在某银行互联网金融部，虽然数据只有将近8万条，但数据维度非常丰富，利用"同人"模型等大数据方法产生了价值，模型也识别出一些欺诈客户。

大数据风控的优点不言而喻，但大数据风控的缺点隐藏得比较深。

第6章
信贷分析方法融合与全面风险管理

1．大数据风控模式的优点

（1）充分利用大数据，发挥大数据的联动等作用，从而充分暴露风险。

（2）信用评分、评级与违约率是一一对应的，评分模型的本质是违约率模型，然后转换成人们可以理解的评分或评级。

（3）促进了信贷等的产业升级，实现了智能化决策等，并大大提高了客户体验。

2．大数据风控模式的缺点

（1）大数据风控需要风控意识、数据意识，同时需要经济、金融、心理、信息技术等方面的专业知识。目前，市场能达到这些要求的人相对比较少，这造成了大数据风控很容易在"天上飘着"，很难落地。

（2）"挂羊头卖狗肉"，即大数据关键在于互联互通、实时性，但一些风控用了大数据，而其逻辑还处于传统阶段，仅仅算是传统风控的数字化。

（3）一些大数据"牛人"过于在意算法等而忽视了数据源、数据预处理、团队协作，过于依靠机器学习、统计学习等方法，却忽视了相关的解释而形成了黑箱，使得应用过程中模型风险大增，并忽视了其他团队的经验。例如，欺诈团队的反欺诈经验和案例、催收团队的催收经验和案例，以及审批团队的审批经验和案例等。

（4）大数据风控对系统要求高，目前很多机构的系统还没有准备好。例如，缺乏网络行为数据的布点抓取、缺乏实时计算或流计算所需要的技术储备等。

（5）过于看重大数据风控而忽视了类似IPC微贷技术、巴塞尔协议中违约率、违约损失率、压力测试的重要性等。

3. 大数据风控模式的改进建议

（1）分管大数据风控团队的负责人需要不断学习，吸取各方知识，具有足够大的"丞相肚子"，融合各种风控经验，要善于将各种人才纳入自己的风控系统中。

（2）在大数据风控下，数据团队和风控团队应合二为一，不仅要提高风控团队的数据意识，还要提高数据团队的风险意识，更好地发挥协同作用。

（3）大数据风控需要与市场营销、运营等团队进行联合，提高联合协同应对各种风险的能力。

（4）在数据源、数据预处理、算法之间做平衡，要充分吸收过去成功的经验，如 IPC 信贷中不对称信息偏差分析模型、交叉验证的思想，确保各种数据在经过交叉验证后再使用。

（5）大数据风控落脚点在风控，信贷就必须遵守信贷和风控的本质，思路可以"野"一些。例如，从网络行为等判断客户的还款意愿，就不能仅仅从数据出发来用支持向量机、概率神经网络、概率深度学习等算法评估出客户的违约率，而要从逻辑上说服自身并做好相关压力测试。

下面给出笔者在负责风控和数据时，基于巴塞尔协议的大数据风控架构，如图 6-10 所示。

在基于巴塞尔协议的大数据风控架构中，数据来源不拘一格，数据转换是对数据的充分探索，而反欺诈、PD、违约损失率（Loss Given Default，

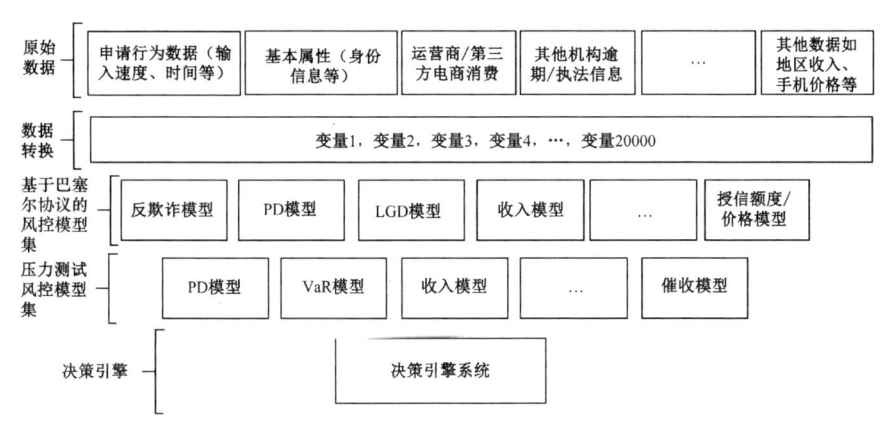

第 6 章
信贷分析方法融合与全面风险管理

图 6-10 基于巴塞尔协议的大数据风控架构

LGD)、收入等模型不仅可以使用 Logistics 回归,还可以使用概率神经网络、决策树、支持向量机等,但需要严格遵守巴塞尔协议对内部评级方法的要求和规范。

立足于巴塞尔协议的大数据风控就更应该考虑客户违约损失率。违约不可怕,而真正可怕的是违约后发生的损失。例如,一个人违约损失率为 99%,因为每次还款他都要拖延 15 天,超过了 3 天的宽限期,但在第 15 天时他会准时还款。为此,需要充分利用云计算、大数据的优势,对客户进行压力测试,估算出在不同情境下的违约损失率。例如,计算出一个客户在正常模型下违约损失率为 1%,但当房地产价格下降 10%或 GDP 增长率下降到 4%等情境下,他的违约损失率变为 20%等。

在不断的实践过程中,我们发现基于巴塞尔协议下的大数据风控没有完全解决大数据风控中遇到的问题。例如,数据看起来是真实的,如从银行流水来看是真实的,支付宝的流水也是真实的,但其实这些真实是形式上的真实,而实质上是不真实的。

例如，骗贷者开一家公司，正常地给员工缴纳社保、公积金、发放工资等，但公司管理层要求所有员工都到信贷机构贷款，从他们提供的资料来看，他们的信用、还款能力和还款意愿都没有问题，但贷到的款都打到公司指定的账户中后，公司管理层集体"消失"，这里面的套利空间在于给员工的费用和最终获得的贷款之间的差异。这些数据从业务场景来看都是真实的，没有任何问题，可问题就在于其实质是假的，正应了那句话"假作真时真亦假，真作假时假亦真"。

无论上面的案例是否真实，在用它进行基于巴塞尔协议的大数据风控"攻防"预演测试过程中，我们发现了一些漏洞，并进一步找到了一些解决方案，但这些解决方案则回到了我们过去的信贷技术，如 IPC 微贷技术、"信贷工厂"模式、抵押和质押等方式上。

6.6 基于传统信贷、IPC 微贷技术、"信贷工厂"、巴塞尔协议和大数据风控模式融合的展望

传统信贷、IPC 微贷技术、"信贷工厂"、巴塞尔协议、大数据风控各有优缺点，它们是一脉相承的。不能有了大数据风控而丢了传统信贷、IPC 微贷技术、"信贷工厂"、巴塞尔协议，而要坚定地吸收各方精华，进行必要的融合，这才是风控的关键所在，这五者之间的优势和劣势互补，构成了更加全面、符合监管要求、能够落地、平衡好风险和收益关系的信贷风控方法。

这五者将风控技术、风控流程、风控理念、风控意识、风控感觉融合在一起。在一般情况下，大数据风控和巴塞尔协议中的计量方法是风控的技术层面，传统信贷或"信贷工厂"更具有风控流程的概念，而 IPC 微贷技术则对于人的风控理念和意识具有塑造性，风控感觉则是通过压力测试和反压力测试的方法得到训练的。

第6章
信贷分析方法融合与全面风险管理

笔者基于传统信贷、IPC 微贷技术、"信贷工厂"、巴塞尔协议和大数据风控模式融合的研究，对此进行了详细的设计与构思，其架构如图 6-11 所示。其主要是基于符合逻辑、交叉验证、数据支持、数据联动等原则，从而能够利用信贷的核心风险点进行量化分析和决策。

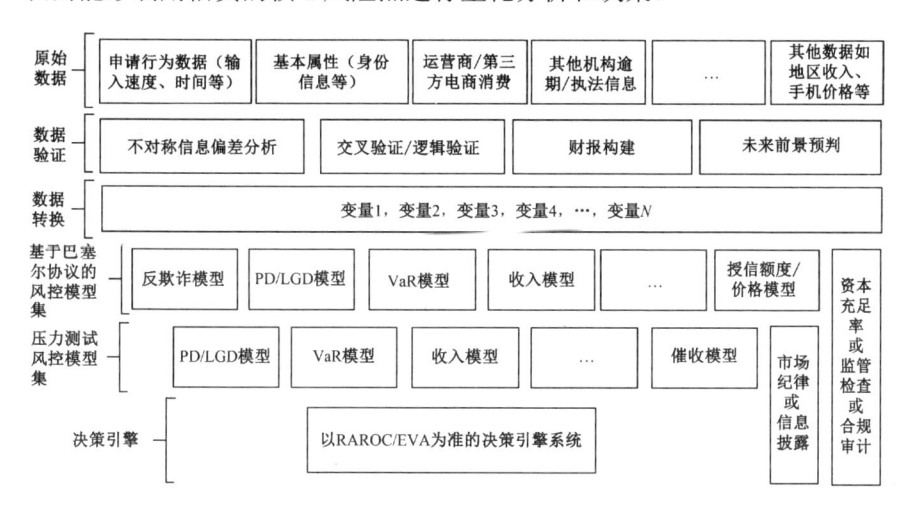

原始数据	申请行为数据（输入速度、时间等）	基本属性（身份信息等）	运营商/第三方电商消费	其他机构逾期/执法信息	…	其他数据如地区收入、手机价格等	
数据验证	不对称信息偏差分析	交叉验证/逻辑验证		财报构建		未来前景预判	
数据转换		变量1，变量2，变量3，变量4，…，变量N					
基于巴塞尔协议的风控模型集	反欺诈模型	PD/LGD模型	VaR模型	收入模型	…	授信额度/价格模型	资本充足率或监管检查或合规审计
压力测试风控模型集	PD/LGD模型	VaR模型	收入模型	…	催收模型		市场纪律或信息披露
决策引擎		以RAROC/EVA为准的决策引擎系统					

图 6-11 基于传统信贷、IPC 微贷技术、"信贷工厂"、巴塞尔协议和大数据风控模式融合后的架构

风险管理的数据需要"开源"，只要在收益-成本分析中，获取的数据是有益的，就应该将数据纳入风控数据体系中，然后对各数据进行交叉验证和逻辑验证，构建出相对真实、谨慎的数据，并借助各种统计工具预测未来的前景。例如，通过客户给出的银行流水，估算出未来一年客户的收入和支出流水，最终通过交叉验证等构建谨慎、真实的数据，并将未来预计的数据作为模型和审批等的输入。

风险管理模型一般是由欺诈模型、申请评分模型、定价模型、初始授信额度模型、行为评分模型、账龄滚动率模型、催收模型、失联模型等组成的，也包括市场响应模型。根据是否加入压力测试环境的指标，可以分为通常情况下和压力测试环境下的各模型。例如，通常情况下申请评分模型（分值为100~1000分）得到评分为750分；但在压力测试环境下，申请评分模型得到的评分为 300 分，在审批系统中需要考虑该客户是否审批通过。

6.7 压力测试——未来预期与敏感度分析

在金融风险管理领域中，压力测试是指将金融机构或资产组合置于某一特定的极端情景下，如经济增长骤减、房地产价格暴跌等，然后测试该金融机构或资产组合在这些关键市场变量突变压力下的表现状况，看是否经受得起这种市场的突变[37-38]。

压力测试是很多金融机构所忽视的。但在 2008 年，金融危机中倒闭的雷曼兄弟就没有将房地产自营投资、私人股本投资及投资收购交易的杠杆贷款等高风险资产放在压力测试范围内，刻意忽视风险的压力测试从而给自己带来灭顶之灾。

压力测试的理论基础是小概率事件、极值理论等，主要是研究小概率压力事件、极端事件下的信用风险、市场风险、操作风险等变化。

压力测试如图 6-12 所示，包括敏感性分析和情景分析等具体方法。敏感性分析旨在测量单个重要风险因素或少数几项关系密切的因素由于假设变动对信贷机构风险暴露和信贷机构承受风险能力的影响；情景分析是假设分析多个风险因素同时发生变化及某些极端不利事件发生对信贷机构风险暴露和信贷机构承受风险能力的影响。

无论是通过情景分析还是敏感性分析，都需要确定承压变量，一般是损失率、不良贷款率、利润率、资本充足率等作为压力事件最终影响的要素。压力主要来自宏观经济和行业等变化引起个人或企业的还款能力和还款意愿发生相应的变化。其中，宏观经济变量主要有失业率、消费价格指数、利率、房价等。

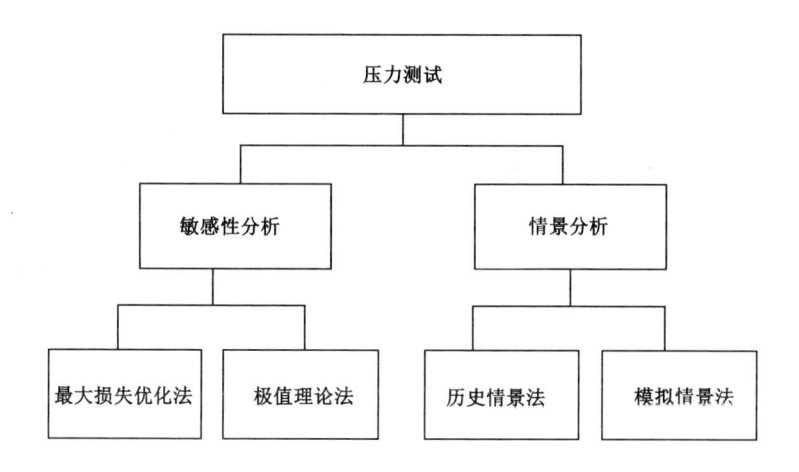

第6章
信贷分析方法融合与全面风险管理

图 6-12 压力测试

压力测试流程如图 6-13 所示。压力测试流程同时是反向压力测试流程。

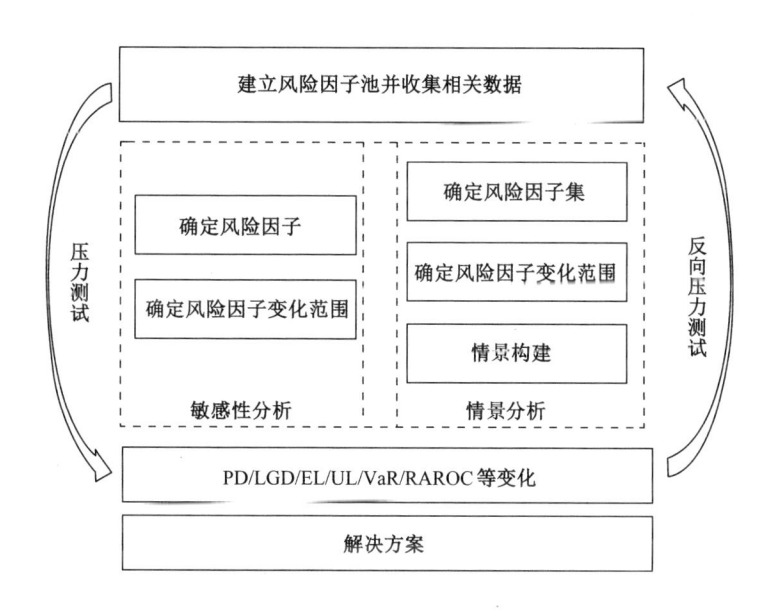

图 6-13 压力测试流程

压力测试的常用方法主要分为自上而下和自下而上。一般来说，自上而下的方法比较容易实现。首先，通过计量经济模型、向量自回归（Vector Autoregression，VAR）模型、动态随机一般均衡（Dynamic Stochastic General Equilibrium，DSGE）模型等建立对承压变量总体指标和宏观经济指标的关系模型；其次，对此设置不同情景进行分析并确定风险因子；再次，针对每个风险因子进行敏感度分析，将以上各种情景转化为数据；然后，根据敏感性分析中确定的风险因子进行相应的组合，可根据威尔逊（Wilson）和托马斯（Thomas）统计模型来量化不同压力情景下 PD、LGD、EL、UL、VaR、RAROC 等变化；最后，从损失开始来寻找影响经营安全性的风险引资和幅度，压力测试的主要目的是找到自身弱点进行弥补[40]。当然，可以采用反向压力测试的方法来找到客户在不同情景中的情况，其与压力测试类似。

6.8 全面风险管理

全面风险管理主要是针对信用风险、操作风险、市场风险、集中度风险、交易对手风险、流动性风险、结构性风险、政策法律风险及潜在风险等进行识别、量化和预警，同时能够对风险进行安排处置[36]。

信贷机构要进行全面风险管理。信贷机构围绕自己的总体经营目标，通过在业务中的各个环节严格执行并完善风险管理流程，建立健全全面风险管理体系，包括风险管理政策、应对措施、风险管理的组织职能体系、风险管理信息系统和内部控制系统，并不断灌输和培育良好的风险管理文化，从而为实现风险管理的总体目标提供合理的过程保证和方法。全面风险管理体系以信贷机构的风险偏好为核心，进行选择风险和风险安排处置，如图 6-14 所示。

第6章 信贷分析方法融合与全面风险管理

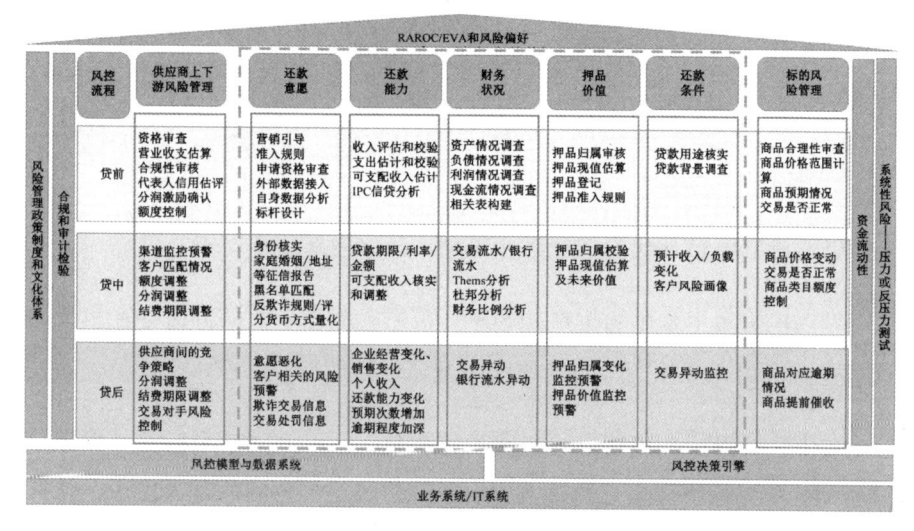

图 6-14 全面风险管理体系

顶层：RAROC/EVA和风险偏好
左侧：风险管理政策制度和文化体系 / 合规和审计检验
右侧：系统性风险—压力或反压力测试 / 资金流动性

阶段	风控流程	供应商上下游风险管理	还款意愿	还款能力	财务状况	押品价值	还款条件	标的风险管理
贷前		资格审查 营业收支估算 合规性审查 代表人信用估评 分润激励确认 额度控制	营销引导 准入规则 申请资格审查 外部数据接入 自身数据分析 标杆设计	收入评估和校验 支出估计和校验 可支配收入估计 IPC信贷分析	资产情况调查 负债情况调查 利润情况调查 现金流情况调查 相关表构建	押品归属审核 押品现值估算 押品登记 押品准入规则	贷款用途核实 贷款背景调查	商品合理性审查 商品价格范围计算 商品预期情况 交易是否正常
贷中		渠道监控预警 额度调整 结费期限调整	身份核实 家庭婚姻/地址等征信报告 黑名单匹配 反欺诈规则/评分货币方式量化	贷款期限/利率/金额 可支配收入核实和调整	交易流水/银行流水 杜邦分析 Thems分析 财务比例分析	押品归属校验 押品现值估算 及未来价值	预计收入/负载变化 客户风险画像	商品价格变动 交易是否正常 商品类目额度控制
贷后		供应商间的竞争策略 分润调整 结费期限调整 交易对手风险控制	意愿恶化 客户相关的风险预警 欺诈案件信息 交易处罚信息	企业经营变化、销售变化 个人收入、还款能力变化 预期次数增加 逾期程度加深	交易异动 银行流水异动	押品归属变化 监测预警 押品价值监控预警	交易异动监控	商品对应逾期情况 商品提前催收

底部：风控模型与数据系统 | 风控决策引擎 / 业务系统/IT系统

信贷风险和外部操作风险可以得到控制，但对内部操作风险、市场风险、流动性风险、集中度风险、法律风险、区域或国家风险、渠道风险等的控制也是必要的，但这类风险需要从内部管理入手来评估。

内部操作风险主要是因为内部不规范的操作，或者人员能力不足而导致的，如一家小贷公司××，因为30人的IT团队花费5个月搭建一套不合理的IT系统，无法快速进行需求更改，导致错失良机；在2008年，德国某银行在雷曼兄弟宣布倒闭后仍向它转账2亿欧元。根据巴塞尔银行监管委员会的调查显示："过程和程序""人员和人为错误""内部控制""内部和外部事件""直接和间接损失""失误、技术和系统"都是操作风险定义中的关键词。

操作风险管理的主要方式是建立相互制衡的风控流程。

（1）建立权责明晰的职能分岗，保证每笔业务至少有3人过目。

（2）启用内部审计的方式，对于一些具有重大影响的决定，如IT系统架构等需要技术顾问或技术委员会等评估。

（3）搭建风控和审批系统，尽可能保证所有业务都走业务系统，并记录每次操作人员的操作行为。

（4）建立人员授信额度、利率权限等，即不同审批人员的审批额度、定价范围不同。

（5）建立信息互通机制和审计机制，减免内部欺诈发生。

市场风险是未来市场价格如利率、汇率、股指、商品价格等发生变动而使金融资产或负债的市场价值发生变化的可能性。

对于信贷来说，市场风险主要来自利率、汇率，间接来自商品价格和股指等，如果信贷放出去的是欧元、美元等外币，收回的是人民币，就有汇率风险。假定放款时是100万美元，汇率为1美元兑换7元人民币，但还款时汇率为1美元兑换6元人民币，客户最后用人民币还款，对于信贷机构来说，就因为汇率变化而损失了100万元人民币。来自利率的市场风险主要是利率浮动造成的，在利率市场化的情景下，利率市场风险是所有信贷机构都需要面临的问题。

商品价格变化的直接影响主要是通货膨胀，如我们预期未来一年的通货膨胀为2%，这部分风险我们在风险定价时已经考虑到了，可在一年后其真实通货膨胀为10%，有8%是无法通过定价等覆盖的，从而造成损失。间接影响主要是因为信贷客户的物价发生变化导致原本有还款能力的客户无还款能力，如钢铁企业在钢铁价格为5000元/吨时是赚钱的，可是当价格到了1000元/吨时，该客户就无还款能力了，逾期或拖延都是大概率事件，所以市场风险对于信贷机构来说主要靠客户的选择和控制，以及在价格下降前控制放贷额度，衍生出来就意味着信贷机构必须对其客户所处行业的一些关键性变化要有预警机制。例如，当价格下跌10%时，是否要对相应行业进行放贷。

对市场风险的控制主要是采取主动管理，做到监控预警，及时应对，主要分为以下两种。

第 6 章
信贷分析方法融合与全面风险管理

（1）对于利率、汇率、物价等需要通过风险价值（Value at Risk，VaR）和压力情景下 VaR 的计量，通过利率互换、汇率互换、期货等方式来转移风险。

（2）利用大数据技术主动获取数据，对于行业的变化要监控预警机制，及时与客户联系到一起，判断客户违约的变化进而控制剩余额度的提款，必要时可采取提前收回贷款来预防风险。

流动性风险可分为交易流动性风险、融资流动性风险、流动性黑洞。交易流动性风险主要是由于掌握资产过于集中，因此使交易价格、速度都产生了质变而带来的风险。融资流动性风险主要是金融机构为了满足资金需要而产生的，金融机构在指定付款日履行支付义务的能力。流动性黑洞是短时内猝然流动性枯竭的一种现象。流动性风险主要是指资产负债期限不匹配，利率变动的敏感性及信贷机构自身的信用。信贷机构需要通过保证金的方式，同时控制信贷增长，并要充分利用在其他机构存放的现金进行调拨。

集中度风险是信贷的重要风险。同一地区因为经济发展相似，人员关联性大，一旦地区出现大的事件就很容易导致该地区大部分信贷客户逾期，甚至出现坏账，如温州房价下跌、海南房价下跌等造成的区域性风险。对于产业来说也是如此，同产业的企业相似度高，具有相似的经济周期，很容易导致同时陷入困境，从而造成集体大范围坏账。如果所有业务过度集中在某个渠道，就可能被该渠道"绑架"；如果某个放贷项目是针对手机的，那么某款手机发生爆炸事件就会导致大量的客户失去还款依据，从而造成信贷资产损失。

对集中度风险的控制，主要是通过控制放款额度、额度占比等策略来实现的。例如，一个地区总的放款额度为 100 万元，如果每个客户的借款额度占比超过 0.05%，就需要监控；对于借款额度占比超过 10% 的客户，需要用专人跟进等方式来控制风险。

渠道风险除集中度风险外，就是欺诈风险，渠道和其他人联合起来对合作方进行欺诈，如渠道方的员工因为长期合作，已经总结出信贷机构的规则，以及渠道方的员工通过伪造信息来骗贷等。

渠道风险管理主要包括：合作协议签订违约率多少时自动降低费用，甚至停止合作，而违约率低于多少时，自动提高费用，加大合作力度；对于渠道进行授信可按照日、周、月、季度、年的方式，并保证365×日额度大于 52×周额度等；对于渠道的提成按照风险调整资本收益率（RAROC）和 EVA 的方式计算，确保提成扣掉了风险损失部分，不能让渠道合作方一次性拿走全部提成，让其逐步获得提成，并形成风险分担机制，同时要培养自己的营销团队和直销团队等。

合规、法律或政策风险是由法律或政策的变化而带来的风险。例如，对于学生贷，如果教育部、央行和地方政府等制定政策进行管制，在学生领域进行放贷的机构就会受到影响。对于这种风险，在准备开展这方面的业务时就要判断这项业务是否符合国家和地区法律、法规的要求，是否有利于社会的稳定，是否符合政策趋势，甚至在开始时就要做好停止这项业务的准备。

| 第7章 |

信贷的审批决策

时间和达到目的的手段有限并能选择使用,而且目的能按重要程度加以区别时,行为就必然表现为选择的形式。

—— 经济学家 莱昂内尔·罗宾斯

经过信贷分析后，信贷机构就要决定是否授信，以及贷款额度、利率。

传统信贷、基于 IPC 微贷技术的信贷都是由信贷审批委员会审查并决定的。信贷审批委员会需要分级授权、差别授权来控制风险并提高效率，如申请额度在 100 万元以下的贷款一般可设立 20 万元及以下、50 万元及以下、70 万元及以下和 100 万元及以下 4 级授权等级。这样可以缩减审批链条的长度，有效地提高审批速度和效率。

除信贷审批委员会决策模式之外，"信贷工厂"采用模型判断和审批人员两者结合的方式进行信贷的审批与决定；大数据风控是依靠建立在自动决策引擎的基础上来审批的，即将信贷政策写入系统，结合违约率等来进行审批和决策。

审批的关键要素如图 7-1 所示。审批分为 6 个关键要素，一般包括申

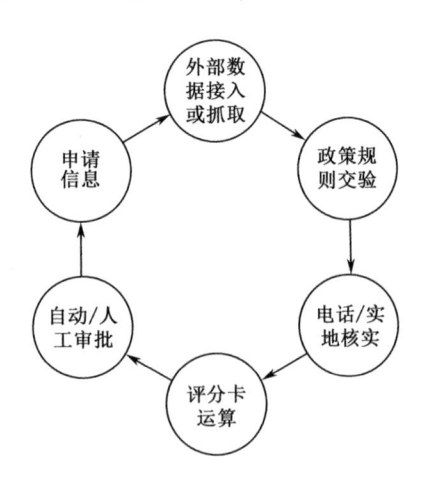

图 7-1 审批的关键要素

请信息、外部数据接入或抓取、政策规则交验、电话/实地核实、评分卡运算、自动/人工审批。

审批的6个关键要素如何组合是决定风控效率的关键所在。例如，在上述顺序串联执行时，因为一些客户比较差，可先将"政策规则交验"向前移，从而可降低调取外部信息的成本等。为了提高工作效率，可将"外部数据接入或抓取"和"电话/实地核实"并行处理，"政策规则交验"和"评分卡运算"同时处理，从而可以缩短审批时间，提升客户体验。

7.1 信贷审批委员会决策模式

信贷审批委员会决策模式主要靠人工电话或实地调查来获取信息，审批主要靠人工审核，一般由信贷机构的部门/企业负责人和相关专家组成的委员会决定是否放贷。该模式是一种纯粹的人工审核模式。信贷审批委员会决策模式的流程如图7-2所示。

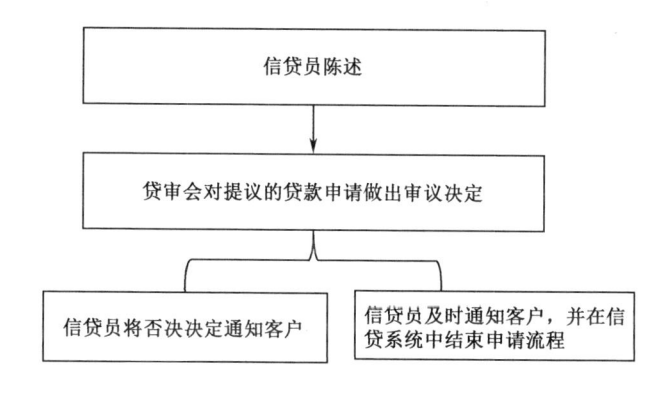

```
┌─────────────────┐
│   信贷员陈述    │
└────────┬────────┘
         ↓
┌─────────────────────────────────┐
│ 贷审会对提议的贷款申请做出审议决定 │
└────────┬────────────────┬───────┘
         ↓                ↓
┌──────────────────┐ ┌──────────────────────┐
│信贷员将否决决定   │ │信贷员及时通知客户，   │
│通知客户           │ │并在信贷系统中结束申请 │
│                  │ │流程                   │
└──────────────────┘ └──────────────────────┘
```

图 7-2 信贷审批委员会决策模式的流程

1. 信贷员在信贷审批委员会上需要对客户是否授信、授信额度进行陈述

一般情况下，信贷员主要负责收集、整理、分析客户的相关数据，并

给出是否授信、贷款额度等建议，以清晰的逻辑在信贷审批委员会上进行阐述。信贷员应逻辑清晰、简明扼要、重点突出地在规定时间内（50万元以下额度申请一般规定信贷员在 15 分钟内完成陈述）将客户主要信息的优劣势、风险点等予以陈述、解释，从而使自己的建议有理有据地展现出来。信贷员阐述的内容包括以下几方面。

（1）对申请客户的基本情况及财务状况的描述。

（2）对申请贷款信息及贷款用途是否合理进行评价并陈述。

（3）利用不对称偏差分析方法得出客户软信息的偏差是否合理及核心指标的解释。

（4）对客户的主要财务数据，包括资产负债表、利润表的数据来源、特殊项目的特殊客户交验方法和依据、最终构建的结果进行阐述。

（5）对共同借贷人、保证人的还款意愿及还款能力的评估结果进行陈述。

（6）对自身给出的关于客户是否授信、贷款额度、利率、还款方式进行陈述。

（7）认真就信贷审批委员提出的问题进行回答，如应收账款超过 12 个月没收回仍放在表内的解释。

2．审批决策

信贷审批委员会对贷款申请的审批结果一般分为批准并无改动、批准但需要修改、暂时拒绝贷款申请和拒绝贷款申请。其中，暂时拒绝贷款申请是指如果客户重新满足申请条件，可以随时再来申请贷款；而拒绝贷款申请是指客户在 3 个月内都不能再次申请贷款。信贷审批委员会在审批和决策的过程中，其参考依据如下。

（1）基本信息是否合理。年龄、本地居住年限、居住场所类型、生意开始时间、从事行业、申请金额及用途，以及财务信息。其中，财务信息主要来自经过重新构建或经过校验的资产负债表、利润表、现金流量表。

（2）对提交表格内信息进行检查并提问。例如，按揭住房和负债是否具有一致性，住房估值是否能够覆盖其对应负债；汽车、自有资金、预付、贷款、借钱等资产或资金与资产负债表相应科目是否一致；收入或生意利润、负债等跨时期校验是否具有同步性和异常性；对资产负债表进行内部逻辑校验（存货比例、应收比例等）。

（3）合规性和计算过程的检查及提问。例如，对资产负债表、利润表、现金流量表中各科目的合规性和计算过程进行检查等。

（4）审批结论。对于信贷员拟定的授信额度是否需要降低，如果需要，降低多少比较合理；等等。

审批决策的重要依据是申请者偿还贷款的意愿、能力和违约成本。除风险因素之外，应遵守"渐进"原则，即刚开始有业务合作的客户以谨慎原则进行保守合作。在初始阶段，授信额度要相对较小、期限较短，后期根据客户的还款情况和业务发展趋势，逐渐调整贷款额度、利率等。通过提升额度等来获得更多的关于客户收入来源、支出等信息。

信贷审批委员会的意见（如批准、拒绝等）应被记录于审议记录中，相关成员应在书面的审批决策单上写明审批意见并签字，然后由后台人员在信贷审批系统内登记审批意见。

3. 做出审批决定后按步骤执行

信贷员必须立即将审批决定通知客户。如果客户的贷款被批准，则客户应尽快收集贷款发放所需的各类资料；如果客户必须满足一定的附加条件后，其贷款才能被批准，就应保证客户能理解和接受相关条件，并将变更的贷款条件输入信贷审批系统。信贷审批委员会决议表如表7-1所示。

风控
大数据时代下的信贷风险管理和实践（第 2 版）

表 7-1　信贷审批委员会决议表

××信贷机构信贷审批委员会决议									
发起人				信贷员					
发起日期				□贷前		□实地调查		□贷前预审	
申请日期				申请人		身份证			
信贷员意见	□建议拒绝　　　　　　□建议放款　　金额：　　　　元　　期限：　　　个月 □建议暂时拒绝　　　　□其他								
审贷会决议：□批准且无改动　□批准但要变更　□暂时拒绝　□拒绝　□其他									
批准贷款申请	类型		姓名		身份证号码				
	借款人								
	共同借款人								
	担保人								
	抵押品		物品	所有权人	描述		估价/元	抵押/元	
	批准金额/元：				期限/月：		利率/年：		
	还款方式		□ 等本等息　□ 其他						
	贷款用途		□ 消费　□ 流动资金　□ 固定资产投资　□ 混合用途						
	放款条件		描述：						
	监控条件								
拒绝贷款申请	拒绝原因								
其他议题									
风险分类				□正常　　□关注　　□次级　　□可疑　　□损失					
分类原因									
审贷会成员签名									
审批日期									
其他：贷款条件更改、还款计划更改等									

在大数据时代，社交软件、审批系统、视频会议技术等使得审批人员不需要面对面坐在一起，从而大大提高了审批委员会的工作效率。同时，在大数据支持下可规避审批人员的认知偏差，使得审批结果更合理。

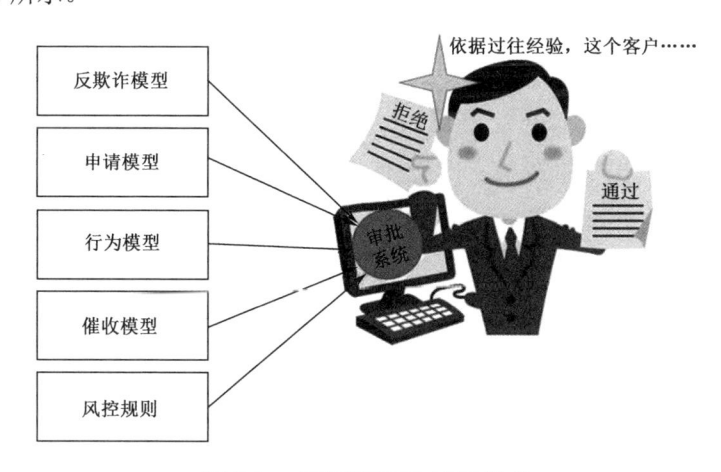

7.2 "信贷工厂"审批模式

"信贷工厂"审批模式是基于审批系统，并结合模型计算的结果，然后专职的审查审批人员主要依据客户经理提交的信贷调查报告，结合产品的风险特征，发挥专业审批经验的半人工、半自动化方式的审批模式，如图 7-3 所示。

图 7-3 "信贷工厂"审批模式

一般来说，该审批模式：首先，初审人员将客户申请资料输入系统；其次，申请、反欺诈、额度、利率等模型和规则会运算出建议性结果；最后，审批人员会基于模型与规则给出的结果，结合自身经验、第三方数据、电话核实信息等，给出最终的贷款额度、贷款利率、还款方式等。

"信贷工厂"审批既通过模型、规则、数据多个维度的交叉验证来考察客户，又兼顾了专职审批人员的经验，从而避免了过于依赖模型、规则和数据而引入的模型风险和数据风险，或者过于依赖专职审批人员的经验而带来的审批人员知识体系的认知风险。

基于自动化系统和数据接入的标准化接口,信贷机构可以实现申请流转规则、评分卡及审批策略等智能化部署。这将促使"信贷工厂"审批模式逐步转化为自动审批模式,从而减少不必要的人工干预,并提高审批准确度和效率。

7.3 大数据风控的自动审批模式

传统审批可能需要一个月才能完成,"信贷工厂"审批需要 2~5 天就可以完成,而大数据风控的审批在 10 分钟甚至更短的时间内就能完成,如 100 毫秒内给出审批结论。为此,大数据风控采取实时部署,并需要采用流计算方式来实现,如 Storm、Spark 等。

随着信贷业务的发展,信用支付等场景使得审批逐渐向零感知审批发展。这类场景需要系统能同时保证业务正常运营与风控相结合,即信贷申请、审批、放款和购物消费无缝连接,使借款人对购物环节中增添的贷款申请没有明显感知,贷款审批和放款与借款人的支付动作合为一体。因此,数据收集中计算等应分散在消费与支付的整个过程中从而实现无感知审批。

在无感知场景中,大数据风控的规则、指标等计算与加工是从客户进入申请页面那一刻起开始的,而在客户申请完信贷后 100 毫秒内就可给出决策结果,大数据风控自动审批模式如图 7-4 所示。

申请、外部信息介入、政策规则、模型运算、自动审批都是大数据风控自动审批的关键组成部分。为了提高审批效率,从客户开始申请到完成申请,所有的评分、规则通过分布计算系统来计算,并采取实时部署、策略即刻生效的系统来响应实时的风险变化。

大数据风控的自动审批需要将所有的决策规则、决策策略、决策参数、决策阈值等以代码和表格的形式写入系统中。当客户的数据触发某些条件

第7章
信贷的审批决策

后，就会自动运行模型与规则，如信用评分卡、反欺诈规则等，给出审批结果（通过/拒绝），并且不需要人工干预。

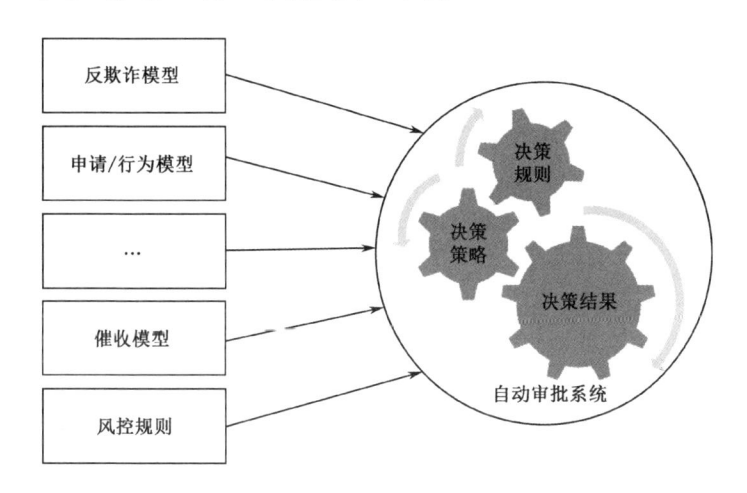

图 7-4　大数据风控自动审批模式

相对简单的自动审批系统（图 7-5）主要依靠对欺诈风险、还款能力、违约风险等进行预测和判断，然后决定是否授信，以及放款金额、利率分别是多少。最后，客户是否使用贷款，使用多少则决定最终能产生多少利润。这种自动审批系统仅仅考虑了审批和放款，没有考虑回款和催收等情况。

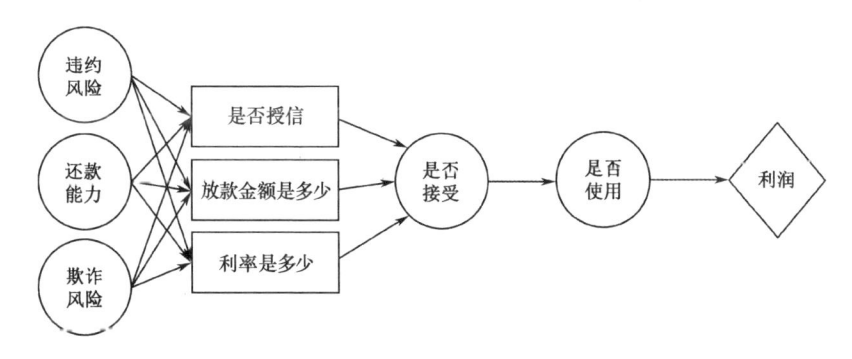

图 7-5　相对简单的自动审批系统

相对完整的自动审批系统（图 7-6）主要依靠对欺诈风险、还款能力、违约风险、催收评分等进行预测和判断，然后决定是否授信，以及放款金额、利率分别是多少，最后就看客户是否使用贷款了。同时，该系统综合客户催收可能性、行为评分来判断是否应增加额度。该系统综合客户逾期失联评分、申请评分等来判断催收是否成功，进而影响客户还款，以及最后能产生多少利润。

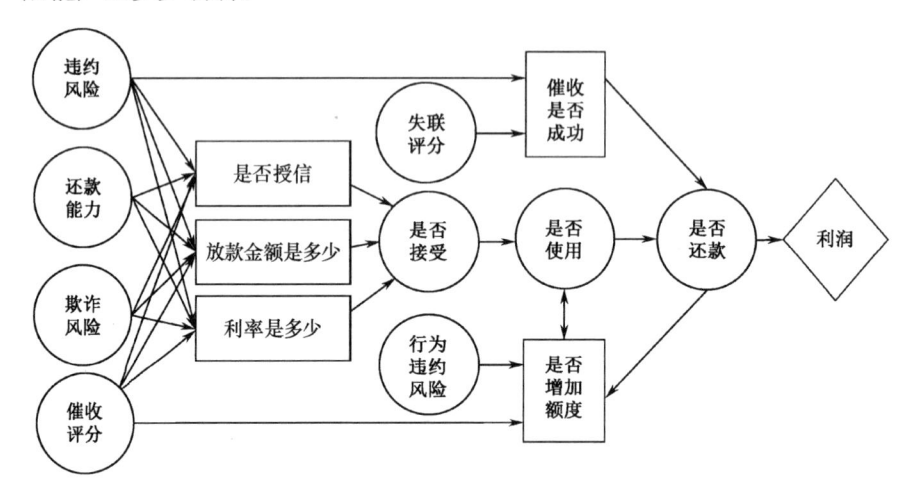

图 7-6 相对完整的自动审批系统

大数据风控的自动审批需要信贷审批人员吗？这是人们常问的问题。从实践经验来看，大数据风控的自动审批是需要审批人员的。因为自动审批的本质是将人工审批的经验、知识、思想等转化为系统规则、程序等，并使人关注的重点不是在如何确保计算出正确的结果上，而是在思考相关业务数据、场景等所蕴含的意义上。

自动审批系统使信贷审批人员不再局限于是否应向某客户授信，而使信贷审批人员将更多精力投入到业务运营、策略与规则制定、指标构造、模型搭建、系统完善等关键问题上来。

大数据风控使得信贷审批人员更加依赖 MIS 系统来评估策略、规则、指标、模型等效果，并找到改善的方向。例如，信贷审批人员通过 Vintage 报表可知，上个月的客户逾期率比过去其他月份的高，然后可分析相关策略或规则变动前后逾期率的变化，并发现某类客户的逾期率比整体逾期率高很多，进而制定措施来应对。这就需要快速部署与即刻执行，为此，需要决策引擎。

| 第 8 章 |

决策引擎

骑士时代已经过去,随之而来的是智者、经济学家和计算机专家的时代。

—— 经济学家 埃德蒙·伯克

风控
大数据时代下的信贷风险管理和实践（第2版）

风控应以利润最大化为指引，来平衡放贷金额和坏账率。并非坏账降到最低就是最好的，也不是放贷金额越大越好，而是尽可能做到放贷金额不断上升，而逾期率不断下降，来确保利润最大化。

为此，信贷机构需要遵守实时变化的法规、政策等；需要支持业务的多样化发展（如信用贷类、场景类、抵押类等）便捷、顺利上线；需要根据不同产品、不同阶段来实时调整相应的风控策略；需要支持统一授信与定价，新客户与存量客户管理、差异化服务等。因此，决策引擎是不可或缺的。

对于风控团队而言，其需要实时地调整风控策略；需要根据每天甚至实时的逾期等数据来找出信贷流程中的薄弱环节并进行完善；需要不断提高风险预警并实时应对；需要针对信贷流程各环节的不同情境做足预案并确保预案能得以快速执行；需要实时发布并即刻执行新规则和模型；需要一个管理风控策略、模型、规则等的系统；等等。因此，决策引擎是必不可少的。

在实践中，一些公司因权责混乱或为了IT开发便利，使得决策引擎的代码与其他业务代码交织在一起。在这种情况下，任何一个微小的策略、规则或模型等的修改或新增都需要技术团队来开发、发布，这就需要两周甚至更长的时间才能完成。例如，某互联网金融公司的风控规则与模型由技术团队用Java编写，评分卡模型上线需要花30多个工作日，各种策略上线也需要两个工作日。

这必导致技术部门、风控部门彼此推诿、扯皮等，也必导致各种规则、策略、经验等散落在各处、无人维护等，更导致内部欺诈风险、操作风险等难以控制。为此，决策引擎是必不可少的。

除了信贷机构，证券、信托、保险、基金等公司也需要决策引擎。决策引擎是金融产业的智能化基础，是结构升级的关键，也是金融机构的真正价值所在，因为它积累着金融的经验总结和金融人的智慧。

决策引擎的功能主要由数据管理、黑名单管理、业务规则开发和部署的管理、模型管理、策略开发和部署、策略请求和执行、用户交互、权限角色管理等构成。因此，决策引擎有 5 大模块，分别是系统权限、因子管理、因子装载、规则决策引擎和业务配置。其中，系统权限是分工协作、权责明确、管理操作风险的重要基础；因子管理是开发、维护数据的关键，如统一字段名、计算逻辑等；因子装载是为了统一不同指标装载方式，如实时、离线等；规则决策引擎主要采用 if-then、决策树或评分表等将因子、参数以及结果配置在里面并运行输出结果；业务配置是能够支持产品、规则、模型、策略等的配置。

一般来说，信贷业务的决策引擎是由业务程序触发调用的。这样可确保客户信息收集完整，便于评分、规则、审批等自动运算。为了保证业务顺利开展，决策引擎应支持无缝上线、A/B 测试、数据回溯、多个规则或评分卡同时运行、按产品等配置规则与评分卡、评分卡交叉使用、多分数段、分流测试、效果评估、版本回滚等。

8.1 以 FICO 的 Blaze 为代表的商业决策引擎

只要业务具有商业逻辑，就需要决策引擎，因为商业逻辑会随着时间的推移变得越来越复杂，并且不同机构根据自身决策方式不同，所需要的决策引擎也不同。人们可以购买决策引擎，如 FICO 的 Blaze 决策引擎，如图 8-1 所示。

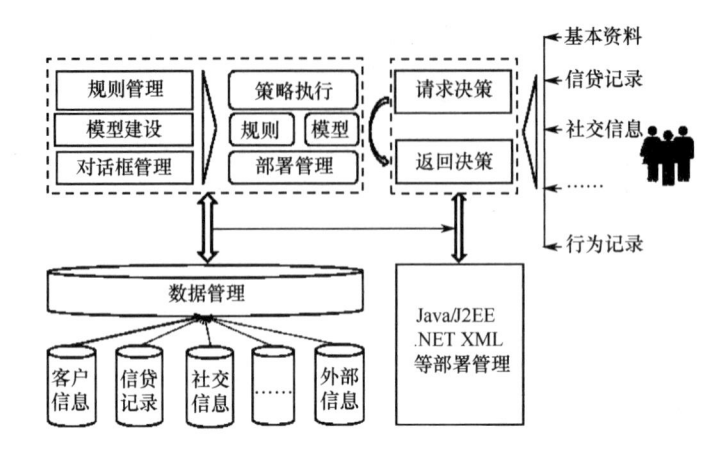

图 8-1　FICO 的 Blaze 决策引擎

FICO 的 Blaze 决策引擎在通过页面上交互来添加规则、修改规则、描述规则、使规则生效等，并通过 Java、XML 等来实现部署并执行。

一般而言，其规则内容采用 if-else 模式、决策树模式、决策表模式。if-else 模式与决策树模式是管理规则的重要方式，但其随着规则数量的增加，维护成本快速上升；决策表模式是通过列出所有条件及其取值，给出问题可能操作以及各取值情况下应采取动作的方式，适用于额度管理、定价等。模型可通过评分卡来定义变量、变量的不同范围对应数值等。

在规则、模型部署后，数据获取是否正确、规则是否正常运行、新增规则是否与已有规则发生冲突、规则结果是否准确等，都需要监测。

为了确保风控管理的权责匹配，决策引擎需要通过角色控制来确保规则和模型的新增、变更、访问、停用等有序、稳健地进行。

除 FICO 的 Blaze 决策引擎外，SAS、IBM 等机构也都提供决策引擎，但这些服务对于大多数信贷机构而言是比较贵的，投入回报率比较低。在实践中，一些 IT 技术强的机构可开发出更适合自身业务的决策引擎，而 IT 技术弱的机构可购买其他机构的决策引擎服务。

对于决策引擎而言，优先级、可调整性以及可维护性等是必不可少的。优先级取决于不同规则的业务内容、成本等，如自有规则高于外部规则、低成本的规则优于高成本的规则等；可调整性体现于根据业务等实时地调整规则、模型的数据和参数，如规则参数的灵活调整、流程分支调整；可维护性体现于支持规则与模型等实时上线、对照实验、回滚到之前版本等功能，并记录维护的时间、内容等。

作为一个开源主义者，尽可能地利用免费的或自己开发的决策引擎是关键。下面以笔者自己开发或主持开发的决策引擎为例来讲述。

8.2　基于 MySQL 的自建决策引擎

在实践中，MySQL 是主流数据库之一。以 MySQL 存储过程方式开发的决策引擎，可降低多数机构的成本，并提高其执行力。通过在多家机构（如大型互联网金融平台、中小城商行等）的实践，以 MySQL 存储过程方式开发的决策引擎可每天支持 10 多万笔信贷申请，以及每月放贷金额为 40 亿元的现金贷业务。

根据实际业务情况，尤其是业务对实时性要求及数据量大小，决策引擎可分为三大类模式。

（1）对实时性要求比较低且数据量比较小的。

（2）对实时性要求比较低但数据量比较大的。

（3）对实时性要求比较高且数据量比较大的。

如图 8-2 所示，业务对实时性要求比较低且数据量比较小，可在客户的数据被收集、整理完毕后，调用以 MySQL 存储过程为基础的决策引擎，等到决策引擎存储过程运行完毕后将结果返回并插入相关表中。其中，决策引擎存储过程会调用规则与模型存储过程，同样的规则和模型结果会被写到对应的表中。

如图 8-3 所示，业务对实时性要求比较低但数据量比较大，在 T–1 天按照规则和模型所需要的指标对历史数据清洗和加工，并存储在相关表中，然后在客户申请后全部实时数据都收集整理和获得历史指标数值，调用以 MySQL 存储过程为基础的决策引擎，并在运行完毕后将结果返回并插入相关表中。

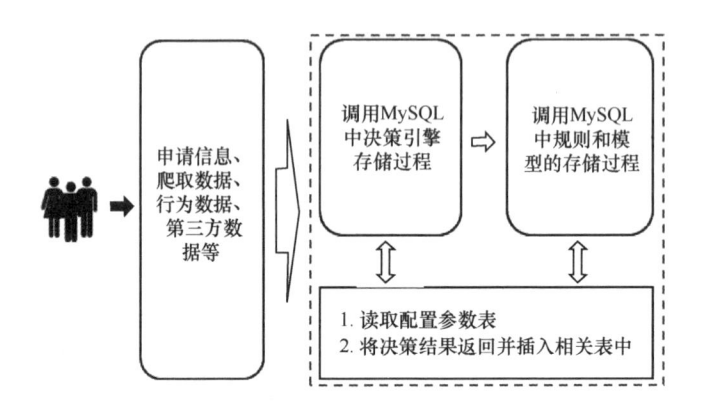

图 8-2　业务对实时性要求比较低且数据量比较小的决策引擎存储过程方案

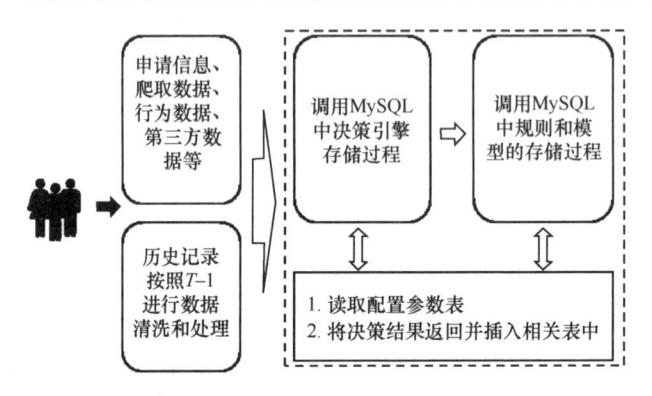

图 8-3　业务对实时性要求比较低但数据量比较大的决策引擎存储过程方案

在单台服务器的情况下，一般 MySQL 存储过程经过优化后可以在 10 秒内完成相关计算和决策，即使时间稍微长一点（如在 5 分钟左右），也可通过分拆和批处理的方式来解决。同时，在 IT 系统压力测试方面，MySQL 存储过程对系统的影响在 10% 以下，即如果业务系统的高并发能达到 1000 个，那么 MySQL 存储过程的高并发应在 900 个以上。

第8章
决策引擎

如图 8-4 所示，业务对实时性要求比较高且数据量比较大，在 $T-1$ 天按照规则和模型所需要的指标对历史数据清洗和加工，并存储在相关表中。在客户申请时，实时地利用爬虫技术爬取客户申请过程中每步的数据，并进行信息加工、核对、交叉验证和存储，而后调用以 MySQL 存储过程为基础的决策引擎，等到决策引擎存储过程运行完毕后将结果返回并插入相关表中。

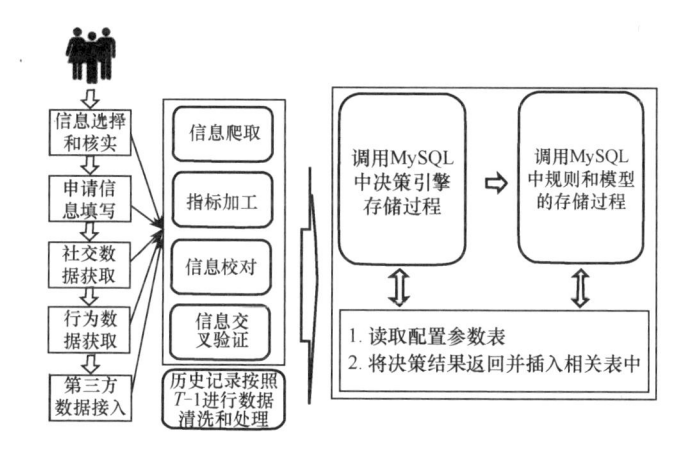

图 8-4　业务对实时性要求比较高且数据量比较大的决策引擎存储过程方案

在实践中，为了上线的便利性和简化对照实验设计，我们在规则和模型判断逻辑中增加一个随机数大于或小于某个阈值逻辑，以便后续进行规则或模型的挑战者–冠军实验，从而提高风控管理的效率。

在规则和模型比较多的情况下，该决策引擎可分类以便于管理。规则可分为反欺诈规则、准入规则、黑名单规则等；而模型可分为反欺诈模型、申请模型、行为模型等。相应地，规则与模型的存储过程按照分类进行命名，以确保运行稳定和可维护。

对于以 MySQL 存储过程为基础的风控决策引擎，人们会关注以下几个问题。

（1）对系统整体性能的影响有多大？在实践中，按照 5 分钟 100 万个客户量进行系统压力测试，其最终整体在 90 万个客户时保持相对稳定。这是因为该决策引擎包含大量的计算等需要消耗 CPU 和内存，会受到服务器算力的约束。

（2）风控团队是否可以支持？该决策引擎以 SQL 为主，并且其规则和模型的部署与维护依赖于风控团队成员，其几乎都拥有 SQL 技能。同时，为了确保该决策引擎能够顺利支持业务，风控团队可通过培训来提高成员的 SQL 技能。

（3）如何解决生产系统的数据安全问题？与业务系统类似，风控决策引擎所需要的规则和模型由运维或其他相关团队来上线等操作，而风控成员仅提供相关的存储过程，同时由规则和模型开发方提交 SQL，存储过程负责人来审核相关语句。

（4）如何快速实现风控策略的调整？规则和模型都在相关数据库中建立阈值表。当要实现相关风控策略的调整时，人们通过修改对应规则和模型阈值表中的数值即可立即实施。一旦风控策略需要新增加规则和模型，人们可修改或增加相应存储过程，而后决策引擎即可被调用。

（5）风控为什么需要独立的数据库？风控的规则和模型都是信贷机构的重要商业机密，需要进行保护。同时，风控规则和模型中所涉及的各种指标都是后续分析的基础。

（6）如何保证多个存储过程并行运算？其主要依靠业务调用程序本身来实现高并发，这是因为存储过程是在数据库中执行的，暂时还没有好的方案来执行高并发，但可以借助 Java 等高并发来实现。

（7）如何保证在生产系统上无缝更新？在生产系统中，每时每刻都有业务进来，需要判断是否欺诈、准入授信等，在生产系统 99.9999%可用的考核下，需要采用无缝上线，具体流程如图 8-5 所示。

为了确保生产系统持续稳定，该决策引擎运行过程需要先判断程序是否稳定，若程序不稳定，则直接回滚到上一版本，从而确保系统稳定运行；若程序是稳定的，则需要判断程序（规则或模型的代码）是否为新程序。若程序不是新的，并且是线上程序，则运行；若程序是新的，则需要识别其与老程序的分流比，并读取相关参数以确保新程序上线及运行。

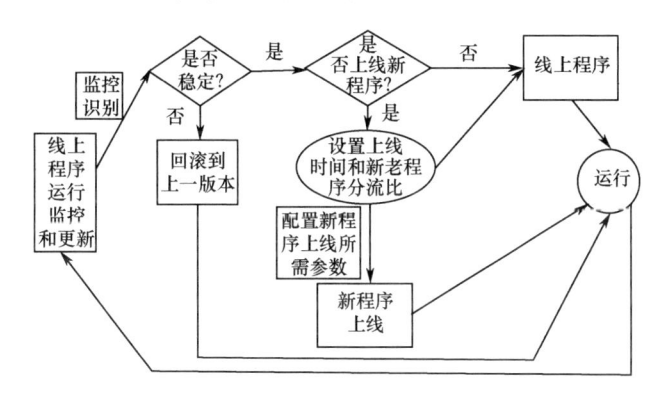

图 8-5　存储过程在生产系统上无缝上线流程

上述流程在某互联网金融机构实施前，经过技术部门和测试部门的测试，可支持每秒 35 个高并发。也就是说，以 MySQL 存储过程为基础的决策引擎在理论上每天可支持 302 万笔业务，但实际上金融机构每天有 30 万个客户就很不错了。同时，以 MySQL 存储过程为基础的风控决策引擎的响应速度可控制在 500 毫秒内，即该决策引擎可以完全支持一般的金融业务。

在实践中，业务代码与风控代码纠缠在一起，一个模型上线需要 3 个月，一条规则需要两周，策略变化需要两个工作日。但自从以 MySQL 存储过程为基础的风控决策引擎上线后，一个月可上线 4 条规则（主要受限于研发速度），模型只需要一个工作日即可完成，策略变化最多两小时。因此，自该决策引擎上线后，各种规则和模型上线速度加快，至少提高了 20 倍。该决策引擎被调用次数累计达到 2000 多万次，而随着业务的发展，日均被调用次数达到 25 万次，而在这样相对高频率的调用下，极少出现故障。

但以 MySQL 存储过程为基础的决策引擎有其自身的缺陷，主要是无友好的交互界面向人展示，并且需要配置熟练掌握 SQL 的人来确保运行保持在 500 毫秒内，等等。

对于机构而言，决策引擎可购买标准化产品，或者采用开源产品，或者自己开发，但其需要根据本机构自身情况来决定。从控制成本的角度来看，开源的决策引擎更好，并且多数业务系统是以 Java 为基础开发的，风控决策引擎可以 Drools 为基础，然后开发一些页面来简化使用过程，降低决策引擎使用门槛。

随着数据分析工具的变更，决策引擎也会采用 Drools+Python 模式，或者用 Python 来开发决策引擎，等等。下面笔者以自己主导 Drools 做决策引擎的经验为例进行阐述。

8.3　基于 Drools 的自建决策引擎

Drools 是一个免费的、开源的、基于 Java 的决策引擎，将复杂多变的规则从硬编码中解放出来；Drools 是一个业务规则管理系统解决方案，提供了一个核心的业务规则决策引擎、一个页面的授权与规则管理应用和一个 Eclipse 核心开发插件。

Drools 的程序包可以从 Drools 的官方网站中获取，同时要安装 Eclipse 插件，可以把插件下载到本地安装或在线安装，主要是 Drools 和 jBPM tools。当选择在线安装时，我们可选择合适的版本。

Drools 需要通过业务调用来传入数据，然后通过规则、模型检查，调用存储在文件中的规则脚本，获取到规则后执行并得到相应的结果。因为 Drools 把处理规则定义在文件中，相应的规则修改、更新等不需要重启机器就可以立即在线上环境生效，从而提高了规则管理和维护的效率，确保业务的稳健性和可持续性。

第 8 章
决策引擎

一个标准的 Drools 决策引擎,首先需要建立一个类似 Java 的工程,假设命名为 drool_decision_engine,然后我们将把主要精力放在 3 个地方,分别是实体 Bean、规则文件和测试程序。

实体 Bean 如下。

```
public class Message {
    public static final int HELLO = 0;
    public static final int GOODBYE = 1;
    private String message;
    private int status;
    //
}
```

规则文件如下。

```
package com.sample
import com.sample.Message;
  rule "Hello World"
        when
            m : Message( status == Message.HELLO, myMessage : message )
        then
            System.out.println( myMessage );
            m.setMessage( "Goodbye rule world" );
            m.setStatus( Message.GOODBYE );
            update( m );
  end
  rule "GoodBye"
        when
            Message( status == Message.GOODBYE, myMessage : message )
        then
            System.out.println( myMessage );
  end
```

测试程序如下。

```
public class DroolsTest {
    public static final void main(String[] args)
    {
        try {
            // load up the knowledge base
            KieServices ks = KieServices.Factory.get();
            KieContainer kContainer = ks.getKieClasspathContainer();
            KieSession kSession = kContainer.newKieSession("ksession-rules");
```

```
                    // go !
                    Message message = new Message();
                    message.setMessage("Hello World");
                    Message( status == Message.GOODBYE, myMessage : message )
                    message.setStatus(Message.HELLO);
                    kSession.insert(message);
                    kSession.fireAllRules();
                }
                catch (Throwable t) {
                    t.printStackTrace();
                }
        }
}
```

运行 DroolsTest 类，控制台输出："Hello World Goodbye rule world"。Drools 的具体使用规范可参见相关帮助文档。

在 Drools 的决策引擎建设中，我们遇到了以下问题。

（1）Java 如何调用基于 Drools 的决策引擎？整个 Drools 决策引擎的运行过程是怎样的？

在 Drools 中，规则的编译与运行要通过 Drools 提供的各种 API 来实现，这些 API 总体来讲可以分为 3 类：规则编译、规则收集和规则执行。完成这些工作的 API 主要有 KnowledgeBuilder、KnowledgeBase、StatefulKnowledgeSession、StatelessKnowledgeSession 等，它们起到了对规则文件进行收集、编译、查错、插入 Fact、设置 Global、执行规则或规则集合等作用。

（2）离线数据和实时数据怎么处理？

在实际业务中，人们不可避免地会使用各种数据，但这些数据至少可分为离线数据和实时数据。一般而言，离线数据通过 Hadoop、Hive 等大数据平台在前一天进行加工，然后定时回流到决策引擎数据库中，这类数据如过去 90 天平均逾期天数、过去一年平均还款间隔等；实时数据则往往借助 Spark、Storm 等实时计算来生成相关因子，如申请时所在地区的申请量等，从而确保规则和模型顺利运行。

（3）Drools 如何与数据交互？

一般而言，借助因子生成器把实时数据和离线数据组装成因子对象后，传给需要执行的 Drools 的"执行器"，执行后得到决策结果。

（4）应用程序如何拿到结果？

决策服务执行完 Drools 得到结果后会保存本次执行结果，应用程序获取结果有两种方式：风控决策服务会调用应用程序回调接口返回决策结果；应用程序可以通过调用决策结果查询接口来查询决策结果。

（5）申请反欺诈和交易反欺诈怎么调用 Drools 接口？

应用程序通过调用风控决策服务通用接口传入必要的参数（productID 和 sceneID）来触发规则的执行，如 productID 代表某类产品，而 sceneID 代表不同业务场景，同时风控团队会维护 productID+sceneID 和规则文件的关系。

（6）如何确保 Drools 书写规范（如 When 规范、Then 规范）？

① 在一个 drl 文件内的规则 Salience 由风控用户自行保证，drl 和 drl 之间的调用顺序，可以由 drl 之间的引用关系来决定。

② When 中使用预定义好的因子，Then 中使用预定义好的函数。

③ 用 IDE 编写 Drools 文件，可以用到因子对象的属性提示功能，方便用户编写 drl 文件。

④ 所有因子属性可以放在一个对象里，定义好因子的命名规范，技术和风控用户双方共同遵守。

⑤ 定义规则里 Then 的编写规范，技术团队这边预先定义好 Function 给风控用户，用来设置每条规则的结果。A.drl 去调用其他 drl 文件，只要多个 drl 文件在同一个包下面，这个包在 Kmodule.xml 的配置中就是属于用户调用的 ksession。只要用户执行，这个包下所有的 rules 都会被执行。当我们只想执行其中一个时，推荐用户把 rules 放到两个 group 中，然后执

行其中一个用户需要的 group。

（7）多个版本管理的 drl 里能写一条还是多条规则？

一个 drl 里可以写多条规则。在实践中，版本号应该以 drl 为主，我们在记录执行结果的同时记录版本号。

（8）drl 失败怎么处理？

首先使该失败不能影响整个决策引擎正常运行；其次需要用户为每个 drl 配置失败处理方式，如失败后是否继续执行其他 drl，失败后输出配置的默认值。

（9）drl 如何调用另一个 drl 文件？

直接调用是比较难的，可以通过 Java 写方法类来实现，从而避免因为某个 drl 调用失败影响整体结果。

（10）Drools 中无随机数，需要包装一层供使用。

风控决策引擎一定是风控人员可以操作的，主要是为了应对市场随时发生的变化，以及确保各种规则、模型、策略在风控人员自己手中减少操作风险。

8.4 基于 Spark 的自建决策引擎

基于 MySQL、Drools 自建决策引擎是相对比较简单的。从经营角度来看，决策引擎越简单越好，能用 MySQL 的存储过程解决就不需要 Spark 来处理。业务要求高、资金充足且技术特别强的团队可以直接使用 Hadoop 和 Storm 或 Spark 方案来实现离线与实时业务数据处理。

但随着业务的发展，以及市场竞争的加剧，未来类似基于 MySQL 存储过程方式开发的决策引擎需要基于 SparkSQL 开发的决策引擎来替代。

第8章
决策引擎

在大数据时代，决策引擎需要靠离线处理和流计算共同完成大数据决策工作。Spark 既具有 Hadoop 离线处理的能力，也具有 Storm 流计算的能力，因而基于 Spark 开发的决策引擎不仅可以充分利用集群的计算能力来满足大数据计算的实效、实时等要求，如各种基于社交网络指标，而且可以充分发挥风控团队各成员的 SQL 技能。

从计算速度来说，在 5 台机器组建的 Hive 和 Spark 集群中，测试一个简单计算历史总放款金额，Spark 计算用 0.639 秒，Hive 计算用 28.037 秒，MySQL 计算用 39.387 秒；同时，测试计算每天的逾期率，Spark 计算用 1.553 秒，Hive 计算用 26.989 秒，MySQL 计算用 26.677 秒。也就是说，Spark 在计算速度上比 MySQL 快约 17 倍。

从 SQL 执行角度来看，MySQL 中能使用的语句是否可以在 Spark 中实现，如类似语句 select borrow_date,sum(case when late_days>90 then amount else 0 end)/sum(amount) from all_fin_rank where borrow_date>'2017-04-04' group by borrow_date 在两个环境都可以执行。

Spark 可以执行文件 spark-sql --driver-memory 6g --executor-memory 10g --executor-cores 3 --num-executors 3 –f //home/wangjw/test.sql。

也就是说，基于 Spark 开发决策引擎在技术层面是完全可行的。而从经济角度考虑，利用 10 台商用服务器，甚至 30 台商用服务器组成机器群，需要花费成本大约为 30 万元，而其可以充分利用社交网络指标、实时行为数据来降低欺诈率等。

对于一个年放贷金额为 3 亿元左右的信贷机构而言，其应考虑用 10 台商用服务器来支持基于 Spark 开发决策引擎，因为利用社交网络、实时行为数据等指标至少可降低坏账率 0.1%，一年也可以节省 30 万元（3 亿元×0.10%）。如果风控团队能够从社交网络中分析和挖掘出更好的指标，如可以让坏账率降低 1%，那么该笔投入的收益率就可以达到 900%。

| 第9章 |

风控模型建设与问题对策

当你能衡量你所谈论的东西并能用数字加以表达时,你才真的对它有了几分了解;而当你还不能衡量、不能用数字来表达它时,你的了解就是肤浅和不能令人满意的。这种了解也许是认知的开始,但在思想上则很难说已经步入了科学的阶段。

—— 开尔文·勋爵(Lord Kelvin)

第9章
风控模型建设与问题对策

模型是风控的基础,甚至被一些人认为是风控的全部。对于模型而言,它有很多类,如期权定价模型、现金流模型,以及信用评分模型等。

期权定价模型表明,合约期限、标的现价、无风险资产的利率水平以及交割价格等都会影响期权价格[40]。

现金流模型主要应用于基于债权的、能够产生现金流的资产池相关交易的测算,并且会基于资产池给出一些假设条件,根据假设条件预测出资产池产生的现金,将资产池产生的现金数据在各个债务假设条件的基础上进行模拟测试,最后能够得到现金在各个不同时点的分布情况[41]。现金流模型是根据公式、函数或公式与函数的组合而构建的,反映事先设定的交易结构,并且根据交易结构对输入数据进行适当的处理。

信用评分模型的关键是要研究客户的需求和行为等心理特征,并且找出有用的特征,而后加工出相应的因子,通过 Logistics 回归等计算出相应的参数。

9.1 模型选择

模型是对现实的无限近似。在这个世界上,有无数模型可供人们选择,但人们该如何选择模型来进行预测等,其关键的技巧就是要在各种候选模型和现实之间反复验证。模型选择的效率和好坏主要依赖于验证策略。在实践中,有 4 种验证策略经常被使用,具体如下。

(1)验证模型的关键假设,看它们能在多大程度上反映现实情况。例如,Copula 函数被用于估算证券之间的相关系数,但其假设为正态分布,而实际可能是稳态分布,这就造成模型与现实之间存在差异;再如,期权定价的假设条件之一是标的资产价格服从对数正态分布,而资产价格的实际分布可能是稳态分布等。

(2)确认模型所假设的机制是在现实中运行的机制,如利用期权定价模型来估计个人违约率,而期权模型计算违约率需要市值与负债,但个人的市值、负债难以统计,并且还款意愿是个人违约的真实原因之一。

(3)确认从模型中推导出来的直接结果是符合现实的,如信用评分模型得到评分的逾期率随着分数的递增而递减。

(4)验证模型的"副产品"是否大体上与观察到的结果相悖,如模型所使用到的指标主要来自违约等场景。

在大数据时代,各种模型层出不穷,样本量足够大。一些过于看重模型的人就直接基于充足的样本来训练梯度提升决策树(Gradient Boosting Decision Tree,GBDT)、深度学习等模型,并以此结果来决定是否授信等。这种模型选择的潜在假设主要是样本量足够大,可满足业务在跨时空中的各种变化,但实践结果表明,该模型的稳定性、结果前后一致性等往往会比较差。

在实践中,是否具有因变量决定了选择有监督模型或无监督模型,而有监督模型还可根据因变量的类型选择线性回归、逻辑回归、决策树等模型。同时,最优子集回归、逐步回归等算法可选择变量,而在此之前需要对每个变量都进行探索分析,并分析变量之间的相关性、跨时间的稳定性等,从而选用变量来建立模型。

9.2 模型开发

在信贷业务中,预测模型使用最多的是评分卡,包括申请评分卡、行为评分卡、催收评分卡、利润评分卡、市场响应评分卡等[42-48]。申请评分卡是根据客户的申请信息、历史信用行为数据等,如收入、居住年限、最近 3 个月申请机构数等,来评估客户未来的违约率;行为评分卡是根据客户的风险行为,如客户借还款历史在不同时间段的平均、最大、最小、趋势变化(最近一次与倒数第 6 次之间比较),像摄像机一样定期评估客户未来的违约率;催收评分卡是根据客户的申请信息、历史还款行为数据、合规催收响应数据等,如电话接通次数、催收后的还款时间间隔等,来评估客户违约后在未来一段时间内还款概率;利润评分卡主要是计算客户生命周期的利润,主要以生存分析等模型为基础;市场响应评分卡是根据客户的浏览行为数据、在不同营销方式的反应历史行为数据等,如客户点击特定页面次数、客户对红包的响应次数,来评估客户的借款概率。

模型开发的关键是确定合适的、便于用模型解决问题的业务目标,这是因为模型建设的成本比较高,且模型不一定能达到预期目标。为此,模型开发人员需要深入业务场景,了解业务流程、客户使用的场景,并分析和挖掘客户使用的习惯等,而后根据业务场景来确定是用监督、无监督、半监督模型,还是用强化学习等模型,并基于模型类型与业务部门或负责人达成一致来确定评价指标,如 KS、ROC 等。

在风险管理中,监督模型是常用的。其关键之一是定义 Y 变量,方法如下。

(1)根据迁徙率表来确定"坏"定义。比如,某迁徙率表,M_2[①]到

---

① 在通常情况下,以 30 天为间隔定义逾期的周期:$M_0 \sim M_7$,其中,未逾期的定义为 M_0,逾期 1~30 天的定义为 M_1,逾期 31~60 天的定义为 M_2,以此类推,逾期 180 天以上的为 M_7。

M_3 的迁徙率平均为 86%，M_3 到 M_4 的迁徙率平均为 94%，M_4 到 M_5 的迁徙率平均为 95.2%。因此，该贷款项目的 Y 变量为 M_3+，即处于 M_3+ 逾期状态的客户是"坏"客户。

（2）基于（1）所确定的"坏"定义来统计出其 Vintage 报表，从而识别出表现期需要多长。若想将"坏"客户的成熟度尽可能地表现出来，分析师可以根据 Vintage 中相对稳定的表现，如至少需要 6 个月的样本表现期，即账期 MOB=6。假定从 2019 年 8 月开始回推表现期，我们选择样本观察点的时间横轴右边界在 2019 年 1 月，即只能从 2019 年 1 月及之前开始选择模型样本。

（3）虽然通过初步分析可以假定 Y 变量 M_3+ 为"坏"客户，但是通过表现期回推出建模样本后，既要考察样本构建模型的基础，如最大最小样本策略，还要参照观察点选定的参考依据，如就近原则、切片特征取得等实际情况。

如果上述"坏"客户定义的样本达不到建模要求，那么有两种优化方式，分别是选择合适的表现期、合适的 Y 变量。选择合适的表现期可以保持 Y 变量的定义，而缩短客户的表现期；选择合适的 Y 变量可以保持或提高客户的表现期、扩大"坏"客户的样本量，而降低"坏"客户的精准性。这就是说，需要把 Y 变量、选择表现期、样本量进行综合考虑。

针对分期产品、信用卡或循环贷款产品等，Y 变量根据场景进行主观决定。比如，按照迁徙率表中逾期率的变化来确定模型因变量 Y 的定义，而后根据场景特点确定出表现期与观察期；再如，按照《巴塞尔协议Ⅱ》和《巴塞尔协议Ⅲ》的要求，M_3+ 为"坏"，其表现期、观察期根据经验各限定 6 个月。

信贷业务的损失率等是连续的，即该 Y 变量是连续型的。在实践中，连续的 Y 变量可先标准化到 0 至 1 之间的值 w，并重新定义 Y 变量为 1、0，

其权重分别为 w、$1-w$，而后用加权逻辑回归等来估算参数。

基于 Y 变量的定义，模型开发需要知道数据存放在什么库、什么表中，表的结构和数据的类型分别是什么。同时，模型开发还需要探索样本中不同客户群体的差异，不同客户群体因其思想、价值观等不同，使得引发 Y 变量变化的因素不同。比如，美国评分卡能比较好地控制风险就在于 90% 的美国人具有相同的价值观。

与此同时，政策、市场变化等会使得同一客户群的心理预期发生变化，从而导致过去的模型失败。为此，模型开发需要基于心理学等开发变量并选择合适的变量来实现分群建模。

9.3 变量的选择及处理

变量开发的前提是数据之间能正确关联，且数据质量有保证。在实践中，数据关联的逻辑不正确会导致变量错误，数据质量不高。在正确的数据关联基础上，数据的缺失率高的变量不能用于建模，而异常值需要修正和处理，比如，客户年龄超过 80 岁，则根据其行为、偏好等来修正以确保数据质量。

在确保数据质量无问题之后，模型开发人员即可基于各种方法，如 RFM 等来开发变量，或者基于算法来构造变量，等等。从多年的实践来看，以业务场景的关键点为基础，以人的心理、行为为核心所构造的变量效果最优。该方法所产生变量的信息值（Information Value，IV）等相对比较高，且业务含义比较明确，便于向使用者等进行解释，也能确保模型的稳定性。

通常，变量开发人员需要收集业务人员认可的变量，并不断与之探讨可能存在的变量，从而确保模型所用变量被业务人员认可，模型更容易落地。

基于业务场景来开发变量。比如，客户同时向多家机构申请大额度的贷款不仅表明该客户资金链出了问题，而且也可反映出不同机构的风险偏好等。因此，模型开发人员从该业务场景中开发出贷款申请机构个数、贷款申请的时间间隔、贷款申请金额、不同风险偏好机构数量等变量。

基于客户心理特征来开发变量。比如，客户过往信用记录往往蕴藏着客户的认知、意识等信息。通过其是否还款、还款逾期天数、贷款间隔、还款间隔可反映出客户对自身信用的重视程度等。因此，模型开发人员从中可开发出逾期天数、贷款间隔、平均逾期天数、逾期天数的标准差等变量。

基于客户行为来开发变量。比如，客户过往账户的操作行为反映了客户的还款习惯等，如取现频率、消费后通话次数等。因此，模型开发人员从中可开发出平均取现金额、平均取现间隔、平均消费金额、平均消费间隔、消费后平均通话间隔等变量。

除此之外，在计算违约率时，模型开发人员要充分考虑时间相依变量，使信用评分更符合客观实际[49]。在一些特殊产品中，模型还需要引入时间相依变量来提高模型准确性。

在变量开发出来后，模型开发人员需要对各变量进行探索分析，了解其缺失率、分布、均值、方差、各分位数等。一般来说，变量的缺失值超过40%以上的可建立规则，而方差小、分位数彼此之间无差异的可舍弃。

除此之外，变量在跨时间段是否稳健也很关键，因为模型的稳健性是以变量的稳健性为基础的。为了确保模型的稳健性，对变量需要进行分箱处理，分箱方法有等分、卡方、最近邻、优化算法等。变量缺失值超过5%的部分可单独作为一箱，而低于5%的则可与其他部分合并为一箱。

在单变量分析之后，变量、分箱后证据权重（Weight Of Evidence，WOE）对应变量之间的相关性也需要进行分析，并识别出其相关性是否为真相关，是否存在符合常识的因果关系。同时，通过偏相关来分析各变量与因变量之间的相关性大小。

变量之间相关性高是常见的。为此，模型开发人员可利用降维等方法来降低模型的共线性、相关性等，从而筛选出合适的变量作为模型的自变量是有必要的。根据理论和实践经验来看，自变量的选择依据为以下几方面。

（1）从统计学上看，根据变量之间的相关性高低、变量的 IV 大小等来选择变量。凡是 IV 小于 0.02 的都排除掉，这样可排除掉 60%的变量，而后根据变量之间的相关性来选择变量，从高度相关的变量中选择业务含义明确、稳定性高的变量。

（2）从稳定性上看，一些变量会随着时间、产品等的变化而变化，但有一些则不会。在选择变量时，不随时间变化的变量应作为通用模型的优先选项，而随产品等变化的变量应作为分群模型的优先选项。

（3）从商业价值上看，一些商业价值高，但 IV 低的也可以保留。

（4）从业务经验上看，对于业务上提供的变量需要进行分析，若有意义，则告知业务提供方；若相关变量无统计学意义，则可与业务人员一起探讨变量在业务上的含义，并重新开发。

（5）从上线和维护的成本上看，一些变量上线和维护难度比较大，建议不使用，如果非要用，就需要提前准备好方案。

9.4 模型结果的评测

在确定模型所需变量之后，建模人员即可利用现成的软件或自己开发的代码来运行计算，如 SAS、Python，甚至可以用 MySQL 等语言自己编写算法。算法或模型的运算过程主要通过最小二乘、最大似然、EM、遗传、迭代优化等算法来估算出变量对应的系数。当样本比较小时，SMOTE、Bootstrap 都可用于增加样本量，从而提高模型的稳定性等。

在模型或规则完成之后，一个关键的步骤是要评测其效果，如精准性、通过率等。在模型或规则的评测中，KS、AUC（Area Under Curve，ROC 曲线下方的面积大小）、提升度、得分分布等是常用的评测方法。一般来说，KS 需要在 30 以上，AUC 在 0.7 以上，得分分布要呈现出正态分布，且目标预测值、真实值要呈现出线性特征。

在实践中，仅仅有申请信息的申请评分卡的 KS 在 30 左右，而如果有征信报告数据，那么该申请评分卡的 KS 在 40 左右；行为评分卡的 KS 在 50 左右。

模型或规则的好坏不仅要参考训练集的评测结果，还要看测试集的评测结果，从而决定是否需要调整模型。但在实践中，模型或规则的好坏更要看样本外验证集的评测效果，尤其是跨时间的样本外验证集的评测效果，并分析评测效果随时间的衰退情况来决定是否要重建模型。一旦跨时间的样本外验证集的评测效果在一年以上仍能达到上线标准，则说明模型或规则的效果随时间衰退不大，其可用于生产实践。

9.5 模型校准与映射

在确定模型可应用之后，模型结果只具备区分和排序能力，风险量化的准确性则需要基于模型排序能力进行校准与映射[50-51]。

模型校准与映射的目的就是把模型结果映射到"真实"的比率（如违约率、响应率）中，并开发一个符合业务的主标尺，使模型的结果（分值、概率）可以和内部以及外部的评级映射起来，将抽象的模型评分转化为现实的比率，以便于后续管理。

信用评分模型校准是将模型输出的结果映射到真实的违约率中，并经过主标尺映射到客户的评级等级中。一般来说，评级结果需要满足如下条件。

（1）校准得到的违约率（Probability Default，PD）的平均值为长期违约率。

（2）校准后，主标尺各个等级的平均违约率应该和实际违约率相符。

（3）评级结果的分布应符合相关的实际情况和风险管理要求。

（4）每个评级的客户占比不超过一定比例。

基于评级结果所需要满足的条件，模型校准方法可转化为一个带有多约束条件的优化问题，即优化问题的目标：

$$PD = f(S)$$

式中，S 为信用评分模型输出的结果；PD 为违约率；f 为需要寻找函数来实现模型输出结果到评级和违约率的映射。

约束条件：

（1）$E(PD) = \bar{E}$，其中 $\bar{E}$ 为长期违约率。

（2）$Min_i \leqslant Spd_i \leqslant Max_i$，其中，$Min_i$ 表示第 i 个主标尺等级违约率下限，Max_i 表示第 i 个主标尺等级违约率上限，Spd_i 表示第 i 个等级下实际违约率。

（3）$Per_i \leqslant Point_i$，其中，Per_i 表示第 i 个主标尺等级下客户占比，$Point_i$ 表示所设定值。

该优化过程是一个不断试错的过程。常用的方法有 3 种，分别是从中心违约趋势出发的方法、从映射函数出发的方法、从分布出发的方法。用从中心违约趋势出发的方法计算长期违约率与模型输出分数之间的比例，并以该比例作为系数来调整模型输出结果；用从映射函数出发的方法建立违约率与模型输出分数之间的线性关系，求出相关的参数；用从分布出发的方法基于客户评级历史数据和信贷业务期望，通过调整分布和计算违约率来调整校准曲线，找到满足各个约束条件的打分值和违约率的对应关系。比如，穆迪等评级的主标度有多个风险级别，如 AAA 级的违约率上限为 0.05%，下限为 0.01%。

在实际操作中，主标度的等级需要更多，适当放宽高信用等级的违约率之差，比如，AAA 级的违约率上限为 0.09%，下限为 0.01%。同时，适当收缩中等信用等级的违约率之差，比如，CCC 级的违约率上限为 11%，下限为 13%，从而可以更好地管理各种风险。

9.6 模型监测

经过模型校准与映射后，模型就可以部署了。但其并不能立即参与业务决策，需要通过一段时间的试运行来监测模型或规则所用的变量是否准确、对应的代码运行是否顺畅，以及效果是否符合预期。在实践中，模型部署后会出现一些问题，如业务数据计算错误、代码出现遗漏等，都需要通过监测来及时发现问题，并及时解决。

在模型正常运行之后，通过分流的方式逐渐使用模型的结果。为此，需要监测模型的评分、逾期率等来判断模型的真实效果。

在模型全面使用后，模型的人口分布、得分、所使用变量、效果等都需要进行监测。通常，人们会利用人口稳定性指数（Population Stability Index，PSI）来评估是否发生偏移。在实践中，小于 0.1 的 PSI 是可接受的，它表示当前人口分布与建立模型的样本人口分布相似；在 0.1~0.25 之间的 PSI

表示该人口分布发生了一些变化；大于 0.25 的 PSI 表示当前人口分布已经发生了实质性偏移。

监测人员需要定期根据 PSI 的大小来判定是否需要详细分析，并找出引发 PSI 变大的真实原因，甚至更换变量和重新建立模型。

9.7 模型的常见问题和对策

在实践中，模型的常见问题之一是模型刚上线不久，其效果就开始大打折扣。其原因之一是少数建模人员过于追求评价指标、新算法或模型，而忽视了模型简约原则；过于追求算法，如深度学习等应用，而忽视了数据中的含义；过多考虑数据、模型等，而忽视了业务流程、业务核心；过于追求模型的迭代、上线速度，而忽视了模型开发应遵循流程、原则；等等。

正如经济学家林毅夫[52]所阐述，应以"常无"心态来观察世界上的各种事物，深入业务的实际，按照理性原则自己进行分析，自己建立模型。

其原因之二是经济环境发生了剧烈变化，导致人们的心理预期等发生了变化，模型使用的变量已经不再适用，从而导致模型衰退。这就是前面提到的，模型的变量应从客户心理、时间变化等出发。

模型常见问题之二是衰退的模型该如何像替换汽车轮胎那样，通过某种方式让其继续发挥作用，而非不断地开发新的模型。目前，这个问题尚无比较好的解决方法，只能开发新模型并兼容前期的一些特征。同时，根据实践经验来看，衰退模型可保留下来，同时建立新模型，而后新老模型同时使用。但这对风控策略的制定提出了新的挑战，即如何找到合适的阈值。

模型常见问题之三是模型开发过程中的衍生变量没有沉淀，导致后续模型开发又不断重复变量开发，甚至某些字段都无人知其含义。为此，模型建设需要独立的数据库、变量池等来确保相关经验、知识得以沉淀。

模型常见问题之四是模型所使用的变量过多。根据心理学中赌马实验所得到的结论可知，数据维度或信息量的增加明显增加了人们的自信，但对预测准确度的提高却影响甚微。同时，医生诊断病情的思维过程的一系列实验表明，搜集信息的完整性与诊断的准确性之间几乎不存在联系。模型的变量应控制在一定数量，避免出现共线性等问题。

模型常见问题之五是将基于模型评分所衍生的变量，如授信额度等，用作新模型的变量。其本质是从数据到数据，离开了场景、事实和业务，玩数字游戏，找到问题的表现而忽视了假设、证析等。为此，模型开发、数据分析人员等需要深入一线，与业务人员进行沟通、访谈，如此才能找到真正原因，并根据对应措施找到恰当的变量。

模型常见问题之六是模型被神化，而轻视数据分析等。这是因为数据分析常常缺乏明确的目标，或者将假设当成结论[53]等。数据分析通过提出初始假设、收集数据、运用逻辑推理、给出结果和建议措施，为模型开发提供坚实的基础，如有价值的变量、场景等。正如罗卫东所指出的那样，今天的经济学、金融学、统计学、计算机等专业学生更加注重学习各种计量工具，收集可检验的数据，从事建模和检验，而很少关注综合型能力[54]。也就是说，学生还需要学习心理学、经济学、商业意识等知识，从而确保模型能够真正落地。

在实践中，模型开发团队在不停地制造"武器"，但对这些"武器"在如何使用方面探讨少、研究少，更不用提如何让这些"武器"发挥到极致等方面了。关于风控策略将在第 10 章进行详细阐述。

| 第 10 章 |

风控策略

兵无常势,水无常形,能因敌变化而取胜者,谓之神。

—— 兵圣 孙武

风控
大数据时代下的信贷风险管理和实践（第2版）

风控策略的理念应是以好人为假设而找证据证明其为坏人。这是"无罪假设"，只要找到其有罪证据就认定为"有罪"，否则就是"无罪"，所以在可承受的范围内利用各种技术等来寻找"罪证"，可以快速做出判断。

风控策略的制定往往需要具有丰富的经验专家，因为在不同的业务目标约束下，可能有多套策略，但一般会选择出一套。同时，风控策略的制定也含有一定的数理统计意义，如可以借助优化算法来求解规则的最佳阈值。

以近7天同一GPS地址不同IP地址申请次数大于或等于N作为例子，该阈值取多少合适？ 有经验的风控策略专家将根据产品、具体业务场景给出阈值，如20；数据分析师会通过业务通过率、坏账率给出数值，如50。但该阈值将随着机构的业务量、地址详细程度等有所变化，如一个小区内超过10人同时申请贷款可认为存在欺诈；通过地推等方式获得业务，客户集中度高，该阈值可定为100。

风控策略是在风险、收益等条件约束下，通过规则、模型等组合应用，达到业务目标。机构的业务目标随着战略的不同而不同，因此风控策略不是一成不变的，需要随着市场趋势、竞争优势等进行调整，将风险、收益等分解到规则、模型等中，从而调整模型、规则的阈值，以及调整其组合，实现战略性风险管理。

风控策略表现为，对不同风险客户群体采取不同措施，如哪些客户被拒绝、冻结，而对准入、给予授信和放款的客户则需要给予不同授信额度并收取不同费用等[55-57]。其主要是基于产品特点、客户画像、实时行为来制定风控策略的。

本章重点介绍模型策略、新客户的授信策略、定价策略,而反欺诈策略、贷中策略和催收策略则放到后续章节进行详细阐述。

10.1 模型策略

在实践中,授信额度、利率都是依据信用评分来确定的。信用评分卡容易出现衰退现象,可能是申请评分卡模型本身没有出问题,而是评分卡模型策略及相关流程出了问题,因为在评分卡建设过程中,其评估包含了拒绝件,但在申请评分卡使用过程中,人们观察到的是其通过件的表现。

评分卡建设过程中的 KS 值是决定通过件的 KS 值的重要因素。但模型策略,如通过率,也是影响通过件的 KS 值的关键。为此,我们通过模拟评分卡使用过程来评估不同评分卡策略的效果,具体步骤如下。

(1)按照某 KS 值生成不同信用分,共 5 万样本。

(2)按照一定通过率来筛选相关样本。

(3)计算通过件的 KS 值。

(4)重复步骤(1)到步骤(3)共 1000 次得到通过件的 KS 值分布图。

借助该模拟方法,我们先模拟模型之后无审批等环节。在模型的 KS 值为 30 且在模型环节后无其他环节的前提下,模拟模型的 KS 值的直方图如图 10-1 所示。

在模拟过程中,模拟模型的 KS 值的均值为 29.78,其分布在 28~31.5 之间。根据经验,申请评分卡的 KS 值在这个范围内基本是可以用的。在通过率为 100%的情况下,通过件的 KS 分布与模型的 KS 分布应是完全相同的。

当模型策略按照模型的评分从大到小排序时，在不同通过率下，通过件的 KS 值的直方图如图 10-2 所示。其中直方图的横竖坐标含义与图 10-1 中的相同。

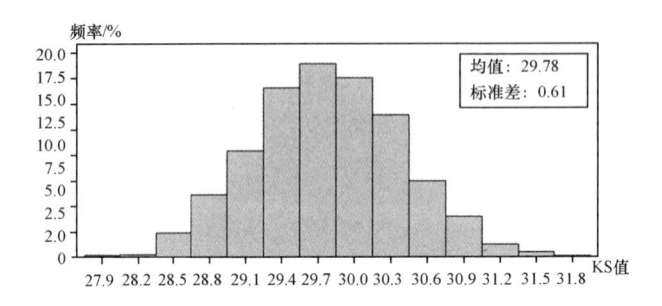

图 10-1 模拟模型的 KS 值的直方图

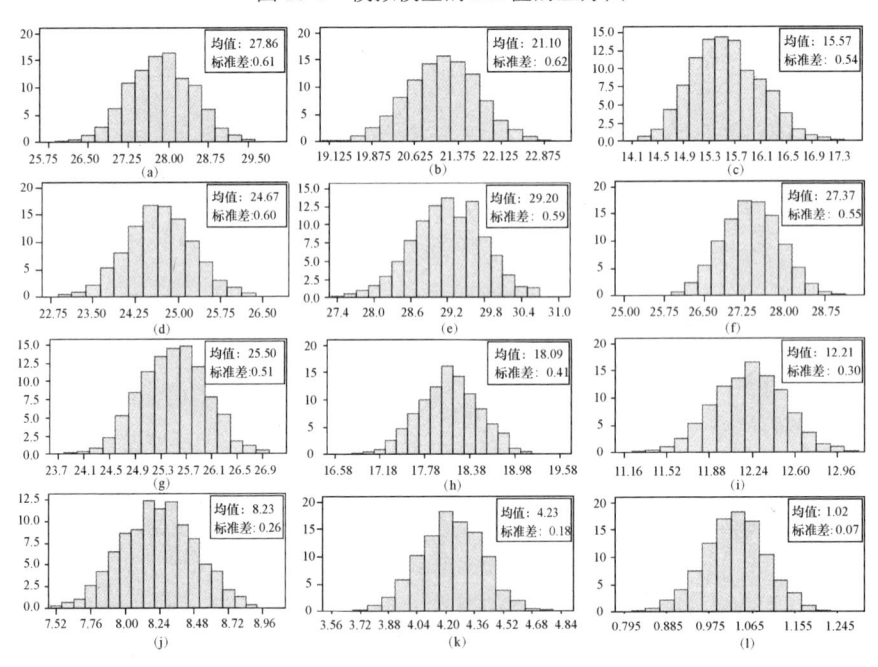

图 10-2 在不同通过率下，通过件的 KS 值的直方图

图 10-2（a）～（l）分别是通过率为 99%、95%、90%、75%、60%、50%、40%、25%、15%、10%、5%、1% 的 KS 值的直方图。其 KS 值的均值分别是 27.86、21.10、15.57、24.67、29.20、27.37、25.50、18.09、12.21、

第 10 章
风控策略

8.23、4.23、1.02，KS 值的标准差分别是 0.61、0.62、0.54、0.60、0.59、0.55、0.51、0.41、0.30、0.26、0.18、0.07。相对于模型 KS 值的均值为 29.78 而言，KS 值的均值先随通过率递减而递减，而在通过率为 75%之后又随着通过率递减而增加，在通过率为 60%时达到最大值，而后随着通过率递减而递减。各通过率下的 KS 值的标准差也呈现出与其均值相似的趋势。

在实践中，为应对 2017 年 10 月的政策变化，模型策略的通过率不足 5%，但该客户群表现不尽如人意。通过该模拟结果可知，低通过率导致模型策略几乎为随机挑选。因此，通过样本的 KS 值不仅受模型本身的 KS 值影响，而且与模型策略有很大关系。

在实践中，人们在模拟模型之后往往会增加人工复审等环节，但这些环节是否有效，往往众说纷纭。为此，我们通过模拟模型的不同通过率、不同人工复审等区分能力所对应的通过样本的 KS 值，从而来评估人工复审等的效果，并给出策略制定方法。

我们仍以 KS 值为 30 的模型为基础，给定一个固定的模型通过率，并增加了人工复审等环节，且人工复审等环节的区分能力是不同的，以人工复审等环节"好""坏"人的通过率为准，从而按照上述模拟方法进行模拟评估。

模型通过率为 75%，人工复审等对"好""坏"人的通过率组合对应通过件的 KS 值的直方图如图 10-3 所示。其中直方图的横竖坐标含义与图 10-1 中的相同。

图 10-3（a）～（i）分别是人工复审等对"好""坏"人的通过率组合为（45%，55%）、（49%，51%）、（50%，50%）、（51%，49%）、（55%，45%）、（60%，40%）、（70%，30%）、（80%，20%）（85%，15%）的 KS 值的直方图。其 KS 值的均值分别是 5.71、11.03、12.38、13.67、18.98、25.64、38.96、52.22、58.87，KS 值的标准差分别是 0.54、0.56、0.55、0.56、0.55、0.53、0.47、0.43、0.39。相对于模型通过率为 75%的 KS 值的均值

为 24.67 而言，人工复审等的 KS 值随着对"好""坏"人的通过率组合有所差别，"好"人的通过率提高而"坏"人的通过率降低，则人工复审等提高了 KS 值。同时，相对于模型通过率为 75% 的 KS 值的标准差为 0.60 而言，人工复审等有助于降低 KS 值的标准差。

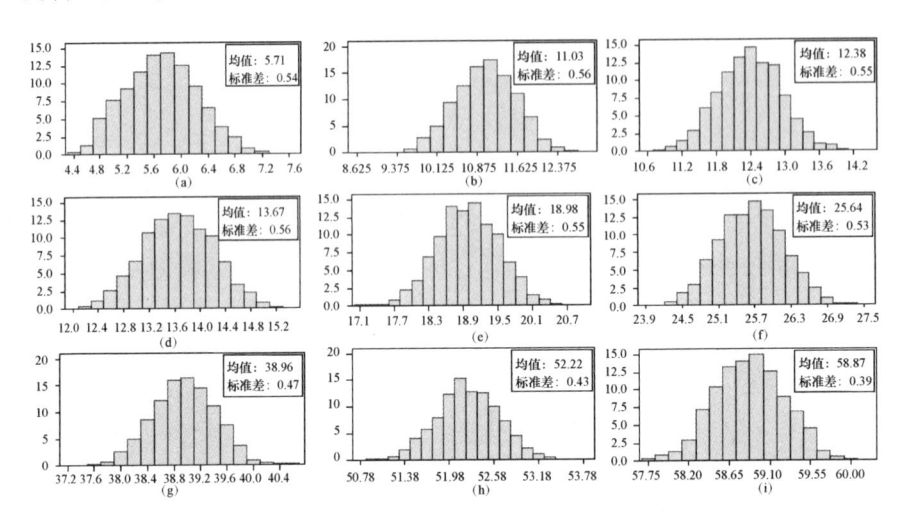

图 10-3　模型通过率为 75%，人工复审等对"好""坏"人的通过率组合
对应通过件的 KS 值的直方图

模型通过率为 50%，人工复审等对"好""坏"人的通过率组合对应通过件的 KS 值的直方图如图 10-4 所示。其中直方图的横竖坐标含义与图 10-1 中的相同。

图 10-4（a）～（i）分别是人工复审等对"好""坏"人的通过率组合为（45%，55%）、（49%，51%）、（50%，50%）、（51%，49%）、（55%，45%）、（60%，40%）、（70%，30%）、（80%，20%）（85%，15%）的 KS 值的直方图。其 KS 值的均值分别是 9.63、12.87、13.68、14.49、17.73、21.79、29.90、38.00、42.06，KS 值的标准差分别是 0.45、0.45、0.44、0.44、0.43、0.42、0.40、0.35、0.34。相对于模型通过率为 50% 的 KS 值的均值为 27.37 而言，人工复审等的 KS 值随着对"好""坏"人的通过率组合有所差别，"好"人的通过率提高而"坏"人的通过率降低，则人工

复审等提高了 KS 值。同时，相对于模型通过率为 50% 的 KS 值的标准差为 0.55 而言，人工复审等可降低 KS 值的标准差。

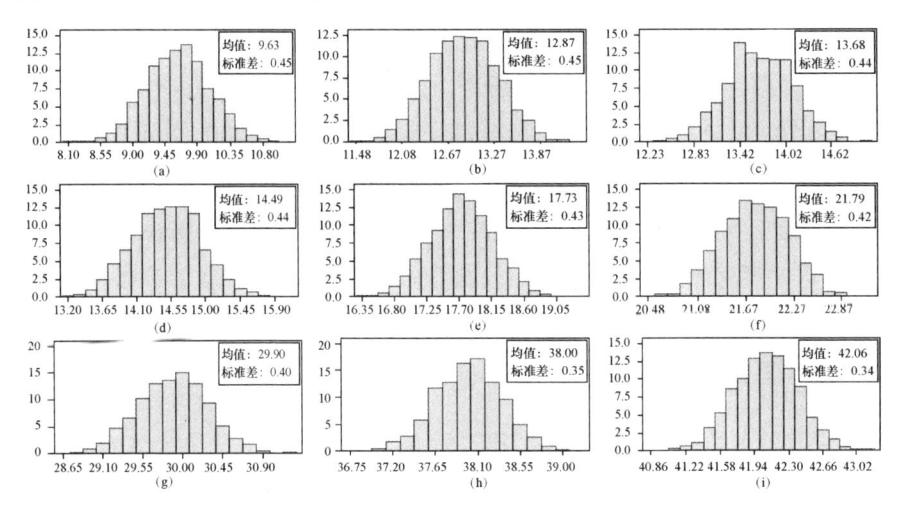

图 10-4　模型通过率为 50%，人工复审等对"好""坏"人的通过率组合
对应通过件的 KS 值的直方图

模型通过率为 25%，人工复审等对"好""坏"人的通过率组合对应通过件的 KS 分布直方图如图 10-5 所示。其中直方图的横竖坐标含义与图 10-1 中的相同。

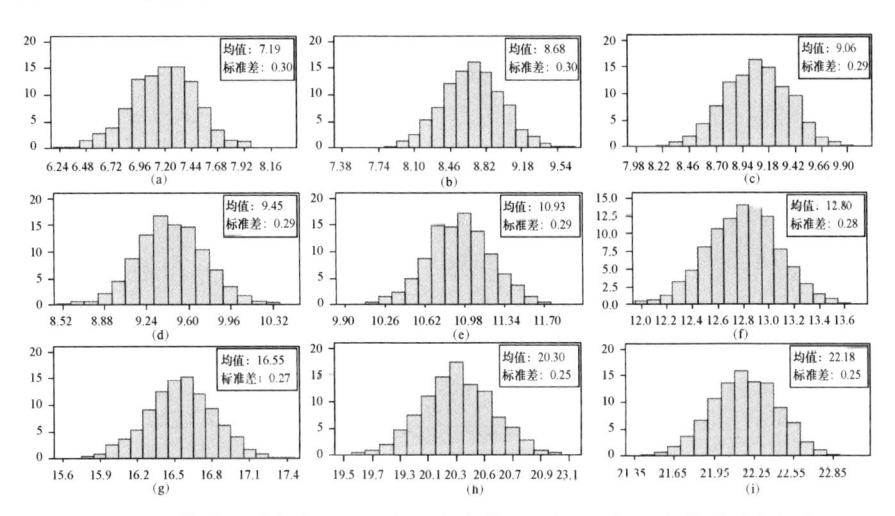

图 10-5　模型通过率为 25%，人工复审等对"好""坏"人的通过率组合
对应通过件的 KS 值的直方图

图 10-5（a）～（i）分别是人工复审等对"好""坏"人的通过率组合为（45%，55%）、（49%，51%）、（50%，50%）、（51%，49%）、（55%，45%）、（60%，40%）、（70%，30%）、（80%，20%）、（85%，15%）的 KS 值的直方图。其 KS 值的均值分别是 7.19、8.68、9.06、9.45、10.93、12.80、16.55、20.30、22.18，KS 值的标准差分别是 0.30、0.30、0.29、0.29、0.29、0.28、0.27、0.25、0.25。相对于模型通过率为 25% 的 KS 值的均值为 18.09 而言，人工复审等的 KS 值随着对"好""坏"人的通过率组合有所差别，"好"人的通过率提高而"坏"人的通过率降低，则人工复审等提高了 KS 值。同时，相对于模型通过率为 25% 的 KS 值的标准差为 0.41 而言，人工复审等可降低 KS 值的标准差。

从图 10-3～图 10-5 可知，模型环节之后加入人工复审等措施的效果主要是受人工复审等对"好""坏"人区分能力的影响，即模型策略之后放置风控能力有限的人工复审等措施，导致通过件的 KS 值降低，进而导致逾期率上升。在实践中，通过有无人工复审等的实验，有人工复审流程的逾期率比没有人工复审流程的要高 0.23% 左右。因此，模型本身的衰退也许没有人们想象得那么快，而是为了控制风险，上线了一系列看起来很好的策略，但这些策略导致整体逾期率上升。

图 10-3～图 10-5 也表明，即便两种方法的相关性很高，但其组合使用不仅可提高整体通过率，而且能大大降低逾期率，从而实现放贷金额上升，逾期率或坏账率不断下降的理想状态。在实践中，利用高度相关的字段建立两个评分卡，单个使用某个评分卡的通过率为 50%，则逾期率最多能控制在 13.6% 左右，但两个同时使用则可控制到 11.4%。因此，组合使用模型、规则等可控制风险并保证通过率。

除此之外，针对同样的 Y 值可根据不同数据源建立各自评分卡，而后使用多评分卡策略的效果，比将多个数据源融合在一起并建立一个模型的效果好很多。在实践中，基于征信报告的评分卡的 KS 值为 40，而基于某第三方数据公司数据所建立的评分卡的 KS 值为 38，将二者数据融合起来建立模型，KS 值则在 40 以下，但二者同时使用后的通过件的 KS 值可以达到 47。

在条件允许的情况下，风控团队可以使用更多的评分卡来不断平衡通过率与逾期率等。这是因为单个模型在数据变异、业务发生变化后很容易导致模型失效，而使用多个模型可以有效减少这种变异带来的不稳定性。

在组合使用多个模型时，为了提高评分卡组合的效果，模型策略可将某个通用评分卡作为基础，根据其评分高低建立不同的评分卡，增加不同分数段内的区分能力，从而提高组合使用模型的效果，或者基于相同数据对不同定义 Y 变量来建立多个评分卡，而后联合使用。

10.2 新客户的授信策略

新客户是客户群体保持增长的关键，尽管考虑到营销成本等可能是亏损的，但其是保持存量客户不断增长的关键。因此，新客户的授信策略是授信政策的重要构成。

对于同一家信贷机构而言，统一客户授信额度管理是必要的，如果客户的授信额度在某款产品已经用完，其申请另一款产品就应因额度不足等被拒绝。因此，授信政策需要统一授信，并根据信贷政策、机构资金使用等进行调整，以信贷资源有限并完成相关业务目标为根本，从而根据客户结构、行为、收益等来制定精准的策略。

新客户的授信主要以客户还款能力、违约成本等进行推算，但客户提供的各类信用余额之和不得超过该客户的一般授信额度。授信额度是根据各种数据和方法来推测客户可承受的额度范围，常用的数据一般是税收、银行流水等，然后根据评分卡、收入制定相应策略；或者，根据收入建立区间，并根据评分卡来给出不同收入、分数等的授信额度的权重系数；等等。对于积累了充足历史业务数据的机构而言，其可以通过强化学习算法等来优化自身的授信额度策略。

新客户的授信策略往往是以偏低的额度为主的，并为后续存量客户管理的授信策略留下足够的空间。同时，新客户的授信策略也需要有复审机制来确保授信额度测算准确、合理，不超过客户的实际承受范围，确保客户能按时还本付息，并决定是否进行调整以及调整多少。

对授信后，客户长期不使用，如 2 年内不使用，则其授信额度应被清零。当客户要恢复其授信时，该客户需要按照要求提交资产、收入等证明来恢复其授信额度。

在大数据时代，风险管理已经足够精细化，但很多机构的授信管理仍比较粗糙，导致不能精准控制风险。

一些机构的授信策略往往以评分卡为基础，某固定分数段给出了固定的额度，如 288~328 分的授信额度为 2000 元，而 263~287 分的授信额度为 1500 元等。

精准的授信策略需要准确地识别客户的还款能力，即总收入-消费支出-还款支出。这就需要准确估算出客户的收入、消费金额等，而后测算其剩余部分能否按期还本付息等。

如果机构无客户的准确收入数据，那么可根据客户的相关地域所对应的可支配收入来估算出客户的收入，或者根据客户消费来估计其收入，如基于恩格尔系数，即食物消费占比为个人客户收入的 8%，类似以客户话费占收入的 1%~5%等来计算客户收入。

如果机构无客户的消费金额，那么可以根据客户的关联地区所对应的消费来估算出客户的消费额度。同时，机构可通过征信报告等估算出客户的外部借款等信息。如果机构无征信报告，则可通过客户行为数据等，如安装 App、通话记录，来估算出客户的外部借款信息。

第 10 章
风控策略

除此之外，机构还可以通过实验来调整授信策略。在实践中，机构可根据模型的分数进行分段，而后按照每个分数段给出多个授信额度，通过人为制造差异并根据其还款表现来确定授信额度。比如，在某个分数段内，按照原有授信策略是固定的 2000 元授信，但针对该分数段的客户可随机，或者根据不同分数授予不同的额度，如 1900 元、2100 元等，而后根据其还款的逾期来确定授信额度，如此不断调整授信策略。这种方式是在客户的信用风险无差异的情况下，找到合适的授信额度，避免高授信额度引发逾期等。

在实践中，一些好客户按照授信额度可能是 2000 元，但给予其更高的额度，如 2200 元，其逾期率保持不变，甚至降低。这是因为客户在获得授信后会根据授信额度来选择是否使用该额度。当好客户的授信额度低时，他会选择不使用，而授信额度提高了，更多的好客户选择使用。但好客户中的坏客户数量相对稳定，甚至不变，该群体的逾期率也就保持不变，甚至下降。

不仅如此，如果好客户的授信期限短，那么他也将选择其他机构的信贷服务；但若好客户的授信额度高且期限长，那么他会将资金投入其他用途上，进而产生道德风险。因此，精细化的授信策略不仅要考虑额度，而且要考虑授信期限等。

授信期限是信贷服务的核心要素。在授信条件不变的情况下，客户被允许在授信期限内提款，而在宽限期内或当前逾期，则不允许客户提款。

授信期限也将决定客户的用款时长、还款日期等。机构与客户签订合同等的还款日应同时满足两个条件：①合同期限必须小于或等于授信期限；②还款日最长不超过批准授信期限加宽限期，其中宽限期一般不超过 6 个月。信贷产品的期限超过 3 年的，授信策略还应设定首笔提款期和其他期限控制要求。

为了确保授信策略更精准，授信策略实施过程中要留下适当的样本进行对照比较，并为后续精准估算出授信策略变更的效果做好准备。在决策引擎不支持对照测试的情况下，授信策略可留下少量信用相似或相同的客户，以便于量化授信策略的效果，以及确定优化的方向。

与营销、准入、反欺诈、模型等策略执行后可立即生效不同，授信策略具有滞后性或波动性。通过多次授信策略调整经验来看，授信额度调整的效果往往需要滞后 5～7 天才能表现出来，且在滞后期内逾期率波动比较大。因此，授信策略的调整需要特别谨慎。

在 2017 年 4 月 13 日前，某互金平台的平均授信额度为 1400 元且逾期率为 15%，将其授信额度提高到 2400 元以上后逾期率为 21.4%。为了降低该逾期率，该平台将其授信额度降低到 1300 元，但逾期率仍有 19%；为此，进一步降低其授信额度，直到平均授信额度为 730 元，其逾期率为 15.8%，仍高于 2017 年 4 月 13 日之前的水平。从其坏账率上看，2017 年 4 月 13 日以前平均授信额度为 1400 元且坏账率为 8%，而将授信额度提高到 2400 元以上后坏账率为 11.5%，再后来为了控制逾期率将授信额度降低到 1300 元，但坏账率仍达到 13.8%。因此，授信策略的调整需要慎重。

形象地讲，授信策略的调整就类似于为了在海里钓到更多鱼而撒了少量的带血牛肉。其不仅将目标鱼群吸引过来，而且也将鲨鱼吸引过来。模型、反欺诈规则就类似于抵挡鲨鱼的措施，但在这些措施不变的情况下，人们为了钓到更多的鱼而向大海撒下大量的带血牛肉，这不仅将更多目标鱼吸引过来，而且将更多鲨鱼吸引过来。此时，即使人们只是恢复到原来只撒少量的带血牛肉，但正在向该海域游来的鲨鱼是不会停下来的，并将越聚越多。此时，机构只能降低授信额度，并收紧模型、规则等来避免其他鲨鱼游过来。

从资本稳定系统的信用[2]角度来看，信贷机构提高客户的授信额度是指机构对客户的信任增强，但期限等跨时空、信息不变，从而使得流动性相对变差,守约交换相对难以达成。从资本稳定系统的稳健收益[2]角度来看,客户的收入不变而授信额度提高,则其支收之比、杠杆率、收益率上升了,但授信所对应的利率,即价格无显著变化,则客户的稳健性变得不差了。因此,授信策略的调整需要考虑得更全面一些。

10.3 定价策略

定价策略决定利润[58],同时也决定客户群体。定价策略的确定需要参考的信息很广泛,因而需要多方参与。比如,财务负责人会从财务更健康的角度来制定价格策略,销售负责人会从销量最大化来定价,等等。根据需求价格理论可知,正常商品的价格越高,其需求量越低;而根据生产厂商理论可知,正常产品的需求量越低,其平均成本就会越高,单位产品的利润则会越低。因此,定价应从利润角度出发。

利润等于销量乘以价格后减掉成本。长期以来,人们非常关注销量、成本,而忽视了价格,但价格与营销不分家。当前,信贷机构都是根据整体的损失率、期望利润、运营成本等获得一个定价的,而后以此为基础并根据每个客户的信用状况等采用个性化定价策略。

不同机构的定价策略需要根据其价格、替代品的价格来预估顾客的反应,而量化顾客反应才是定价的核心,价格反应预估系统如图10-6所示。一般情况下,价格反应的预估方法采用专家判断法、顾客调查法、价格实验、历史性市场数据分析等。专家判断法是收集专家判断后给出最低价格、最高价格、"平均"价格所对应的销量数据;顾客调查法是直接询问顾客在特定价格或价格变化后决定购买的数据;价格实验是指商品确定不同的价位,而后通过实际销售来观察不同价位的销售情况,其前提是产品上市,且针对整个产品。基于价格、销量等数据,机构可建立价格反应函数,进而估算出不同价格对应的销量和毛利润率,找到毛利润率最大点对应的价格,即为最终定价。

除此之外，价格可以通过历史业务数据来测度，联合测度法以货币形式来表示产品价值与属性价值。如果是历史数据，那么可以观察客户面临的一系列可供选择的相互替代产品，这些产品的属性不同，其价格也会不同，可以通过统计方法分解出不同属性产品的价格情况。如果是用调查的方法获得的相关数据，那么可以模拟出顾客的真实情况。

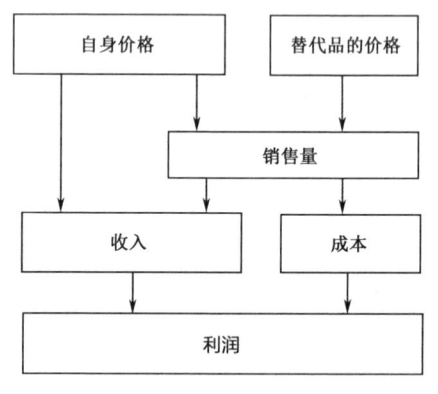

图 10-6　价格反应预估系统

目前，信贷的定价策略分别是成本加成定价、基准利率加点定价、客户盈利分析定价[59]。

成本加成定价的公式为：贷款利率=资金成本+运营成本+预期利润水平+风险补偿，但该方法以经营盈利为目标，避免了恶性竞争，其前提是信贷机构对自身的成本、客户可承受的利率要有清晰的认识。

基准利率加点定价的公式为：贷款利率=基准利率+风险补偿数=基准利率×风险溢价乘数，该定价是在市场基准利率的基础上加入不同水平的利差，可实现个性化定价，但缺点是，它以市场竞争情况为依据，不能确保信贷机构盈利。

客户盈利分析定价策略主要是比较客户的利息收入是否大于为客户提供服务的成本和银行利润之和，更加注重在客户的各项业务中得到可持续和稳健的收益。

RAROC（Risk-Adjusted Return On Capital，风险调整资本回报率）是相对科学地比较不同部门、产品或客户的收益和发生损失的可能性，其计算公式为：

$$\text{RAROC} = \frac{\text{净收益} - \text{预期损失}}{\text{经济资本}}$$

根据 RAROC 进行定价是因为根据巴塞尔协议规定，机构应对相关资产的预期损失提取损失准备金，相关资产的非预期损失要准备资本来吸收利润都无法消化的非预期损失（Unexpected Loss，UL）。但这些资金都是有成本的。

依据 RAROC 的定价公式为：

$$\text{贷款利率} = \frac{(\text{RAROC} - i) \times \text{EC}}{L} + i + c + \text{el} + f(\mu)$$

式中，i 为资金成本；EC 为经济资本；L 为贷款金额；c 为经营费用率；el 为预期损失率；$f(\mu)$ 为根据客户贡献度等计算的利率浮动幅度。

一般来说，经济资本是为了消化非预期损失，即非预期损失与经济资本等价。因此，依据 RAROC 的定价公式还可为：

$$\text{贷款利率} = \frac{(\text{RAROC} - i) \times \text{UL}}{L} + i + c + \text{el} + f(\mu)$$

式中，UL 可通过违约率、违约损失率、风险敞口等估算出来。

上述定价策略是从机构自身出发的，容易执行与落地，但其忽视了资产之间的相关性、客户选择等，从而导致定价策略不够精准。

精准的定价不仅要考虑机构，还要考虑资产之间的相关性、客户损失等，个性化定价如图 10-7 所示。

根据图 10-7，贷款利率不仅要考虑资金成本、运营成本、预期利润等，而且要考虑由客户相关性带来的预期损失、非预期损失等。

一般来说，定价策略要确保定价可覆盖风险损失与成本等。在实践中，期限短且额度小的信贷产品往往价格高，其原因就在于信用好的客户会因期限短、额度小而不为所动，从而导致使用贷款的客户中坏客户的占比升高，进一步导致其预期损失高，所以该类产品采取了高价格策略。

定价策略取决于风控能力。比如，信贷产品期限为3个月，年化利率为18%，客户所付的名义利率为3%，但若客户坏账率为1.6%，则该定价可覆盖风险。若信贷产品期限为1个月，年化利率仍为18%，则客户所付的名义利率为1.5%，但若客户坏账率仍为1.6%，则该定价就无法覆盖其风险。为此，简单的方法是提高定价；好的方法是通过运营来提高客户的再次用款率，从而选择出优质客户；更好的方法是提高风控能力，为降低价格并提高额度做好准备。相应地，信贷产品期限长且额度大，其定价要低一些。

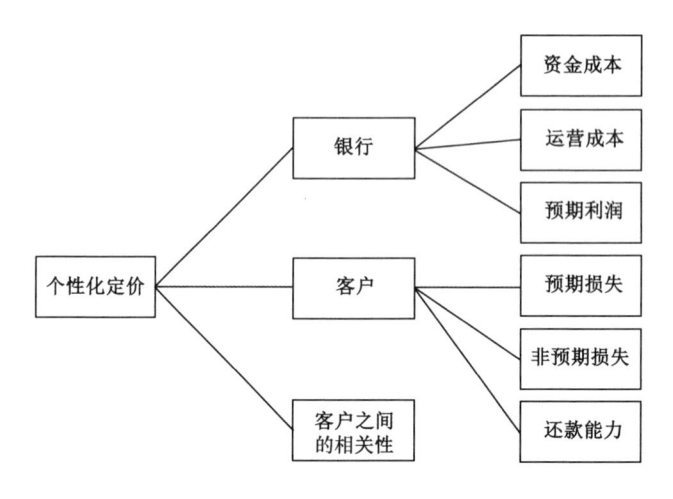

图 10-7　个性化定价

在实践中，不同产品的定价策略往往是不同的，如现金贷、消费贷、抵押贷、信用卡等。比如，在信用卡业务中，消费、余额代偿（Balance Transfer，BT）和信用卡提现（Cash Advance，CA）的定价策略也是不同的。

一般来说，余额代偿是将一张信用卡（前者）的钱转入另一张信用卡、贷款或银行账户（后者），从而达到将后者的欠款转移到前者的目的，其本质就是银行出钱把客户在其他家的欠款买过来，放在自己家的产品上。为此，其定价策略需要采取低利率等，或者通过释放信用卡额度的方式来吸引客户。

与余额代偿类似，信用卡提现就是从信用卡中取得现金或现金等价物。其本质是现金贷业务，风险比较高。因此，信用卡提现的额度一般比较低，如授信额度的 1/5，同时其价格比较高，且无免息期。

一般来说，信用卡消费有低利率、免息期等，消费只要有免息期，在出账单后的到期日（Due Date）之前还清就可以免利息。

对于余额代偿和信用卡提现来说，其各自利息就是该账单周期内的日平均余额×账单周期内天数×各自年化率/365。

信用卡消费的利息和费用的计算则比较复杂，主要取决于以下 3 个因素。

（1）有无免息期。

（2）前一个账单周期的消费余额是否在到期日以前还清。

（3）一个账单周期或两个账单周期。

当信用卡消费无免息期时，其利息计算方法与余额代偿的利息计算方法相同。如果其存在免息期，且前一个账单周期的消费余额在到期日前已还清，那么该账单周期内消费金额可免利息。

如果前一个账单周期的消费余额在到期日以前仍未还清，那么其计算方法是根据有多少个账单周期来进行的。如果只存在一个账单周期，那么前一个账单周期的账单上的消费余额和本账单周期的新消费余额合并在一起，扣除还款部分，来计算在本账单周期内的平均每天用款余额；如果存在两个账单周期，那么其利息计算方法要把前一个账单周期的平均每日余额和本账单周期的平均每日余额二者加在一起，除非前一个账单周期的余额已经被计算利息。

在大多数情况下，信用卡消费的定价策略都有免息期，采用一个账单周期计算利息的方法。假定一张信用卡消费，账单日是每个月1日到月底，到期日是下个月的20日，消费的年化率是12%。

假设在12月10日该信用卡消费了3000元，如果该消费金额在到期日1月20日之前还清，那么该笔消费就不会产生利息。如果该消费金额没有还清，如在1月10日只还了1500元，那么还剩下1500元为未还余额。假设在1月20日又花了2400元，那么1月1日到1月31日这个账单周期内日平均余额等于（3000×9 + 1500×10 + 3900×12）/ 31 ≈ 2864.52（元）；而后，该账单周期内日平均余额乘以平均日利率以及账单周期的天数就是利息，即29.19元；最后，在1月31日的账单上的消费余额为3929.19元。如果在2月11日把1月的所有余额还清，那么2月的新消费金额免利息，只对1月份遗留的消费计算利息，结果是：(3929.19×10) × 12%/365 ≈ 12.92（元）。

在上面的例子中，如果存在两个账单周期，那么其利息的计算方法为：（3000×22 + 3000×9 + 1500×10 + 3900×12）×12% / 365 ≈ 50.89（元）；最后，在1月31日的账单上的消费余额就是3950.89元；如果在2月11日把1月的所有余额还清，那么2月的新消费金额免利息，只对1月遗留的消费计算利息，结果是：(3950.89×10) × 12%/365 ≈ 12.99（元）。

10.4　人工复审与问卷调查的风控策略

在实践中，一些机构将反欺诈、模型等结果分为通过、拒绝、人工介入。因此，人工复审是风控流程的重要构成。

一般来说，人工复审可分为人工审核、电话审核等。人工审核往往从交验信息出发，如一些视频、图片信息等。视频的存在主要是验证客户是其本身，如观察其背景等来预防团队欺诈，通过客户读相关规定内容确保客户知晓自身的责任与义务。该环节可通过视频分析、图像识别等来自动识别，从而降低人的标准不一等问题。

电话审核是否有助于控制风险是存在分歧的。因为一些业务显示电话审核可降低逾期率，大约降低0.3%，而另一些业务显示电话审核使逾期率更高了，大约提升了3.3%。通过成本-收益核算可知，电话审核不经济。

电话审核的根本作用在于确定客户的电话是否通畅。其核心逻辑在于：通过电话是否接通、是否被拒绝可以识别出一定的风险，因为客户在借款时都不愿意接电话，而一旦客户借款并逾期后就更不可能接电话了。在真实的业务场景中，电话未接通或被拒绝次数在两次及以上的占比达到8%左右，其逾期率也比正常水平高出0.05%左右。因此，核准电话是否为空号或停机，以及确定电话未接通次数等风控策略是有助于降低风险的。该策略可由人工拨号改为自动拨号。

为了避免对客户的电话骚扰，电话审核的内容可以以问卷的形式出现在申请流程中。问卷的题目设计需要以能校验，客户本人知道、信贷机构知道，但其他人不知道为基础。同时，为了使客户准确理解问卷题目的含义，问卷题目设计以口语为主，其目的用于身份核验、信息交验等。

根据实践经验，该类问卷中题目数量控制在2~6个。问卷回答需要设定一定的时间，以避免影响后续环节，如2道题目设定为90秒，3~4道题目建议设定为150秒，5~6道题目建议设定为180秒。该时间的期限需要根据通过率、逾期率等来设定。

类似电话审核给客户多次机会，问卷填写也需要给客户多次机会来填写。根据实践经验，没有填写完的问卷有 2 次机会继续填写，因为一般第一次填写并通过达到 87%，第二次填写并通过达到 70%，第三次填写并通过达到 53%，则问卷环节可覆盖 98.7%的客户。总之，问卷策略主要从问卷内容、答题时长、通过率等进行优化。

10.5　数据及 A/B 测试中的风控策略

在现实中，人们可获得的数据有很多，而且从客户画像角度所收集的数据几乎都能有效控制风险。

在大数据时代，风控策略是离不开数据的。但数据需要不断更新，且数据获取是有成本的。为此，数据策略要考虑收集数据的优先级、存放于何处、如何整理和使用。

在实践中，80%的数据是无效的。因此，数据策略要明确哪些数据是必需的，哪些数据是可选的，哪些数据是要舍弃的。数据收集后，数据需要进行分类整理、验证、剔除无效信息，最终得到整理好的数据，只有这些数据才是真正可用的数据。

在数据使用过程中，数据关联是关键的环节。合理的数据关联也将不可避免地出现一个指标多个值等情况。为此，数据策略针对这些情况，要建立数据质量保护层。比如，一个客户可以从多个渠道进行申请，假设渠道是风控的一个指标，则首先设置一个数据质量保护层来确保评分卡和规则稳定运行，同时可以在数据质量保护层中调整策略。数据需要不断更新。因此，风控的各种黑名单等数据需要实时更新。

在风险管理中，人们会通过对照实验来评估各种策略的效果。在大数据时代，A/B 测试是收集数据的重要方式，即通过客户的表现来选择最优的策略。

A/B 测试需要以人群为基础，要有客户画像，而后针对不同群体采取不同的群体策略，并做好数据注释等，以便于数据分析和使用。

10.6 基于矩阵和优化的风控决策

风控策略往往关乎着风控决策。在实践中，各种模型、规则等对客户进行分类，但其并没有给出该如何决策。为了提高决策的准确性，矩阵决策被经常使用，比如，在营销中，运营人员可将信用评分、市场反应评分组合成二维矩阵进行决策；在存量客户管理中，相关人员可以将行为评分、流失倾向评分、冻结评分组合成三维矩阵进行决策等。

矩阵决策的特点是根据评分分布、经验、直觉等来判断矩阵的最佳组合方式，从而做出决策，但常用的方法还是通过优化算法来从矩阵中找到合适的策略。

在一定的限制条件下，优化算法可选择某一种决策或决策组合来使用。比如，美国第一银行利用马尔可夫决策过程来选择每个客户的价格、授信额度组合，从而实现了整体投资的净利润最大化，充分利用历史的购物、支付、盈利和逾期来决定额度调整幅度、定价调整幅度，并实现了年净收益超过 7500 万美元[60]。在风控决策的优化中，优化可分为局部最优化和全局最优化。

局部最优化是指对某个模型的某个分数段，或者客户分层中某个层或几个层，或者仅考虑当下而不考虑过去和未来所做出的最优决策。比如，利用行为评分来进行提高额度，行为评分在 580~590 分之间，提高额度的幅度到底是 1000 元还是 1500 元？这就需要根据这个分数段相应测试数据的表现来进行优化了。

整体最优化是指对整个信贷机构某个产品或多个产品的利润等做出最佳的决策。比如，信用卡的提高额度、调整利率从客户的历史、未来等考虑，以达到整体利润最大化。

风控策略利用矩阵、优化方式是指充分利用各种模型所蕴含的各种信息或指标等，进行系统性思考和衡量，在充分、客观地评估各种决策后果的基础上选择相对最优的决策。

| 第11章 |

反欺诈分析和挖掘

在金钱面前,每个人都是容易堕落的动物。

—— 经济学家 乔治·阿克尔洛夫

在我国，70%～80%的信贷损失是由欺诈造成的，其中80%的欺诈是由于团伙欺诈造成的。根据金融专家鲍忠铁的跟踪分析：网络"黑产"直接从业者超过40万人，网络"黑产"辅助上下游人员都算上超过160万人；游离在市场上的身份证约有1000万张；三件套或四件套（身份证、手机卡、银行卡、网盾）的价格为500～1200元；网络"黑产"年产值在1100亿元以上。

一些欺诈者通过"黑产"开班等模式发展新学员，或者通过社交媒介相互介绍经验，甚至一些熟悉者作为中介协助其欺诈。欺诈者会形成联盟对某机构进行试探和测试，而后总结经验，并在欺诈者之间进行分享和学习，相互提供支持。这进一步放大了欺诈风险。

在实践中，一些机构过于依赖白名单或黑名单、身份验证、生物验证等，但第三方的黑名单不一定真实、可靠，因为其场景不一定是来自信贷方面的；身份验证容易被攻破，而生物验证容易被技术绕过。少数风控人员过于在意技术、数据，过多数据或规则、模型等使其盲目自信，从而忽视欺诈场景的研究，导致欺诈率比较高。

11.1 欺诈的定义

在不同场景下，欺诈的定义是不同的。《韦氏词典》中对欺诈的定义是：一种设圈套、耍花招或欺骗的行为，特别是与事实不相符的陈述；一种故

第11章
反欺诈分析和挖掘

意的错误表达和伪装,或者诱导另一方依赖该错误行为而放弃真正有价值的事情,或者屈从于某项法律权利而不进行信息披露。美国《通信欺诈法案》中的欺诈是指任何骗人的计划或骗术,或者通过虚假或欺骗性的言辞陈述及承诺以得到现金和财产。美国注册舞弊审查师协会认为,欺诈是职业性的欺诈和渎职,因而他们将欺诈定义为:利用某人的职权,通过故意不适当使用或不适当应用公共机构的资源或资产,追求个人的富足。美国曾经的欺诈者、现在的欺诈后果宣传者巴瑞·明科认为,欺诈就是以真实为表皮而其内里填满了谎言。

欺诈的本质是通过伪装、修饰等手段使自身看起来像真的目标客户一样来迷惑对方,从而非法获得相关利益,进而导致对方损失的行为。

欺诈类型主要包括信息冒用、信息伪造、信息虚假、组团骗贷、中介包装等[61]。信息冒用就是通过各种方式获取他人信息,并冒充他人的行为;信息伪造就是通过技术等对信息进行伪造,如身份证号伪造、通信录伪造等;信息虚假就是通过美化等方式让自己本来不符合要求的信息变得符合要求;组团骗贷主要是通过各种关系,形成团伙进行欺骗等;中介包装就是通过熟悉机构规则的人或组织对自身进行包装,如更换具有良好通信录、通话记录等的手机。

从欺诈人员的组成来看,欺诈可以分为个人欺诈和团伙欺诈,其中团伙欺诈又可分为家族式团伙欺诈、联盟式团伙欺诈、公司式团伙欺诈,团伙欺诈还可以分为1人M个、N人1个、N人M个信息的欺诈团队。

从欺诈信息的角度来看,欺诈主要分为申请信息欺诈、申请人身份欺诈、交易信息欺诈、交易身份欺诈等。申请信息欺诈主要有申请手机号、设备、地址、通信录、通话记录、申请信息完整性、联系人关系欺诈等;申请人身份欺诈主要有冒用、虚假身份欺诈等;交易信息欺诈主要有设备、地址伪造等;交易身份欺诈主要有账户冒用等。

从欺诈手段的角度来看，欺诈可以分为3种类型：①高技术的非法入侵或违规操作，如利用电子病毒获取不正当利益；②提供虚假信息、冒用身份或虚假信用资料进行欺诈；③隐瞒重要信息进行欺诈。

从欺诈主动性的角度来看，欺诈分为以下3种。

第一方欺诈：欺诈者是客户本人，如其无还款意愿而提供虚假的信息，或者利用机构的规则来提高自身信用值，并在某个信用值获得相应足够额度的贷款后就不还款了，等等。

第二方欺诈：欺诈者非客户本人，但欺诈者与客户相互认识，如客户的姐妹、兄弟为欺诈实施者。

第三方欺诈：欺诈者非客户本人，且彼此不认识，即客户也是受害者，欺诈方式主要是信息冒用、账号盗用等。

美国反舞弊专家唐纳德·卡瑞塞建立了欺诈三角理论来解释为何人们会进行欺诈。其结论是，相互关联的动机、机会和借口同时出现时，欺诈倾向就会出现。其中，动机是人行动或反应的内在动因，暗示着某种情绪或需求；机会是允许欺诈发生的有利条件，主要是利用信息不对称和控制机制不健全的漏洞；借口是欺诈者对其欺诈行为给予了合理化的解释。

欺诈者的欺诈行为具有惯性，且容易传染。因为欺诈行为的不劳而获使原本遵纪守法但意志不坚定的人也变成了欺诈者，随着群体内欺诈者的逐渐增加，最终形成了群体欺诈或团伙欺诈。

11.2　欺诈的界定

在信贷分期产品上，欺诈与信用风险的区别很明显，如从第一期就不还则为欺诈，而客户在初期进行还款，而后续某一期或几期不还则为信用风险。

在实际中,期限比较短(如1个月)的信贷产品的欺诈与信用风险可通过客户还款的迁移率变化来区分。以周迁移率为基础,其变化转折点最大的地方就是欺诈与信用风险的区分点。在该区分点之前,或在该区分点之后仍还款的,客户主要表现为信用风险,而在其之后仍未还款的则可视为欺诈,如图11-1所示。其中,W1~W2表示逾期一周迁移转变逾期二周的比率,其他类似。

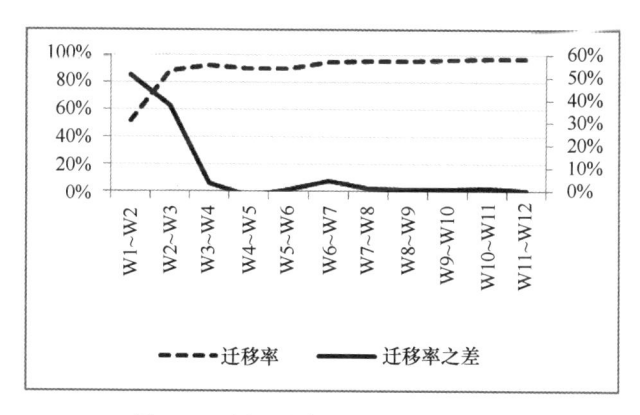

图 11-1　周迁移率及迁移率变化之差

根据图11-1可知,该区分点在6~8周之间,即逾期60天以内的客户主要表现为信用风险,而逾期超过60天仍未还款的客户则为欺诈客户。

11.3　协同反欺诈

当前,欺诈产业链主要由骗贷方、助贷供应商、信息供应商等构成,如图11-2所示。其中,骗贷方会采取个人方式、团伙方式、优势技术方式等来欺诈;助贷供应商会扮演各种不良中介,并提供各类攻略等;信息供应商会提供各种数据,但其数据往往来源相似,具有某种规律,如信息供应商借助黑客等获得了一些大型互联网机构的数据。

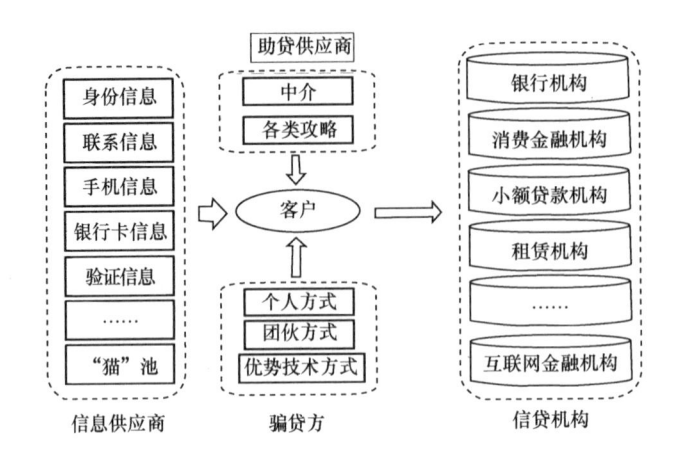

图 11-2 欺诈产业链

欺诈者已形成了联盟，因而反欺诈就不能单打独斗，而需要协同起来。同时，欺诈与反欺诈是持久的人与人之间的对抗，且欺诈方也是善于学习的聪明人，因而这种对抗的持久性决定了反欺诈需要不断学习与协同。

在机构内，反欺诈不仅是反欺诈团队的事情，也是技术团队、运营团队、市场团队、催收团队的重要事情，如图 11-3 所示。

反欺诈应以反欺诈团队为核心，其他团队协同。反欺诈团队又可分为反欺诈规则和模型团队、反欺诈复核团队。反欺诈规则和模型团队主要基于欺诈场景，借助数据制定规则、模型和社交网络分析等。反欺诈复核团队通过深入调查欺诈案例等，总结新的业务场景，为反欺诈规则和模型团队提供场景和案例，并确认符合其规则或模型的案件是否为真实的欺诈。

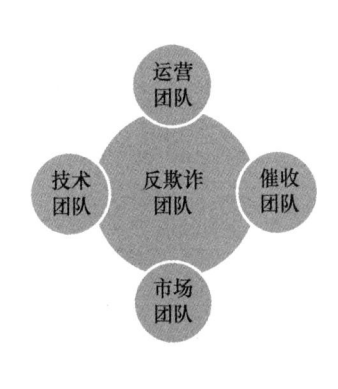

图 11-3 协同反欺诈

在实践中，一些欺诈会利用技术等，因而需要技术团队支持，如钓鱼网站、代理 IP、陀螺仪等；运营团队可根据反欺诈团队的反馈调整运营方案来防范欺诈；催收团队主要可为反欺诈提供丰富的场景、案例等。

因此，协同反欺诈主要是反欺诈团队研究场景和案例，建立规则和模型来防止欺诈发生；反欺诈复核团队主要针对规则和模型拒绝的客户进行复核，并总结案例；催收团队根据催收过程中与客户的沟通情况，可以为反欺诈团队提供一些案例便于研究和制定策略；技术团队根据反欺诈团队制定规则和模型所需要的数据进行采集、沉淀等。

在实践中，业务场景、行为模式是会不断重复的，因而反欺诈的方法可以是规则和模型。但欺诈者联盟也会学习新技术等，因而反欺诈需要保持对欺诈新模式的研究与探讨，更需要使用合适的反欺诈方法。

11.4 反欺诈方法

反欺诈方法主要有规则和模型，如图 11-4 所示。但什么场景用规则，何时用模型，则需要针对具体数据、业务等进行分析。

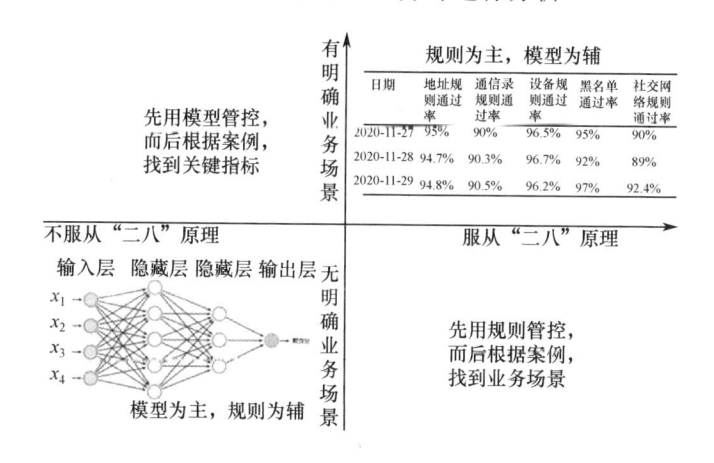

日期	地址规则通过率	通信录规则通过率	设备规则通过率	黑名单通过率	社交网络规则通过率
2020-11-27	95%	90%	96.5%	95%	90%
2020-11-28	94.7%	90.3%	96.7%	92%	89%
2020-11-29	94.8%	90.5%	96.2%	97%	92.4%

有明确业务场景：
- 不服从"二八"原理：先用模型管控，而后根据案例，找到关键指标
- 服从"二八"原理：规则为主，模型为辅

无明确业务场景：
- 不服从"二八"原理：模型为主，规则为辅
- 服从"二八"原理：先用规则管控，而后根据案例，找到业务场景

图 11-4 反欺诈的框架

从数据角度来看，当某些数据特征出现了集聚（如符合"二八"原理、幂律分布）的情况，规则就能以极小代价拦截绝大部分欺诈者，并且易快速落地。当数据特征没有集聚的情况，反欺诈模型等可充分发挥不同变量之间的作用来识别出欺诈者。

从业务角度来看，欺诈场景是明确的，或者具有明确的欺诈路径则可以使用规则来拦截欺诈者，但欺诈场景不明确，或者比较模糊，则可充分利用神经网络、深度学习等模型来识别出欺诈者。

目前，反欺诈的主流方法可分为有监督的识别模型、无监督的异常监测，以及知识图谱、自然语言挖掘等。反欺诈常用的模型主要有分类预测、聚类分析、关联分析及异常诊断等。

分类预测主要是利用历史数据建立分类预测模型，而后利用训练出来的分类预测模型对未来的客户进行分类预测，主要方法包括决策树、最近邻法、神经网络法、支持向量机、GBDT等各种方法；聚类分析是将各个客户分群，同群内客户相似高，群间相似小，主要包括最近邻法、分层聚类等，其可以发现关联性贷款等；关联分析是通过规则关联和社交网络等方法找到隐藏在客户数据中内在联系很紧密的行为；偏差检测主要是通过客户或客户之间的数据中的异常点，可以提前诊断和预防欺诈。

反欺诈的关键是要根据一致性、集中性、异常性来找场景，根据场景找出最有用的反欺诈因子（5~10个），然后对每一个因子进行深入研究分析，提高反欺诈的准确率。注意，每个有用的反欺诈因子，一定是可以用常识来解释的，反之则该因子未必有用。

无论是规则还是模型，其所使用的变量都应从信息是否完整、是否真实、是否一致等出发。

11.5 欺诈场景是分析与挖掘的关键

根据多年来反欺诈的实践经验来看，欺诈手段是灵活多变的，欺诈者在不断研究和寻找风控的漏洞，但这些欺诈手段的业务场景相对稳定。因此，反欺诈需要以认知、行为、情感等心理学理论为指导，基于对正常工作、生活的理解分析和挖掘场景，更需要注意以下几点。

第11章
反欺诈分析和挖掘

（1）保持敬畏之心，需要具有自知之明，风控团队自身及其制定的规则、模型都存在漏洞，都存在被欺诈分子集中攻击的可能。

（2）要落地，哪怕是最简单的规则或策略都要部署到生产系统中，其理念是"勿以恶小而为之，勿以善小而不为"。

（3）要立足自身，包容他方，即防止过于依赖外部数据而造成自身缺乏研发能力，尽管当前市面上存在各种数据，但这些数据只能用来参考，用作自身数据的补充而不能过分依赖。

（4）系统性思考，即欺诈本身具有灵活性、碎片性、突发性等特征，反欺诈则需要全面、系统地考虑自身客户群、产品政策，同时要做到事前防范、事中预警、事后处理。

反欺诈的关键是围绕着流程、规则、模型等寻找各种潜在的场景，并基于数据进行证析。

在获客阶段，反欺诈需要关注因贷款中介而引发的欺诈。一些兼职中介机构，如网吧、旅馆、KTV老板等，充分利用信息不对称，借助微信等获客，并将客户引到中介所在地，帮助客户从机构获得贷款。这些中介为了获得更多中介费，他们会包装客户，甚至中介会代替部分不会操作的客户进行操作等。在这种欺诈场景中，中介会联系一定路程范围内的客户，并将其集中起来。因此，针对此类欺诈场景的解决方案如下。

（1）从申请经纬度、集中度控制客户数量、授信额度等，从而控制风险。

（2）根据数据经验，申请经纬度、家庭、单位地址距离在5～50km的人群逾期率更高一些，可以作为反欺诈模型的指标之一。

（3）通过通信录关联，找到核心联系电话，然后打电话确认是否为中介，进行标记，而后需要对与中介有联系的申请者更审慎地甄别。

针对这类具有固定位置的中介式欺诈，信贷机构可以通过地理位置等明显的特征来控制，如在同一地理位置在一段时间内的申请数量限制等。而没有固定位置的中介欺诈，其特征是流窜式获得客户，类似"打一枪换一个地方"，信贷机构可以基于动态聚类方式来应对，而中介不断拉一些无信用记录的客户，则需要对客户共性和中介同时入手解决。

除此之外，防中介欺诈还需要从中介是否跨地区来识别，比如同一设备是否有多个申请地、多个不同地区的家庭电话相同、不同城市的人具有相同小区，一个App上登录多个账号，等等。

在客户注册阶段，反欺诈要防止垃圾注册，因为垃圾注册的逾期率比正常客户的高12倍以上。其特点是注册或申请速度快、多且地理集中。为此，信贷机构根据反欺诈的集中性可制定规则，如设备一对多、IP一对多等可拒绝；根据其异常性，如设备为空、设备伪造、IP代理、IP出现过欺诈、注册时间短（如少于15秒等），来制定规则；根据稳定性原则，如GPS时序数据等，制定规则。

在注册阶段，反欺诈不得不注意"猫池"（Modem POOL）、"养卡"。虽然大部分机构都用验证码来防范，甚至用动态验证码来确认客户身份，但欺诈者用"养卡设备"来规避网站身份确认。另外，一些规模大的卡商获得平台账号后找到类似账号加密数据，批量登录信贷机构或支付平台，如果可以登录就会提取出账号，然后将账号卖给盗窃者。因此，反欺诈在注册阶段要防止"猫池"的批量注册，主要通过GPS（动态聚类、趋势判断）、地理集中度、陀螺仪（动态趋势上识别）、设备对应价格、申请地址相近的卡号之间关联分析、行为数据来分析等。

在登录环节，反欺诈主要防止撞库、"账户"被盗等。反欺诈可从设备与账户数量关系、注册设备与登录设备是否一致、登录GPS与常用地址之间一致性检验、动态验证码、登录问答题等角度进行规则制定。

欺诈者是利用技术优势开发出民众难以鉴别的网站等吸引客户登录，并被误导转入贷款申请渠道。欺诈者获取客户正常申请的全部信息后，将客户银行账户的钱全部盗走。类似的业务场景是机构的数据包被劫持，从

第 11 章
反欺诈分析和挖掘

而获得资金。这类欺诈的应对措施是需要了解客户从哪里来的，客户的设备等信息是否合理，从而有效控制风险。

在审批阶段，反欺诈主要是从信息冒用等角度入手。防止"信息造假"，主要是基于自身需要信息进行验证，如通信录联系人少于 25 个、身份证年龄控制在 18～55 岁之间，身份证在公安部的认证、设备是否虚假、手机号是否虚假（发送短信进行验证）、共用设备（最多允许 2 人申请，超过则拒绝，主要防止跨地区通过微信和 QQ 来的中介）。

以身份证被冒用为例，因为欺诈者通过从第三方购买身份证、盗用或伪造他人身份证等方式获得了身份证图片或身份证证件，而后通过互联网信贷机构的 App 或 H5 页面进行上传申请。要解决身份证被冒用的问题，主要通过现场拍照片、视频，而后将照片、视频与身份证上的图片进行交叉验证；用身份证号自身的逻辑进行校验，身份证号、姓名等信息与公安系统的进行比对，以判断身份证号是否真实存在；结合身份证上的字体等进行核对，以检查是否伪造或修饰。

除了信息伪造等欺诈，审批阶段还需要特别注意团伙欺诈。团伙欺诈主要基于人与人之间的关系，有机构总结出 24 种人与人关系和无标度网络，如少数团伙有大量成员，而绝大多数团是少量成员，2 个人最多。

反团伙欺诈主要是利用社交网络分析，通过一度联系人、二度联系人等来实现。一般团伙欺诈中，2 个成员的团伙多是夫妻、情侣、父子、母子等关系；3 个或更多成员多是异常团体，欺诈率在 30%左右，其主要团伙拓扑特征和团伙信息是成员联系频次，而团伙宏观信息主要有男女比、年龄均值、年龄差。根据团伙中不同成员申请的先后顺序，信贷机构可以用动态聚类算法进行聚类，必要的时候可以用 t-SNE 来降低维度。

如果团伙是正式组织，如公司，那么他们不可避免会使用一些相同信息或相近信息，如地址、联系人电话高度重合；非正式组织的成员之间往往具有某种共同的信息，如老乡团伙的出生地具有相似点。

在实践中，社交网络中的一度关系是最常用的，但其效果比较差，能识别出5%的团伙欺诈；二度关系的效果比较明显，逐步成为主流，能识别出70%的团伙欺诈，在具体规则上，二度关系人规则效果明显比一度关系人规则效果要好，基本维持在5~10倍。

上面的反欺诈可以归结为申请反欺诈，主要针对申请阶段欺诈进行场景化处理。下面主要针对交易反欺诈进行阐述。

在大数据时代，不法分子通过钓鱼网站、无线网络、电话套取验证码等方式获取账户真正所有人的账户和密码，进而盗用相关账户的资金，给账户真正所有人、信贷机构造成巨大损失，是不容忽视的。

在实践中，交易欺诈的占比低，但其具有复杂性、多样性、稀疏性等特点，为此利用Logistics模型等是不够的，还需要借助神经网络、深度学习、生成对抗网络学习等模型来模拟欺诈行为特征，或者利用合成少数类过采样技术（Synthetic Minority Oversampling Technique，SMOTE）来模拟欺诈行为。

除此之外，交易欺诈常利用心理学、经济学等理论，基于当笔贷款的时间、地点、账户、密码输入次数等数据来研究一些异常案例，尤其是逾期和坏账的案例，并通过电话等方式核实来确定欺诈。同时，交易欺诈的识别往往需要是实时的，在100毫秒内做出决策，即是否具有欺诈嫌疑，以及该如何处理。

在信用卡等循环信贷、个人信贷随时支取额度中，交易欺诈易发，其表现为资金挪用、虚假交易和账户接管等。交易反欺诈则主要在放款、交易和还款等环节进行欺诈管控，主要是基于客户当前和历史用款、交易和还款行为，从不同渠道、不同设备来识别欺诈风险，进而决定是否放款等。

在放款、交易阶段，反欺诈主要从商品和商户角度入手，如集中于同一店消费且只缴纳最低应还金额，自家店消费，短时间同类型消费但商户不同，预借现金被拒绝后立即转往商户进行大额消费，消费类型如商品名称与年龄，性别明显冲突，短时间不同类型消费，这些主要体现出异常性原则，除此之外，还有大额消费且企图一次刷满额度、密集小额消费、短时间异地消费、交易时间与消费类型明显有冲突。

在放款阶段，反欺诈主要是客户申请用款和放款，主要用申请用款的地址与申请时地址是否一致、申请用款设备与申请时设备是否一致、客户上次贷款逾期天数等来确定是否为欺诈。

在还款阶段，信贷机构会给客户发送还款提醒短信等，运营商会给信贷机构返回相关情况，客户显示关机、停机等信息往往预示着客户欺诈。

欺诈场景多如牛毛，且不断变化和更新。反欺诈是一个不断对抗学习的过程，遵循集中性、异常性和稳定性3个原则。

11.6 反欺诈的案例

11.6.1 反欺诈案例：手机型号预示着欺诈

在实践中，欺诈客户的手机型号的分析结果显示：一些非常老的手机型号比较集中。但手机等电子产品更新换代快，一般型号越早往往价格越低，即欺诈者的成本比较低。

在实际生活中，正常手机使用的期限是4～5年，且使用时间越长，电池等老化使得人们不得不更换手机。同时，手机使用时间越长，其内部的各种信息越多。

因而，反欺诈可以根据手机型号来判断手机的上市时间，手机内信息越多，越好识别出欺诈者。

11.6.2 反欺诈案例：社交网络识别欺诈

不同机构可基于其自身数据来建立不同的社交网络，比如腾讯公司根据 QQ、微信的社交数据建立社交网络；银行、第三方支付公司可以通过客户之间的转账信息建立资金往来社交网络；运营商等可根据客户的通话记录来建立通话社交网络，等等。

利用上述建立的社交网络可以通过一度关联，比如与欺诈者 A 主动联系的客户，或联系次数等来识别嫌疑欺诈者，并进行重点关注。从实践来看，一度关联、二度关联、三度关联用于识别欺诈，可识别出 85%左右的欺诈团伙。

在利用手机号或电话号建立社交网络时，一些常见的公司电话应排除在外，如 10086、95***。这是因为大部分人都会接到电信客服、银行客服、保险等金融客服的电话。同时，为了确保社交网络的稳健，在建立社交网络之前，机构应先建立同人模型，即通过身份证号、地址、手机号、邮箱等信息来确定一个真正的人，从而使社交网络的每个节点代表唯一的人。

11.6.3 反欺诈案例：共债问题

共债问题之所以作为欺诈来处理，是因为其本质是信息隐藏，但信息不对称是信用的核心要素，是任何信贷机构都无法回避的问题。

一般而言，共债问题可通过征信报告来解决，比如客户向多少家机构申请过贷款、多少家机构对其进行放款，等等。除此之外，机构可通过强强联合形成一个数据互换联盟，或借助第三方数据来解决。因为第三方数据机构可基于多家使用者的查询信息开发针对每个人在每段时间内的申请贷款查询数、申请贷款查询机构数，从而解决共债问题。

几乎每家信贷机构都有自己的 App，通过 SDK 可以获取到贷款者手机上安装的 App、通话记录等数据。

通过对 App 的关键词进行识别和分析，进而可对所有 App 进行分类，如消费类、信贷类、游戏类、工具类等。更进一步，根据不同机构的风控水平，信贷类 App 可分为高风险、低风险，或根据持有金融牌照类型，将信贷类 App 分为银行类、消费金融类等。

一般来说，一个客户手机上信贷类的 App 数量越多，往往说明该客户已经陷入以新换旧的泥潭，一旦有一家或几家信贷机构拒绝贷款，该客户资金链断裂的可能性就越大，坏账率也越高。同时，信贷类 App 数量越多，说明该客户隐藏的信息越多，出现恶意借款的概率越高。

通过对近百万信贷申请者手机 App 分析发现：大部分人安装的 App 数量在 50～100 个之间，且欺诈比较少。但安装的 App 数量在 450～700 个之间的客户群逾期率比整体逾期率高 2 倍。同时，安装的 App 数量超过 450 个的坏账率非常高，几乎可以认定安装 App 数量超过 450 个的就是欺诈者。除此之外，信贷机构可以将安装一些涉嫌赌博等不良嗜好的 App 类的客户作为欺诈者。

11.6.4 反欺诈案例：设备切换识别欺诈者

在实际中，一些欺诈者因为使用了不同设备同时安装信贷机构的 App 进行申请信贷，但设备过多很容易忘记到底是哪个设备申请通过的。再次借款时，其很容易使用另一部设备进行申请借款，导致首次借款所用的设备与再次借款的设备具有很大差异，或根据欺诈复合团队调查发现，客户在申请前账号分别在客户手机和中介手机上登录，存在切换手机的情况，等等。

通过对十多万客户进行跟踪研究发现，借款前切换过设备的首次借款客户群的 M_2 逾期率比例确实远高于未切换过设备的客户，几乎翻了 1 倍，如表 11-1 所示。

表 11-1 借款前设备更换的逾期率表现

时间段	群体类型	总人数	M_1 逾期率	M_2 逾期率
7 月	总体首次借款客户群	147286	14.61%	10.21%
7 月	借款前切换过设备的首次借款客户群	6326	26.05%	19.93%
8 月	总体首次借款客户群	141996	14.77%	9.8%
8 月	借款前切换过设备的首次借款客户群	5998	25.31%	18.56%

| 第12章 |

存量客户管理及贷中管理

我们已经到了存量经济时代。

—— 经济学家　李迅雷

第12章
存量客户管理及贷中管理

从经济发展历史来看，进入存量经济时期是必然的趋势。在增量经济时期，各行各业都有比较充足的机会，但在存量经济时期，不同产业创新的速度不同导致收入分化，进而导致客户分化。在存量经济时代，存量客户管理是机构发展的立身之本。对金融机构而言，存量客户管理也是优化资产结构和质量，提升业务经营效益的关键点[36]。

存量客户往往是机构的已有客户，因而存量客户管理就是针对已有客户所制定的一系列经营方针和策略。存量客户管理主要是通过客户挖掘，进行精细化管理，提供差异化服务等，从而实现客户保有和价值提升。在实际业务中，存量客户贡献了80%的业务量和利润，且存量客户维系成本远远低于获取新客户的成本。存量客户管理是否有效将决定信贷机构的风险管理水平与资产收益能力。

存量客户管理是客户管理的重要组成部分，是动态的、持续的过程，更是每个机构都将面临的核心问题。在存量经济时期，机构需要做好自身的存量客户管理，且应该随时准备更改存量客户管理的策略，因为客户的属性特征、行为表现并非静止不变，在客户与机构之间关系的不同阶段，客户的表现会发生变化，为机构带来的收益水平也不同。

客户管理是充分利用客户生命周期进行管理，以实现相关业务目的。对信贷机构而言，客户生命周期是客户与其之间从认知、考察、扩展、承诺、衰退到解体的过程。在认知阶段，信贷机构通过各种途径了解客户，并根据客户需求、认知等决定为其提供什么服务和触达方式等；在考察阶段，信贷机构考察客户的还款能力、意愿来决定是否准入，并根据客户对不同授信额度、定价等偏好来进行授信；在扩展阶段，信贷机构需要根据客户信用决定是否提额、给予免息期等；在承诺阶段，信贷机构需要根据客户需求的变化来决定为不同客户提供何种服务等；在衰退阶段，信贷机构需要通过监控预警分析来决定清退哪些客户，并对有流失倾向的客户投入多少资源并采取何种措施来挽留等；在解体或流失阶段，信贷机构可根据客户唤醒可能性来决定挽回哪些客户，并采取何种措施等。

除此之外，信贷机构还需从客户自身的生命周期出发来提升客户综合价值。客户自身生命周期主要是指随着客户年龄和阅历的增长，在不同的生活阶段所表现出的不同需求特征和行为特征。客户随着年龄的增长，其资金需求也是不同的，如读大学时需要助学贷款、创办企业时需要经营性资金、购买房子时需要住房贷款、旅游时需要消费贷款。基于此，信贷机构需要不断设计出具有针对性、个性化的产品和服务，来保持客户的黏性，并获得客户的信赖。

丰富的产品或服务体系是存量客户管理的重要基础。产品或服务体系可利用不同的产品特性收集客户的不同信息，如车贷产品可收集客户的汽车信息，房贷产品可收集客户的住房信息，等等，以此来不断收集和完善客户的数据，并使得数据收集更具有客户体验，进而为建立客户行为模型等提供数据保障，从而便于存量客户管理。

为了优化客户群体和保持客户忠诚度，存量客户管理不仅可借助产品升级或更新产品（如银行推出了房抵贷后，又推出了装修贷等），还可通过提前还款优惠、利率折扣、抵息券、延长分期、有偿分享等来实现。

在大数据时代，存量客户管理可以更加精细化、差异化，如根据不同风险—收益特征的客户群体提供个性化服务。为了应对服务日益趋同，服务应逐渐向体验方向发展，即服务体验化，让客户在每次服务中获得别样的感受，如美好的回忆、瞬时的快乐等。

第12章
存量客户管理及贷中管理

存量客户管理是以客户的需求、认知等为基础的，通过数据分析与挖掘将其进行分类、分层，而后科学地引导客户使用新服务或新产品。

12.1 存量客户分层

存量客户分层的目的是将有限的资源投入关键性客户管理中，从而创造更多价值。在实践中，客户行为，如最后登录日期、活跃间隔、历史交易等，都是存量客户分层的关键信息。

存量客户分层的直接结果就是信贷机构给每个客户打上不同的个性化"标签"，并通过科学引导来为不同"标签"的客户提供个性化服务，从而使不同"标签"客户向更高价值的方向转化。

存量客户的分层需要精细，即高净值人群仍要分出三六九等，低收入客户群也要分出高中低。这样可找出80%利润的真正贡献者，从而有效地使用有限的资源。

在大数据时代，信贷机构对客户进行分层或分群，不仅是在资源有限的情况下尽可能公正地服务客户，并获得最大利润，而且是主动筛选潜在优质客户，并使其成为最优质客户，从而在存量竞争中保持不败。

在实践中，客户的"标签"就是客户分群、分层、分类，如按信用优劣可以将客户分为优质客户、普通客户、次级客户，或按年龄与性别分为不同群体，如图12-1所示。

存量客户分层常以性别、年龄、学历、地区、行业等维度为基础。但对信贷机构而言，这些是不够的。为了更好地控制风险并保持业务量持续增长，信贷机构需要根据客户的信用评分、客户潜力大小、利益贡献度、关系的深浅（使用次数）等来进行分层。比如，信贷机构先建立存量客户的行为评分卡、冻结评分卡，而后根据其行为评分和冻结评分来对客户进行分层。除此之外，信贷机构还可增加资产等维度信息来对存量客户进行分层管理。

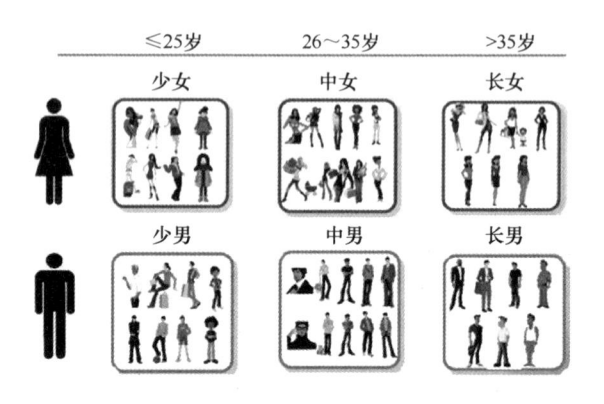

图 12-1　按年龄与性别的客户分类

客户分层仅仅是存量客户管理的开始。之后，存量客户管理需要根据分层制定不同策略来服务、培育客户。比如，信贷机构按照风险高低与收益高低对客户进行分层，之后需要按照不同层来制定针对性措施。针对低风险、高收益客户群体，信贷机构的关键是防御其他机构的争夺，因而要提供贴心的客户关怀等来确保其忠诚度；针对低风险、低收益客户群体，信贷机构可通过产品追加、交叉销售等来培育、引导其向低风险、高收益的客户群体转化；针对高风险、高收益的客户群，信贷机构可通过进一步分层将能向低风险客群转化的，通过产品更换等进行引导，而对无法向低风险客户群转化的就需要通过冻结、降低额度、提高利率等方式来降低其占比。

对信贷机构而言，产品更换是指信贷机构引导客户改用其他产品或服务，如信用贷更改为抵押贷等；交叉营销是基于客户需求向客户推荐其他的产品或服务，如产品、储蓄、汇兑、支付、理财、融资、保险等；产品追加就是通过调整授信额度、利率、期限等来引导客户提高使用相关产品的频率和额度。

在存量客户管理中，授信额度和年利率不仅是信贷机构顺利完成业务目标的关键抓手，而且是客户选择使用信贷机构的服务的重要因素。

12.2 存量客户的额度管理

对信贷机构而言，存量客户的额度管理就是风险敞口的管理。其以统一授信管理为基础，从而避免在多种信贷产品独自授信，出现授信额度远远超过客户的还款能力等情况。

在存量客户管理中，额度管理应贯穿其再申请、审核审批、放款、贷中管理和资产保全等全流程。若额度管理不慎，低风险、高收益的客户也会变成高风险、低收益的客户。因此，定期或不定期进行额度检查是存量客户额度管理的基础。

额度检查就是对存量客户的额度进行监控，根据客户所发生的重大事项来评估决定客户授信是否合理，并根据客户最近的历史还款表现来决定是否对额度进行锁定、调整或冻结等。

额度锁定是指当客户在其他产品或本产品发生逾期等情况时，信贷机构对于客户未使用的额度进行锁定，从而降低风险敞口。在客户提款时出现异常，如设备、地理位置、商家等异常，额度锁定可确保客户或信贷机构的资金等安全。

与额度锁定相对应的是额度解锁，即客户的其他产品或本产品的逾期清偿掉并连续数期正常还款，且还款能力有所提升，则其额度可被解锁。

额度调整主要是在控制住风险的情况下对客户的授信额度进行调整，主要有提高或降低额度，且按照调整幅度可进一步细化。提高额度与降低额度策略是相互对冲的策略。在实践中，信贷机构对行为评分高的客户进行提额，或对行为评分低的客户进行降额，不仅可以带来放贷量增加，而且可以带来逾期下降，从而实现利润最大化。

额度调整的原则是提额后额度不能超过客户的授信额度上限，降额后额度不能低于产品的下限。一般来说，信贷机构会根据行为评分、冻结评分等制定策略来主动调整额度，或由客户按照相关流程而获批额度调整；额度降低或注销往往是贷中管理发出预警达到了要减少或注销该客户授信额度时，经授信管理部门批准后录入系统，并反馈相关部门，如放款中心。其他相关部门需要根据该客户的在用额度等来启动相关应对预案，如通过发送折扣券等将其风险敞口控制至新授信额度之内等。

额度冻结是根据客户使用情况，当授信客户出现对信贷资产存在重大不利的情况下，相关负责人可对其额度实施冻结处理。在冻结状态下，不得再签订新的授信合同，原已签合同的也不得再继续提用，因此该项功能仅限于紧急情况下使用，比如欺诈团队复核确认客户为欺诈团伙；集团客户成员拆出，系统会自动冻结拆出成员客户的可用额度，比如逾期超过90天以上可冻结。

在实际操作中，存量客户的额度管理可根据行为评分、上次逾期天数来制定额度冻结的策略；若无行为评分卡，额度管理可根据上次逾期天数、上次逾期催收的难度，如催收电话次数、不接次数、失联等，来制定额度冻结的策略。依据经验，根据行为评分卡、上次逾期天数来制定额度冻结，可将逾期率高，如50%以上的客户冻结，从而确保存量客户的M_1逾期率在5%以内，坏账率控制在1.6%左右。

额度冻结不可避免会误冻结一些好客户。为此，额度解冻是不可或缺的。一般来说，额度解冻需要相关调查团队进行调查分析后来决定是否对客户实施额度解冻。

在实践中，存量客户的额度管理需要风控团队与运营团队相互协作，不断沟通协作形成良性的流程，且各自需要根据对方的操作准备好相应的应对预案。

同时，额度管理往往也需要付出一定代价，如客户流失、高逾期。一般来说，调整幅度越大，新增逾期率也将越高。为了增加业务量，一些信贷机构通过产品追加、交叉销售等方式提高了客户额度，但也导致逾期率增加。为此，提高额度不能作为存量客户管理的单一方法。

在实际操作中，人们可用马尔可夫决策过程来解决额度调整，因为存量客户的额度调整是多阶段、动态序列决策。马尔可夫决策过程的优点有很多，如可以充分利用具有丰富时间序列的客户数据，估计总体的利润和各期利润等，但其需要充足的数据、巧妙技巧估计高维转移矩阵。

除额度管理之外，存量客户还需要进行贷中管理，主要是：①监控借款人在还款日之前的行为或活动轨迹来提前预警，如客户是否携款逃跑了，是否有不良嗜好等；②分期还款过程中出现了逾期情况等。

12.3　大额贷款与循环信贷的贷中管理

信贷业务因跨时空性都需要贷中管理，这就类似投资后的投后管理。贷中管理主要通过监控客户的信息、还款能力、还款意愿等变化来评估客户的风险变化。例如，根据客户信息（如住址、账户、联系人电话等）变更、还款意愿变化（如不良贷款、欠息、垫款、当前逾期等）、还款能力变化（如大额取现、赌场消费、收入来源发生异常等）来评估风险变化，并及时发出预警，启动相关预案，如冻结相关账户资金、资产等。

在实践中，银行对大额贷款的信贷业务往往都会采用系统或人对其不断监控，及时发现客户是否违法、违规、股票暴跌、评级降级等。同时，风控部门或资产管理部门会针对此需要制定相应的预案，主要是：①风险提示到借款方，并与之共商应对措施来解决问题；②采取提前收回款项、资产保全等方式来确保自身利益；③当发生真正违约后，对于具有担保、抵押或质押的款项，则可要求担保方进行偿付或处置抵押、质押资产来缓解风险。

信用卡是典型的循环信贷业务。在信用卡激活后，信用卡客户就可以消费、提现等，直至其注销账户。

以信用卡为代表的循环信贷的贷中管理主要是关注和识别客户发生异常，然后进行预警。对此，贷中管理需要关注客户的通信信息，如地址信息、联系人电话，从而避免联系不上；关注客户的还款意愿信息，主要是根据征信报告来识别是否存在不良贷款、欠款、当前逾期；关注客户消费信息是否异常，如是否在同一 POS 机上频繁交易、在异常或受监控的 POS 机上消费、大额取现、多次大额刷卡、监控到国外酒店或赌场等不良场所。

在循环贷款中，信贷机构可定期运行行为评分卡，并根据行为评分来判断客户的风险变化。针对存在风险隐患的客户，信贷机构将及时采取降额、额度锁定、额度冻结，甚至额度清零、停卡等措施。

12.4 分期产品的贷中管理

相对于大额贷款、循环信贷业务的贷中管理措施，分期信贷产品的贷中管理几乎很难。因为这类产品具有期限长且额度小、客户使用频率低等特点。同时，信贷机构要在合规的前提下催收，不能过度催收。

分期产品可根据有余款的客户、再次借贷的老客户进行贷中管理。对有余款的客户，信贷机构可借助行为评分卡来预判客户未来还款的可能性，而对未来违约率比较高的客户可利用运营手段来促使客户还款，如免息、提额等来吸引客户提前还款；对再次借贷的老客户，信贷机构可利用行为评分卡来决定是否再次放款、额度管理、利率管理等。

在分期产品中，贷中管理可充分利用客户每期还款进行运营。比如，当发现客户下一起还款概率大幅度降低时，信贷机构应通过免息、提额等来吸引客户提前还款；对于正常还款客户给予适当的、及时的鼓励，如更新评分、推一张彩票等。

除此之外，分期产品要定期收集客户的手机、征信等数据来监控风险变化。针对风险有变坏趋势的客户，信贷机构可以通过运营方式来鼓励客户提前还款，或者多从人文关怀的角度出发来关怀客户，建立更紧密的联系，以使客户有还款能力时率先还本机构的欠款。

贷中管理是积极的资产管理方式。一种更加积极的贷中管理是，建立各种能够获得收入来源的方式协助客户还款，比如搭建消费购物平台，让违约客户自身或带其他朋友等到平台消费，使消费平台可获得额外利润、节省获客成本等，以此来抵消违约客户的欠款；或者搭建广告平台，让违约客户自身或带其他朋友帮忙读相关广告，使广告平台获得广告费用等，以此来抵消违约客户的欠款；搭建共享平台，让违约客户共享其相关能力、实物等获得收入来还款；搭建人才与岗位匹配的平台，帮助违约客户找到合适的工作，助其有收入来源来还款；等等。

12.5　预警监测

为了确保资金顺利回收，信贷机构需要对处于贷中状态的业务进行监控，主要是对客户现金流、抵/质押资产价格等监控预警。

风险监控预警是对大量的信息进行综合分析，从而实现对客户系统性、连续性的监测，及早发现和识别风险来源、风险范围、风险程度和风险趋势，并发现相应的风险预警信号[65]。

在大数据时代，信贷机构要做到实时预警就必须依靠大数据、实时计算（如 Spark 等），结合人工管理，提高系统的自动化、智能化分析和处理能力，从而及时、准确地监控资产的状况是否发生变化，"软"信息是否有朝坏的方面转变，经营环境是否发生了改变等，并及时地发送预警信息给相关人员进行处理。在实际业务中，风险监控预警流程如图 12-2 所示。

风控

大数据时代下的信贷风险管理和实践（第 2 版）

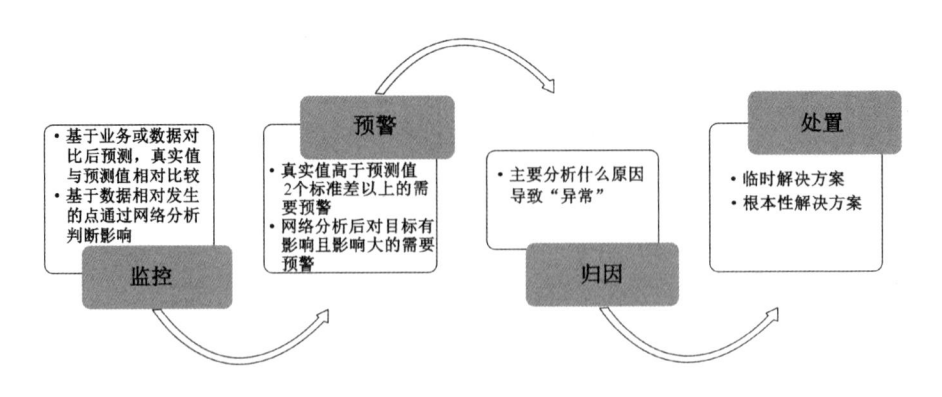

图 12-2　风险监控预警流程

其主要通过业务或数据对比后预测，通过真实值和预测值的比较来判断。其一般采用自回归和移动平均等方法进行预测；对于一些个体事件的影响，主要通过网络分析的方法，判断个体事件对关注事件的影响有多大。风险预警主要通过监控结果来判断。一般而言，真实值与预测值之差超过 2 倍的标准差就需要发出预警。

数据分析师需要对预警事件进行分析。这类分析往往需要对监控指标进行分解，如逾期率的异常。根据逾期率的计算方法，分子为某一时期的逾期金额，分母为某一时期的放贷金额，从而识别出到底是什么问题，如计算方法的变化，还是真实的表现，进一步深入到相关产品、渠道、分数段、具体客户等。

归因分析的关键是找到可能存在的问题并证实。经过证实的问题，数据分析师还需要给出相应的应对措施，并通过数据分析来证析该措施的效果。

在实践中，风险监控预警主要是以客户为主体，如客户是否正常工作、客户家庭情况是否正常等。信贷机构的风险监控预警需要定期收集数据，如通过 App 等收集信息、每月等额还款信息，通过爬虫获取互联网上的关于客户的信息、第三方数据等。在必要时，信贷机构需要派人拜访客户，与客户进行沟通，了解其对变化的对应想法与措施。

第 12 章
存量客户管理及贷中管理

信贷机构通过监控的数据收集可以构建出客户的资产负债表、利润表的相应变化,针对相应的变化评估客户的还款能力是否发生变化,同时评估客户的还款意愿是否发生变化,这些可以通过重新进行监控评分与申请评分相比较的方法来实现。

监控的方法有很多,如通过时间序列模型来监控,利用质量控制的手段来监控,使用关联分析和社会网络分析等方法进行监控。时间序列模型不仅包括 AR、MA、ARMA、X-12-ARMA 等,还要充分利用 Lag 函数找到适合自身业务的方法。

在实践中,某保险公司对业务监控要求新产品、业务开展等多种情况都需要预警,同时因为其业务中电商占比比较高,还需要考虑电商特有的以周为单位的季节性效应,从而自动地判断是新产品造成的,或是新渠道上线造成的业务差异,还是特殊营销活动造成的,大大减少了大量的假警报。

从图 12-3 可知,可采用时间序列的方式来监控业务资金流出的变化,此图使用 Lag 函数进行了分析。从图中可以看到,2016 年 9 月 21 日的资金流出发生了大的变化,远远超过了预测上限,这就需要告知相关负责人及管理层。

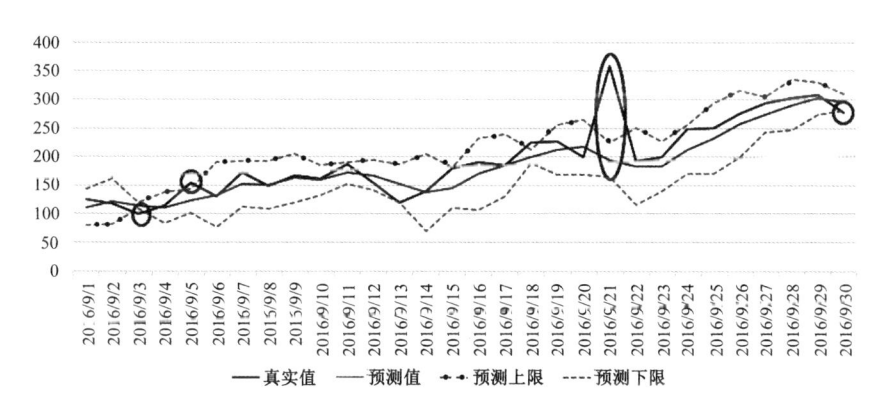

图 12-3 业务资金流出的监控图

除预测方法之外，数据分析师还需要根据业务、数据等来开发新的预测方法。比如，某业务数值0、极端值比较多，各种方法（如深度学习算法）容易失效，为此先用聚类方式找到类，然后计算类的平均值等特征，接着用时间序列预测值，最后找到相近的类来作为预测值，等等。总之，算法需要根据业务进行开发。

除监控业务之外，信贷机构为了确保业务的连续性还需对信息系统进行监控和运营维护。因为信贷机构对信息系统的依赖程度越来越高，信息系统是人构建的，是相对封闭的，但业务来自一个开放的不断变化的系统，系统不稳定、中断等都有可能发生。除系统稳定性需要监控之外，信贷机构的电话审核、还款提醒短信等需要监控电话通路系统、短信发送系统等是否可正常使用。

在监控预警中，预警主要是关注一些突发事件。例如，担保人突然要求放弃担保责任；借款人突然要求增加贷款或改变还款计划；借款人无法联系、经营场所关闭、家庭发生变故，等等。

在图12-3所示的业务资金流出的监控预警图中，2016年9月21日的资金流出就需要进行预警，其预警可以通过E-mail、短信、电话、微信等方式进行。仅仅发出预警是不够的，突发事故还需要给出相关的原因和应对措施，应对措施一般分为临时性解决、根本性解决、防止复发等方案，实施的方案将根据具体的原因来确定，在没有找到根本原因时，一般都采用临时性解决方案进行紧急处理，而后基于数据、事实的分析找到真正原因，并依据具体原因来制定相应的应对措施，从而从根本上解决相关问题。

12.6 存量客户的信贷定价管理

从经济发展的长期来看，人类要走向共同富裕、大同世界，价格监管

第12章
存量客户管理及贷中管理

是必然的。

2020年8月,最高人民法院发布新修订的《最高人民法院关于审理民间借贷案件适用法律若干问题的规定》规定:"出借人请求借款人按照合同约定利率支付利息的,人民法院应予支持,但是双方约定的利率超过合同成立时一年期贷款市场报价利率四倍的除外。"而一年期贷款市场报价利率是指,中国人民银行授权全国银行间同业拆借中心自2019年8月20日起每月发布的一年期贷款市场报价利率。以2022年2月发布的一年期贷款市场报价利率3.7%的4倍计算,民间借贷利率的司法保护上限为14.8%。

在信贷业务中,存量客户往往已经使用了信贷机构的信贷产品,并沉淀了还款信息。新客户的定价可以按照一年期贷款市场报价利率(LPR)的4倍进行定价,而存量客户可以根据使用次数不断调整定价,使得其利率逐步控制到LPR的3倍以内。

实施风险定价的目的是对于优质客户给予更低的利率,来保持客户的黏性,而对信用不好的客户给予高利率,来抵御风险。存量客户的定价调整主要通过重新定价来实现,也可通过运营手段来实现,如利率折扣、免息券等方式。

对新客户而言,其定价有获客成本、资金成本、放款成本、不良资产处置费用。这样折算下来其基本就是亏损的。因此,存量客户需要平摊获客成本。假设新客户获取的成本为400元/人,新客户的通过率为25%,且以80%的概率成为存量客户,那么存量客户在定价监管的情况下至少需要4次贷款才能平摊完这笔费用。

在合规年化利率为36%以内,坏账及催收、资金成本、获客成本、运营成本(包括办公租金、工资、支付通道)分别占总收入的42%、22%、20%、10%。要确保利率合规,信贷机构需要同时做好以下事情。

（1）打造更加精炼的风控团队，提高自身的风控能力，做好客户筛选工作，确保坏账率在 1% 以下才能达到盈利。

（2）通过担保、信用保证保险、信用违约互换等风险管理工具来分散风险。

（3）通过资产证券化将资金成本降低到 5%，甚至 3%，这是因为优先劣后的分层等信用增级也可使得资金成本大大降低，获客成本要降低到 60 元/个新客户以内。

（4）为了降低运营成本，可更换更低租金的场地、实施流程自动化等。

| 第 13 章 |

信贷的合同签订及贷款发放

> 诺言与单纯的意图宣告大不相同。诺言产生履行的义务,而违反诺言就构成损害的行为。
>
> ——经济学家 亚当·斯密

在确定了授信并放款后，信贷机构与借款人之间需要签订合同，而后信贷机构进行实际融资发放，直至客户能够使用资金。也就是说，签订合同与发放贷款是一个紧密联系的过程。

赵延河认为，对于贷款、贴现、押汇等表内业务而言，放款具体指经合同签署、发放审查、审批的程序后，由会计或运营管理部门把一定金额、币种的款项实际发放至客户的账户，并使客户正常使用的过程[62]。因此，签订合同与发放贷款是一个紧密联系的过程。

在实际业务中，"重贷轻管""重新客轻存量""重审轻放"是常见的问题。但放款管理的重要性不言而喻，其主要表现在合同审查、签署，款项支付出去，并确保真实到账。

过去，贷款合同签订是信贷机构先准备好标准合同并打印，而后由客户签署，以及放款。后来，其逐渐过渡到为客户先签署电子合同，放款并补充签订纸质合同。随着法制的完善，电子证据被作为司法证据后，贷款合同签订则逐渐以签署电子合同为主。

为了确保电子合同的合法性和不可篡改性，电子合同需要加入电子签名来确保信息不被修改。电子签名一般采用非对称加密（RSA 算法）和报文摘要（Hash 算法）技术进行处理，确保数据不被修改。但这种方式往往溯源比较困难。

随着区块链技术的发展，区块链合同利用实时加密、时间戳等技术将签订合同的各种操作进行保全，从而增加了数据篡改难度，并便于溯源。

第 13 章
信贷的合同签订及贷款发放

同时，区块链可将相关合同等实时传递给司法鉴定机构、公证处等，确保了电子合同的法律效力。

区块链的有效性是以非对称密码为基础，以非对称密码逆向计算的难易程度为限的。随着量子计算机的发展，攻击者利用相关算法（如 Grover 算法）可以快速找到共识解，从而垄断区块链记账权，进而随意破坏交易。为此，利用量子密码学代替传统密码建立量子区块链是确保合同有效的出路之一。

签订合同和发放贷款的流程如图 13-1 所示。

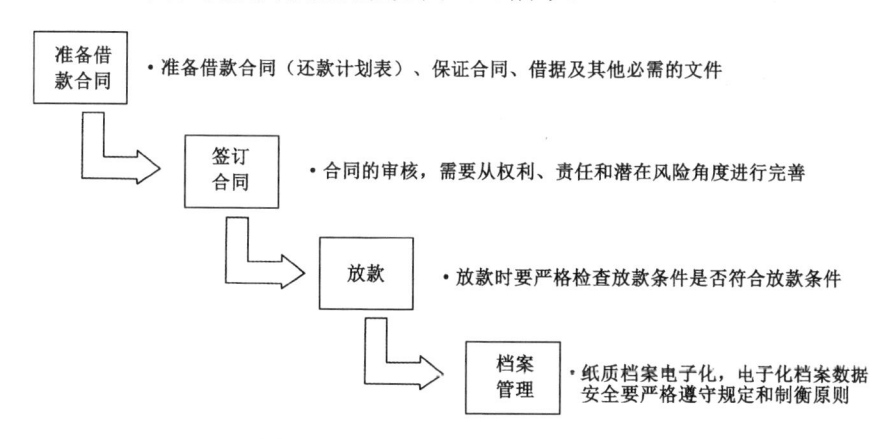

```
准备借款合同 · 准备借款合同（还款计划表）、保证合同、借据及其他必需的文件
     ↓
签订合同 · 合同的审核，需要从权利、责任和潜在风险角度进行完善
     ↓
放款 · 放款时要严格检查放款条件是否符合放款条件
     ↓
档案管理 · 纸质档案电子化，电子化档案数据安全要严格遵守规定和制衡原则
```

图 13-1　签订合同和发放贷款的流程

13.1　准备借款合同

信贷机构的债权保障依赖于借款合同等的签署。因此，准备借款合同阶段是确保债权合法的重要基础。其需要从合同要素完整性、条文是否符合法律规定、潜在风险的对应措施是否完善等进行审核，从而做到合规、合法，规避相关风险。

完善的借款合同不仅包含信贷机构、借款人、借款金额、期限、还款计划、抵押等信息，还需要给出制定的法律依据，明确各方的权利、义务，以及风险出现后的处置方式等。因此，借款合同等需要专业律师参与制定。

为了确保合同内容的逻辑清晰、权责明确，借款合同需要进行"攻防"测试，以此来找到合同存在的潜在问题，并完善合同条款，从而降低风险。

在大额贷款中，借款合同往往是个性化的，需要信贷机构与贷款人进行谈判，从而确保各方权责对等，各方之间的利益平衡，并实现和合共生。最终，基于各方共识所达成的协议来起草合同，并形成法律条文被大家认可。

除此之外，信贷机构还需要通过水印、公司标识等来增加借款合同的识别度。对以纸质合同为主的信贷机构而言，其需要提前打印好，并注意字迹清晰度等。对以电子合同为主的信贷机构而言，其需要做好自动生成合同的程序编写、测试，并提供合适的方式便于客户签字，从而实现电子合同的自动生成、签字等。

13.2　签订合同

签订合同是放款的先决条件。在签订合同的过程中，信贷机构可根据风险预警随时停止与客户签订合同，从而避免不必要的风险。

在签订合同时，合同各方需要对合同的基本信息、各自权利与义务等进行核查与确认。对存在疑问的条款等，合同各方要及时沟通、谈判协商，从而使各方明确自身的权责。

合同签订看似是一件简单的事情，但合同签订之后需要履行相关职责。因此，签订合同需要考虑清楚相关后果，如借款人需要考虑清楚是否有还款能力，若现有收入来源断了之后，如何确保还款正常；信贷机构则需要考虑清楚资金持续性、资产组合是否合理等问题。

13.3 放款流程

放款流程是指在合同签订之后，经放款团队审核后对符合放款条件的授信主体进行发放和支付相关贷款的过程，其流程如图13-2所示。首先，客户要按要求提交提款申请，这些资料会流入相关业务负责人的工作流程中；其次，相关业务负责人对放款资料进行审核；再次，审核通过后，支付指令将发出，其中包含支付方式、金额和账户等；然后，会计会审核支付指令中的支付方式、账户、金额等，确保放款准确和顺利进行；最后，钱款会划拨到客户指定的账户，特别需要注意是否支付成功，以及失败后的应对，同时放款成功后需要通知客户。

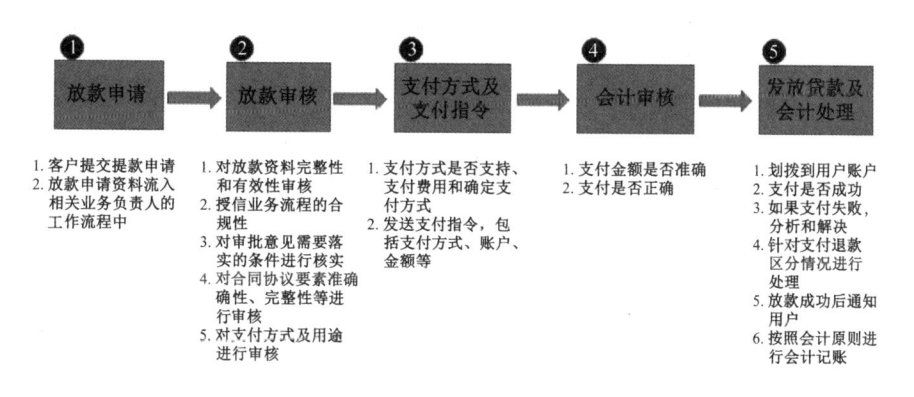

❶ 放款申请	❷ 放款审核	❸ 支付方式及支付指令	❹ 会计审核	❺ 发放贷款及会计处理
1.客户提交提款申请 2.放款申请资料流入相关业务负责人的工作流程中	1.对放款资料完整性和有效性审核 2.授信业务流程的合规性 3.对审批意见需要落实的条件进行核实 4.对合同协议要素准确性、完整性等进行审核 5.对支付方式及用途进行审核	支付方式是否支持、支付费用和确定支付方式 发送支付指令，包括支付方式、账户、金额等	1.支付金额是否准确 2.支付是否正确	1.划拨到用户账户 2.支付是否成功 3.如果支付失败，分析和解决 4.针对支付退款区分情况进行处理 5.放款成功后通知用户 6.按照会计原则进行会计记账

图 13-2 放款流程

在大数据时代，放款会通过第三方支付通道来实现。一般来说，首先，信贷机构按照第三方支付公司的要求提供资料，经过其审核后，获得资金账户并转入资金到相关账户中；其次，信贷机构要对接端口，用以发起支付指令；再次，第三方支付公司将相应额度的资金划拨到指定账户中；最后，第三方支付公司会将划拨结果返回给信贷机构。

一般来说，放款是信贷机构将资金发放到借款人的账户中。但在供应链采购类贷款、消费贷款中，信贷机构的放款资金要发放给指定的供应商、零售商等，从而确保资金使用与贷款目的一致。在实践中，这种方式会导致三方推卸责任，如供应商的货物质量不达标而客户不愿还贷款。因此，在实践中，一些信贷机构会先将资金发放到客户账户中，而后在极短时间内转到商户的账户中，从而既保证了款项使用，又确保资金发放给客户的事实。

一般放款也是有时间限制的，比如，在审批决策做出决定后 N 个工作日内不能执行放款，则原审批决议将失效，N 个工作日后还需要再放款的，需要重新进行贷款审批。

放款风险管理主要是核实对方的账户信息，从账户号、账户名称等角度，要校验是否为同一人，账户名称和账户号是否一致，如果不一致应立即停止放款，请客户确认清楚后再放款；如果放款直接给借款人，需要核对账户号、账户名、借款人名是否一致，不一致的应立即停止放款；如果放款的对应账户被冻结需要快速通知风控部门和其他团队，并暂停放款，等待风控部门和其他负责人的决定后再决定是否继续放贷。因为账户冻结很有可能是相关人或组织触犯了法律而导致账户被冻结。对于支付失败或支付出现错误的账户，应对放款进行撤销处理，并根据报错信息采用不同措施进行处理。

13.4 资金来源

信贷机构要放款就需要有资金进行划拨。保证资金的持续性是个很重要的问题。在实践中，信贷的资金来源有多种[63]，资金流向如图 13-3 所示。

从资金来源来看，其主要有银行模式、合法的 P2P 模式、中间人模式、资产证券化模式等。

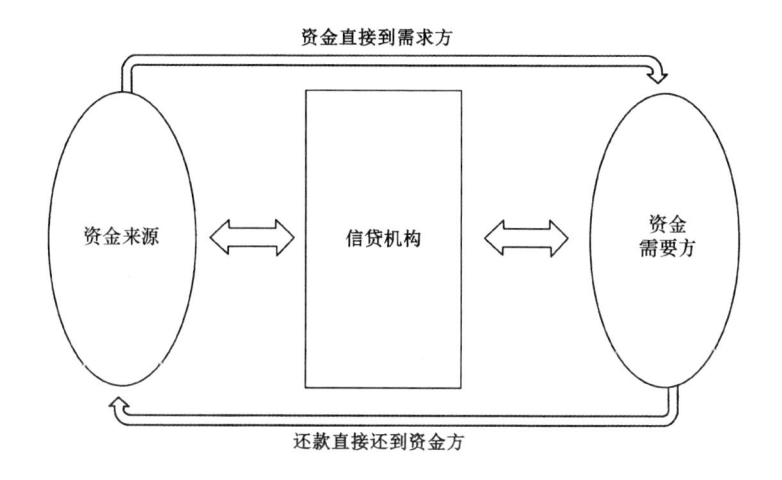

图 13-3 资金流向

银行模式是银行通过吸收公众存款,而后将资金贷放出去,最终借方直接将款项还给银行,而银行将资金和利息归还给存储方。对银行来说,只要存款人不提取资金,银行就可以一直使用该资金,并贷放给资金需求方。在该模式中,银行不仅是信贷机构角色,还是资金吸纳方。在实践中,一些机构也这么做,但这是不合法的,是非法集资。

合法的 P2P 模式是客户直接将钱打给资金需求方,还款时资金需求方将款项打到资金供给方的账户,信贷机构主要起到信息中介的作用,信贷机构不接触钱,只进行撮合交易。

中间人模式是资金来源于信贷机构自身的股东(如个人、机构等),而其股东通过发放债券、理财产品等来获得资金,或者信贷机构将自有资金借给资金需求方,而后将这些债券包装和设计成理财产品供资金源购买。

资产证券化模式是信贷机构先通过自有资金或受托资金借给资金需求方,而后通过资产证券化的方式将资产以低于贷款利率的价格卖出,而还款是直接打到资产证券化托管机构指定的账户中。在这种模式下,信贷机构不用持有信贷资产，而是不断将信贷资产通过资产证券化进行销售，从而使得现金流持续、稳健[64]。但其问题在于：其杠杆率会非常高，可以达到 20，甚至 50。

对信贷机构而言，资金的可持续是信贷机构要特别注意的风险。信贷机构既需要监控取现的数量，又需要通过产品让客户进行自我选择，从而控制挤兑风险和流动性风险，如通过不同期限的存款产品来让客户自我识别。对于合法的 P2P 平台而言，一样会遇到客户提现导致资金不足的流动性风险，但合法的 P2P 平台一般没有吸纳存款的许可证，可以通过一些强制性规定，如提现需要 3 个工作日的预约来提前做好准备。

对资金端而言，BG/NBD 模型等可以预测每个客户明天提现的概率和提现金额，而后根据预测的结果准备资金，以防出现流动性风险。另外，信贷机构可以通过与其他机构合作，签订短期资金借用合同等方式来准备资金。

13.5 档案管理

在放款后，各种档案（如借款合同、客户信息等）需整理并统一管理，从而为后续贷中、贷后管理打下坚实基础。

对纸质的文档，信贷机构需要统一文档顺序：首先放审批决议、申请表、身份证复印件、征信报告、银行流水、担保人申明、担保人身份证复印件等，同时需要进行编号便于后续查找。之后，信贷机构需要组织人员将纸质的文档电子化和数据化。对于拥有大量纸质化档案的信贷机构来说，这是一个艰辛的过程，但没有这个过程，信贷机构的贷中、贷后管理，以及计量体系都无法顺利完成。在实践中，对已经纸质化的档案应集中人手快速地电子化，经人工录入后还需要组织力量对相应的电子化工作进行

2～5次复查，以确保信息录入准确。

对已经电子化或直接互联网化的信贷机构而言，业务数据需要安全保护，以防止数据泄露。在大数据时代，信息保护无论怎样小心都不为过。这里不是强调纸质档案的安全不重要，纸质档案的安全主要在于防止毁灭，比如火灾、水灾等，同时要强化管理责任，确保查阅需要经过相应的审批和监控。

对于数据安全和IT等风险在这里不详细展开了，这也是非常重要的风控工作，否则就会出现携程网信息安全门事件，甚至整个数据库被删而造成业务无法正常开展的情况。

| 第14章 |

信贷的还款阶段

在消费信用膨胀的情况下,新的购买力与老的购买力并存,价格上涨,结果商品被抽出,信贷获得者或从此项贷款的偿还中获得收入之人,从中受益。

—— 经济学家 约瑟夫·熊彼特

第14章
信贷的还款阶段

信贷简单理解就是仅靠信用将资金放贷出去，而后将放出去的资金收回来。没有回款的生意就是为客户做公益，正如西方的谚语"销售只有在收回货款之后才算数，在此之前，与无偿赠送没有多大区别"[66]。放出去的资金能否收回受多种因素的影响，如还款方式、支付通道、还款币种、是否还款提醒、还款账务处理方式等。

14.1 还款方式

还款方式有很多种，一般可分为一次付息到期还本、按月付息到期还本、按月付息按季还本、等额本金、等额本息、等本等息等，如图14-1所示。

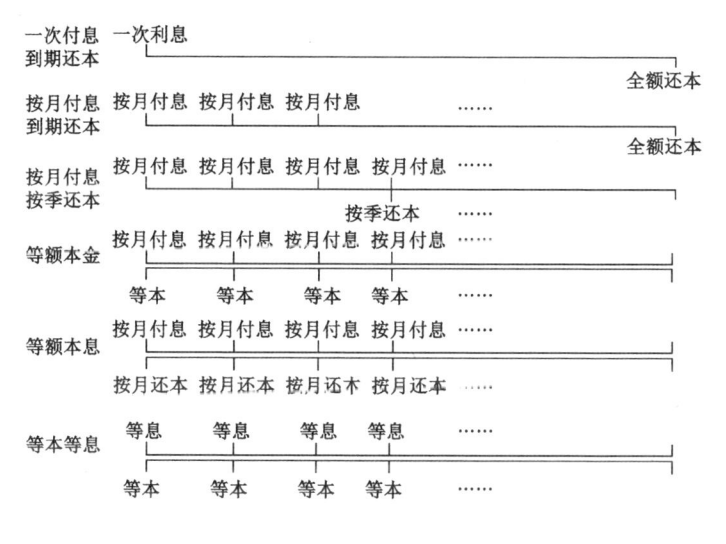

图 14-1 不同还款方式的本息表现

不同还款方式的还本付息方式是不相同的，其风险也不尽相同。一次付息到期还本是信贷机构在放款时一次性扣除利息后支付给客户剩余部分资金，客户到期时一次性归还本金。对借款人来说，这种还款方式成本较高。对信贷机构来说，该方式可有效地控制借款人的不良率，并提高资金利用率。

按月付息到期还本是每个月支付利息，到期后一次性归还贷款本金。对借款人来说，该方式平时无还款压力，可以将资金投到收益高的项目中，但到期时还款压力比较大。对贷款机构来讲，该方式的违约风险会比按月还本高很多。

按月付息按季还本是按照每个月支付利息，每 3 个月归还一次本金。对一些现金流具有间断性的客户来说，该方式可以缓解其资金压力。但对信贷机构来说，该方式的风险比较大，尽管其能使信贷机构获得大量的客户。

等额本金是指每月以固定的金额还本金，而支付剩余本金的利息，贷款利息随着贷款本金的减少而减少。对借款人而言，该方式的还款压力逐渐减小。对信贷机构来说，该方式会降低其收入。

等额本息是指确定每个月的还款金额，并计算出利息，本金额度逐渐增加而利息逐渐减少。对借款人来说，该方式的预期是稳定的，即每个月都需要还相同额度；而对信贷机构而言，其收入也相对稳定。等本等息是指客户每个月以等额方式支付本金和利息。

无论采用等额本息，还是等本等息等还款方式，都需要通过支付通道来还款。

14.2 支付方式

还款支付方式可分为客户主动还款、信贷机构直接扣款或代扣方式。客户主动还款既可以通过在银行将现金存入信贷机构账号，也可以通过非

第 14 章
信贷的还款阶段

现金转账，还可以通过第三方机构进行还款等。

还款方式比较多，如图 14-2 所示。客户可以选择到柜台或门店用现金、支票、商票、刷储蓄卡、刷信用卡等进行还款，也可以通过汇款、转账等方式进行还款，还可以采用代扣、代付等方式进行还款，以及选择通过第三方支付平台进行充值后，再通过转账来进行还款。

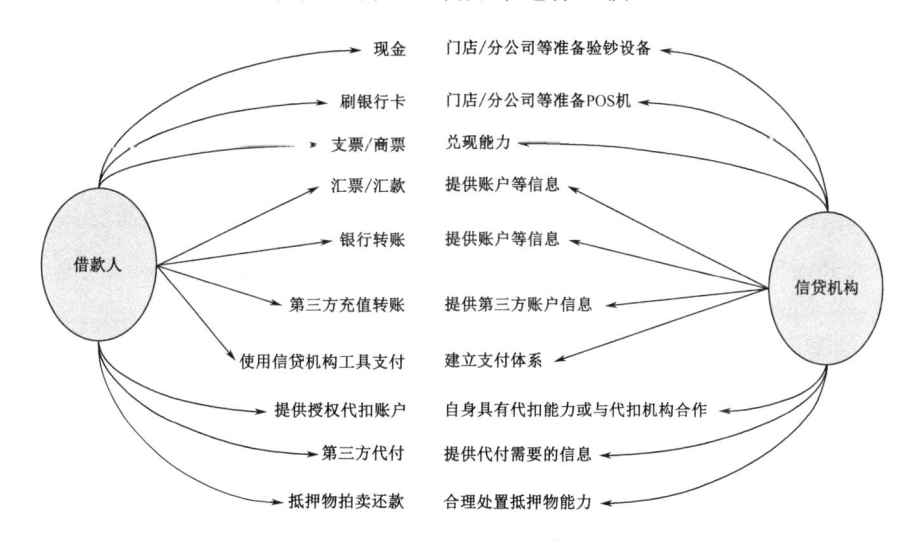

```
借款人 ──现金──────→ 门店/分公司等准备验钞设备 ──┐
      ──刷银行卡────→ 门店/分公司等准备POS机 ────┤
      ──支票/商票───→ 兑现能力 ──────────────────┤
      ──汇票/汇款───→ 提供账户等信息 ────────────┤
      ──银行转账────→ 提供账户等信息 ────────────┤ 信贷机构
      ──第三方充值转账→ 提供第三方账户信息 ──────┤
      ──使用信贷机构工具支付→ 建立支付体系 ──────┤
      ──提供授权代扣账户→ 自身具有代扣能力或与代扣机构合作 ┤
      ──第三方代付──→ 提供代付需要的信息 ────────┤
      ──抵押物拍卖还款→ 合理处置抵押物能力 ──────┘
```

图 14-2 不同的还款支付方式

图 14-2 展示了不同的还款支付方式，这些还款支付方式的复杂程度、便捷程度、安全程度等都是不相同的，而每个人对于复杂程度、便捷、安全等偏好也不相同，选择不同的还款支付方式的行为揭示了客户的风险偏好。

对信贷机构而言，客户提供银行账户定期扣款是比较有效的支付方式。这种方式的后续处理相对比较简单。如果客户通过自身账户向信贷机构的账户汇款或转账，后续的对账等比较麻烦，因为流水可获得客户的姓名和账户而无身份证号或贷款合同号；同时，因为同名同姓的人随着客户群体扩大出现的概率也会增加，造成台账不能精准地做出来，从而出现张冠李戴的现象。

在采取定期扣款的还款支付方式时，若客户提供的扣款账户在扣款时没有资金，而在 10 天后就有资金了，为此信贷机构制定出相应策略来应对扣款时暂无资金或只有少量资金的情景。在实践中，信贷机构会在每月还款日前 3 个工作日，向客户发送短信或拨打电话提醒其确保账户有足额资金。除此之外，信贷机构还可以根据客户的还款历史行为来选择合适的时间再次进行扣款。

对还款金额比较大的客户，信贷机构还必须充分考虑借款人的筹款能力，应提前 15 天提醒客户准备好资金，并在还款日当天早上进行提醒，从而确保客户能正常还款。

在实践中，一些信贷机构提供了所谓钱包等功能，客户需要先充值后还款，从而增加了客户还款的难度。客户会采取不还款，而等到信贷机构上门催收后支付支票或商票等，但这增加了信贷机构的资金成本和运营成本。

支付链路越复杂，客户逾期率就越高。这是因为支付方式太复杂，借款人会因不会操作而被迫进入逾期状态，或是信贷机构提供的支付方式客户少等，其最终表现为信贷机构的逾期率比较高。因此，为了确保客户顺利还款，信贷机构需要提供稳定、可持续、受众广的还款支付方式。

为了避免支付通道引发逾期或坏账，信贷机构需要针对支付系统故障、账户管控、第三方支付方规则变化、第三方支付违规被封等做好各种预案。一般来说，其主要应对措施有：①内部增加备用系统，并随时准备切换；②尽管目前支付公司都与网联清算有限公司直接连接，但信贷机构需要备份 2~3 家支付渠道；③构建自身的收款路由，即不仅借助支付通道，而且可以借助中国银行卡联合组织（简称银联）、其他货币产品，从而确保自身支付通道顺畅。

14.3 还款提醒

为了顺利收回本息，信贷机构需要在客户还款日前几天提醒其还款。一般主要是通过电话、短信等提醒。

某信贷机构因系统压力将还款提醒短信停了。其新客户 M_1 逾期率则提高了 1.5 个点、老客户 M_1 逾期率提升了 0.5 个点。通过分析发现，还款前发送提醒短信的还款率要比不发送提醒短信的高 12%。因此，在还款日之前发送还款提醒短信是非常有效的。

2017 年，某信贷机构 A 和 B 因通信运营商对短信内容进行了限制，如"还款"等，造成还款提醒短信无法触达客户，从而导致客户的逾期率增长 2～3 倍，如图 14-3 和图 14-4 所示。

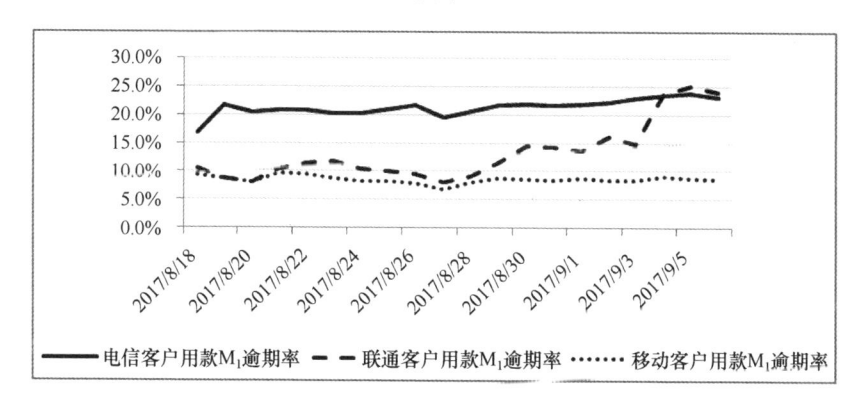

图 14-3 信贷机构 A 按运营商分类的客户用款的 M_1 逾期率走势

从图 14-3 可知，信贷机构 A 移动客户的 M_1 逾期率维持在 9%以下；而电信客户的 M_1 逾期率从 8 月 18 日开始飙升了 5 个点，而后一直维持在 20%左右，并有逐步上升趋势，到 9 月 5 日为 25%；联通客户的 M_1 逾期率从 8 月 30 日开始飙升 4 个点，而后在 9 月 3 日飙升到 25%。

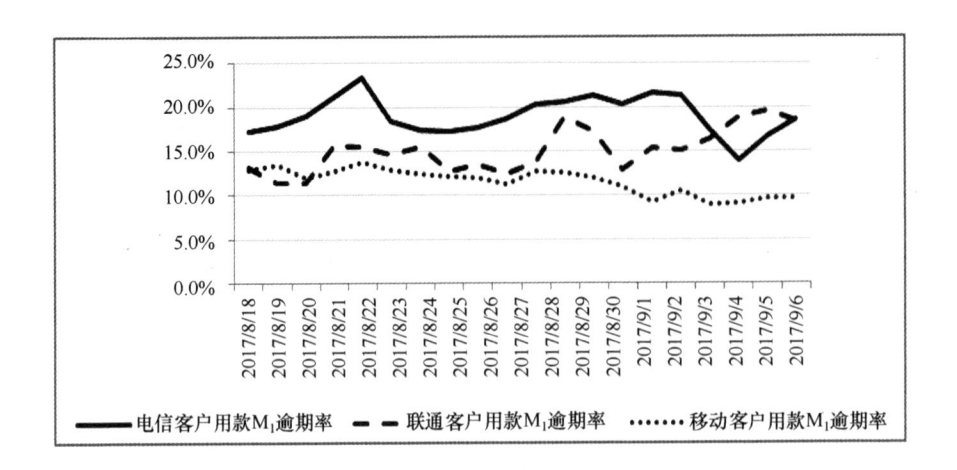

图 14-4　信贷机构 B 按运营商分类的客户用款的 M_1 逾期率走势

从图 14-4 可知，信贷机构 B 移动客户的 M_1 逾期率逐渐从 13%降到 9%左右；而联通客户的 M_1 逾期率从 8 月 18 日的 12%飙升到 15%，并逐步上升到 9 月 5 日的 20%；电信客户的 M_1 逾期率从 8 月 18 日的 17%飙升到 23%，而后逐步下降到 17%左右。

为了验证还款提醒短信是否真地对逾期率有很大影响，一些信贷机构做了短信发送与不发送的 A/B 测试。其结果显示：对于已逾期 1 天的客户来说，通过发送短信提醒的对照组客户逾期 6 天的逾期率为 18%，而不发短信的试验组客户逾期 6 天的逾期率为 48%，因而不发送短信会提高客户的逾期率 30%。无论是被动测试还是主动测试，还款提醒短信都能降低客户逾期。因此，还款提醒是信贷机构应该做的，且应避免还款提醒方式的不可持续性。

在实践中，短信、电话提醒出现问题主要是因为系统崩溃、异常关闭、运营商管控。为此，信贷机构需要采取以下措施。

（1）增加备份系统，实时与业务系统保持同步，并随时准备切换。

（2）保留人工通道来手动操作业务，因为人们所依赖的系统都是人设计、编写、部署的，不可避免会崩溃。

（3）多预备一到两家短信运营商，因为每个运营商都有其独到资源，可防止交易对手风险。

（4）配合合作商，更改用语。

（5）通过 App、H5 等来推送还款提醒短信给客户，或通过微信等社交软件来推送还款提醒短信；或者通过智能网络社交技术等来提醒客户到期还款。

（6）通过智能网络电话语音来提醒客户按时还款，但这种方式对客户不够友好，而且需要强大的技术力量来开发相关系统，从而实现自动拨号、播放语音等。

（7）催收策略变得更积极，催收团队提前介入，比如原来催收从第 3 天开始改为从第 0 天开始，原来从第 7 天开始进行催收改为从第 3 天开始。

14.4 还款风险预防

在信贷业务中，一些客户存在习惯性滞后还款，如一个客户就经常性在还款日后 20 天左右还款。信贷机构对此类客户需要进行标识，并在还款起初要紧密关注，直至本息收回，而后需要认真考虑是否对该客户发放贷款金额，是否需要调整其还款的期限、方式等。

在还款阶段，客户存在欺诈行为。比如，借款人在短期内正常还款，但客户突然失踪或不还款了，从而造成逾期；再如，客户能正常还款，但其还款资金来源都来自其他人的账户；又如，信贷机构的还款接口或页面被其他人劫获了，导致还款进入了其他人的账户中，等等。

还款阶段的风险，还体现在可能存在的通货膨胀或汇率等剧烈变化方面。在实际还款中，信贷机构应该进行约定或控制此类风险，比如在合同中约定两种币种，并应以最稳定的币种来还款，从而避免这种风险，或者与其他机构进行货币互换来缓解因通货膨胀或汇率等发生变化而带来的风险。

14.5 还款处理方式

信用卡提现功能的利率比较高。为使还款在银行当前轧账之前处理好，客户可通过打电话、柜台等还款。因此，还款处理方式是非常重要的。

信贷机构允许客户申请提前偿还贷款，但其需要决定客户提前还款是否应该根据产品收取补偿金。客户的贷款使用不满 3 个月就提前还款，信贷机构需对该客户收取一定比例的补偿金，以未还款本金计算的一个月利息作为收取标准，最高不超过 500 元；客户对满 3 个月以上贷款进行提前还款，银行有权对客户收取补偿金，但也要根据客户具体的还款情况而定，还款无逾期记录的则不收取，还款有逾期记录的就收取。

信贷机构对借款人的还款，按照已到期、未到期的顺序偿还，还款的顺序依次为上期欠款和本期欠款。信用卡的还款顺序则是，同一账户中持卡人偿还的款项不足以清偿其全部欠款时，还款顺序依次为先冲抵已出账单欠款，再冲抵未出账单欠款。还款金额不足冲抵已到期欠款的，应先还逾期超过 90 天的欠款，再还逾期未超过 90 天（含）的欠款。

在同期欠款中，按照以下顺序对信用卡账户的各项欠款进行账务处理。

（1）逾期 1~90 天（含），先偿还利息或各项费用，后偿还本金（除利息、费用外的交易款项）。

（2）逾期 91 天（含）以上，还款顺序为先偿还本金，而后偿还分期付款应付款项、消费透支款、费用、利息。信贷机构有权根据法律、法规或监管要求单方面变更上述还款顺序。

| 第15章 |

逾期管理和不良资产处置

放开不良资产市场,由各类市场主体参与,其中银行可以探索"债转累积优先股"模式。

—— 兴业银行首席经济学家、
华福证券首席经济学家 鲁政委

逾期管理是信贷业务流程的关键组成部分。在信贷系统中，相关模块每天都要计算逾期情况，并根据逾期情况发送给相应的负责人，由相关人员进行提醒和通知，以及询问原因。

对于大额贷款而言，信贷机构在截止到还款日当天17时，对账户中尚无足够还款金额的客户（借款人），信贷人员应立刻向主管人员汇报，根据客户过去还款记录及对客户的评估来决定是否启动催收程序。如果客户被界定为"有还款意愿，有还款能力"，因事在还款日当天无法正常还款，同时客户给出了具体的还款日期，而且时间间隔不长（一般来说，应该是第二天），则信贷机构可以接受客户的建议，但是必须将沟通内容记录并存档；如果客户被评定为"无还款意愿"，那么信贷机构可立即启动逾期催收程序。

信贷行业通常规定，客户应该按时偿还贷款，如果没有按期还款，将征收罚息。但对于例外的、有足够理由的情况，信贷机构可酌情考虑不遵循通用条款，客户可以延期还款、贷款展期。这既是从客户出发，也是信贷机构本身社会责任的体现。

延期还款就是在客户遇到严重问题，如重大自然灾害、疾病、盗抢或销售量的巨大滑坡等，且相关人员能够证明还款问题只是暂时的，经相应等级风险委员会批准后，可以推迟（重新安排）一部分数量的分期付款。对于这种被重新安排还款时间的贷款，信贷机构应将其放到特别"关注"和监控类贷款内。

信贷机构收到贷款展期的申请，同时得到相应审批授权人的批准后才

第15章
逾期管理和不良资产处置

可以展期。贷款展期发生在以下两种情况。

（1）客户风险水平较优，还款基本正常，但短期内有一定还款压力，可通过贷款展期的方式摊薄单期需偿还金额。

（2）客户出现了逾期情况，但有意愿进行还款，为了尽可能收回逾期欠款，需要达成逾期还款协议。

除此之外，逾期管理的核心还包括逾期催收和不良资产处置。逾期催收是指通过对客户的信息修复后，借助不同的方式触达客户，促使客户还款，以降低信贷机构的损失。不良资产处置是指通过对不良资产打包出售、托管等方式，实现资产结构优化。

逾期催收通过催收工具来触达客户，通过谈判等方式使客户还款。不同催收方式对同一逾期账期、同一客户的效果也是不同的。

逾期管理有信息对接（各种内部数据的提前准备）、建立催收评分和失联评分，以及账龄滚动率模型、信息修复、催收策略制定、自营催收、委外催收、催收公司管理、不良资产处置等，如图15-1所示。

```
┌─────────────────────────────────────────────┐
│                  信息对接                    │
└─────────────────────────────────────────────┘
┌──────────────┬──────────────┬──────────────┐
│   催收评分    │   失联评分    │  账龄滚动率模型│
└──────────────┴──────────────┴──────────────┘
┌─────────────────────────────────────────────┐
│      延期还款和重新调整贷款的例外处理        │
└─────────────────────────────────────────────┘
┌─────────────────────┬───────────────────────┐
│      信息修复        │     催收策略制定       │
└─────────────────────┴───────────────────────┘
┌─────────────────────────────────────────────┐
│                  自营催收                    │
└─────────────────────────────────────────────┘
┌─────────────────────┬───────────────────────┐
│      委外催收        │     催收公司管理       │
└─────────────────────┴───────────────────────┘
┌─────────────────────────────────────────────┐
│                不良资产处置                  │
└─────────────────────────────────────────────┘
```

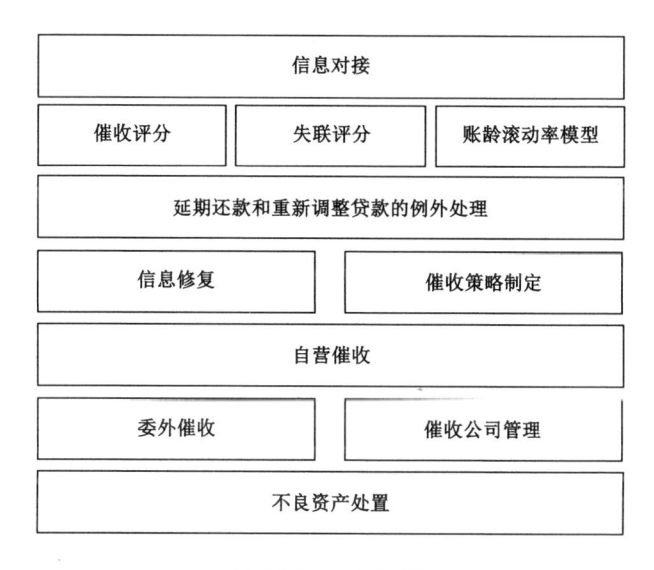

图 15-1 逾期管理

逾期催收需要准确、有效的客户基本身份信息、业务信息和联系人信息等。以此为基础，信贷机构可开发催收评分、失联评分、账龄滚动率模型等，从而来判断客户是否能被催收、失联的可能性有多大、预计在哪个账龄阶段能够收回来等。

15.1 逾期信息处理

客户未按约还款或存在其他未偿还的账款（如利息、违约金等），则信贷机构依法有权自行或委托第三方通过电话、信函、手机短信、电子邮件、面访、公告或司法渠道等方式向客户本人直接催缴欠款；对于无法直接联系的客户，信贷机构可请求客户所提供的联系人、近亲属、工作单位或其他代偿意愿人来转告客户应缴纳欠款事宜。

催收的前提是需要有可触达客户的联系方式，如手机号、E-mail、地址、电话、微信、QQ 等。但在实践中，常见的问题是客户失去联系，即电话无法打通（如手机停机、欠费、空号等），使得信息无法正常、有效地触达客户。

为此，信贷机构需要对失联者信息进行修复，找到其最新的联系信息，如利用社交网络分析找到客户的潜在联系方式；通过 QQ、E-mail 等进行关联找到客户的可能联系方式；从运营商那里获得客户最新的联系方式，或者从客户的亲朋好友那里获得，或者根据客户留下的住址找到相关社区业主委员会或村委会，进而找到客户的联系方式；根据客户所使用的网络地址、GPS 位置、购物的收货地址等作为客户的最新地址；等等。

在大数据时代，信贷机构可以充分利用大数据，建立相关失联模型，在客户申请时就根据客户的失联得分等来决定是否对客户进行放贷，从而大大降低客户的失联率。同时，对于审批通过的客户，但失联得分高的可

第 15 章
逾期管理和不良资产处置

以要求客户提供更多联系人的信息,从而提前进行客户信息修复提高催收效率。

15.2 催收策略

在信息修复之后,信贷机构就需要依据信息制定策略来指导催收实践。催收策略可以按照逾期账期、逾期余额、客群特征、模型评分等具体情况来制定相关的应对策略,如图 15-2 所示。

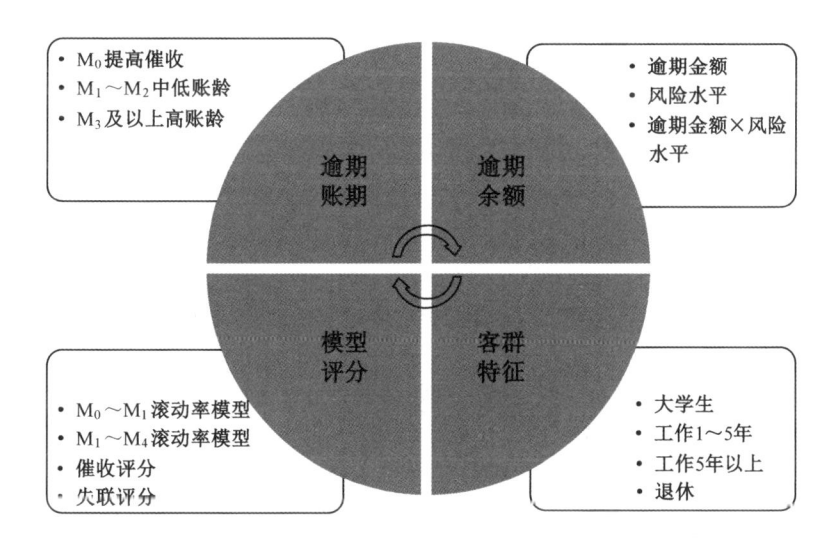

逾期账期
- M_0 提高催收
- $M_1 \sim M_2$ 中低账龄
- M_3 及以上高账龄

逾期余额
- 逾期金额
- 风险水平
- 逾期金额×风险水平

模型评分
- $M_0 \sim M_1$ 滚动率模型
- $M_1 \sim M_4$ 滚动率模型
- 催收评分
- 失联评分

客群特征
- 大学生
- 工作1~5年
- 工作5年以上
- 退休

图 15-2 逾期客户管理

根据逾期账期长短所制定的催收策略往往是:针对低账龄的客户可以采用短信、E-mail、QQ、微信、电话等方式,采取以提醒为主的催收方式;针对中账龄的客户主要采取电话的方式,以施压为手段,不断提高催收强度;针对高账龄的客户主要采取上门、委托第三方机构、司法等方式。这种催收策略是通用的,因为没有分逾期余额的大小、还款意愿、还款习惯和催收后反应等情况,所以适合信贷机构初期的催收。

根据逾期余额所制定的催收策略主要是根据逾期余额大小来采取优先催收大额还款，这样可以集中精力解决主要矛盾，在同等的情况下可以提高回款额。

按照客群特征所制定的催收策略是指不同的客群具有不同的特点，针对不同的特点制定不同的催收策略，这样可以有针对性地制定相应的策略，如对大学生催收就需要考虑大学生群体一般不具有收入来源，因而可以采用向大学生父母催收的办法来提高回款率。

按照模型评分所制定的催收策略是基于给客户的一个综合评价，如通过催收评分、失联评分、账龄滚动率评分、行为评分等可以比较全面、客观地认识客户，从而对于催收综合评分高且失联评分低的客户可以自己催收，对于催收综合评分低且失联评分高的客户可以通过外部催收。

在逾期催收的流程中，具体时间的界定需要根据信贷机构的风控委员会制定的制度来确定，不同的信贷机构对此有不同的规定，具体流程如图 15-3 所示。

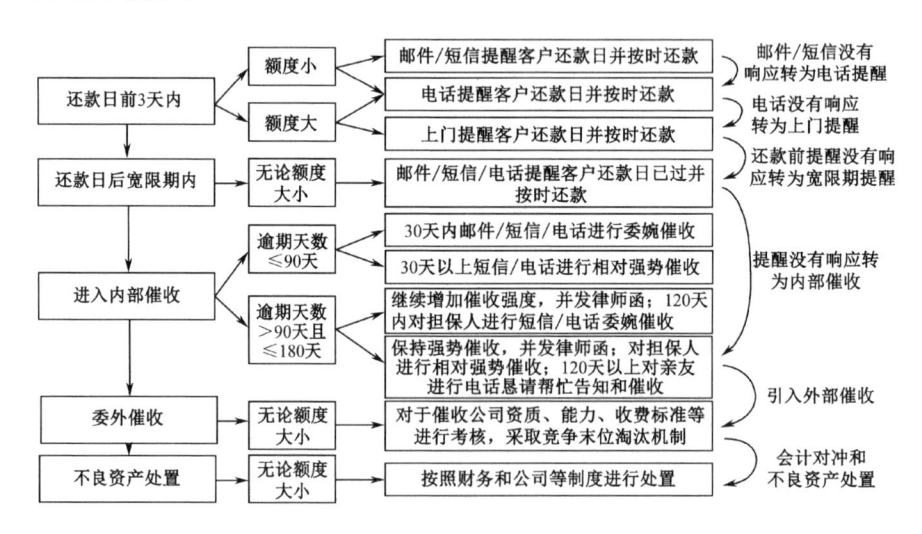

图 15-3 逾期催收流程

信贷机构应在客户还款前 3 天进行还款提醒。对于小额度业务，信贷

第15章
逾期管理和不良资产处置

机构可通过邮件、短信来提醒客户"多少日后是您的还款日",并请客户及时还款以免影响自身信用记录。当邮件/短信没有响应时,信贷机构可以改用电话进行提醒。对于借款额度比较大的,除邮件、短信提醒外,信贷机构还需要通过电话进行还款提醒。必要时,信贷机构还可以上门提醒,尤其是在额度大且还款账户发生变更的情况下,特别需要电话和上门提醒。在还款日当天17时未到账的客户,信贷机构就应立即电话通知客户并咨询原因。

当客户在还款日没有还款但仍在还款宽限期内时,其提醒方式主要还是采用邮件、短信、电话等提醒"您的还款日为××××年××月××日,您已经逾期多少天,请您尽快还款"。如果有必要,则信贷机构需要重审客户的档案,寻找潜在问题,并在不预先通知客户的情况下,到达客户工作、生活或经营场所实地考察,弄清客户产生逾期的原因(主观或非主观)。

在客户逾期超过宽限期后且在90天以内,信贷机构自己的催收团队进行催收非常合适。一般来说,在逾期30天内,信贷机构主要采用邮件、短信、电话等进行委婉催收,如果有必要,则通知保证人"借款人未还款",并约借款人、共同借款人、保证人到信贷机构网点等地方见面,要求所有关联人签收逾期通知函并存档,与客户签订新的书面还款承诺时间(3天左右)并存档。该阶段主要是以客户服务为导向,以客户满意度、服务质量、产能、效能为核心指标。

在30天以上90天以内的逾期贷款,信贷机构主要采用短信、电话等进行强势催收,给客户的压力不断增强。其目标是以避免继续往下滚动为导向,其考核指标是回款率、回滚率等。

在客户逾期超过90天且在180天以内,信贷机构自己的催收团队进行催收比较合适。一般来说,在逾期120天内,信贷机构主要采用电话等进行强势催收,不断增加压力外,还需对保证人进行催收,通知保证人"借款人未还款",并约借款人、共同借款人、保证人到信贷机构网点等地方见面,要求所有关联人签收逾期通知函并存档,与客户签订新的书面还款承诺时间(3天左右)并存档;在120天以上180天以内的,信贷机构保持对客户强势催收,给客户的压力不断增强,同时联系客户留下的联系人、上司等,恳请对方帮忙催收。

客户逾期超过180天,信贷机构最好委托第三方催收机构进行催收,并准备采取诉诸法律等手段。但第三方催收机构需要谨慎选择,其原则是寻求具有资质、催收方式合法的机构来帮忙催收,同时对于第三方催收机构要采取竞争机制(如末位淘汰制)来提高回款率。

对于多方都无法催收回来的款项,信贷机构需要启动不良资产处置流程来处理不良资产,如通过核销、打包卖出等方式进行处理,尽力挽回资本。

在执行上述流程中,信贷机构在某一流程能有效追回本期还款额,则无须执行其后续流程。但该客户在系统中贷款状态改为"次级",贷后监控方式应改为非正常监控。同时,每次催收都要有相关记录,为后续建立和优化催收策略做准备。信贷催收登记表如表15-1所示。

表15-1 信贷催收登记表

客户	催收方式	催收时间	催收人	是否联系上	是否承诺还款	担保人催收方式	担保人催收时间	共同借贷人催收方式	共同借贷人催收时间	上次催收还款金额
店铺王	电话催收									
烧卖专卖店	短信									
……										

信贷催收登记表最好以电子文档的形式存在,因为后续建立催收模型、

失联模型将会用到这些数据，最后得到催收评分后，将结合额度、逾期时间长度，采取不同的催收方式。

对于催收团队来说，催收评分是不够的。其核心在于催收策略的设计，有效的催收策略是提高回款率和降低催收成本的关键，因为逾期客户具有差异性，对于不同的客户应采取针对性的催收方式，如客户因出差在外地无法正常还款的催收方式与失联客户的催收方式就不同，对催一次后就还款的客户采取的方式与不断打破承诺的客户采取的方式是不一样的。

催收团队针对每一笔逾期进行催收时，都需要给出催收策略以最大限度地提高回收率。催收团队需要动态催收评分模型，然后基于动态催收评分和催收策略相结合，这就类似于推荐引擎，基于不同动态催收评分推荐不同的催收策略。

15.3　动态催收策略

在一般催收方案中，信贷机构按照逾期天数，随机分配给催收人员。在实际中，一些逾期客户到了相应时间会还款，如工资发放日等，因而这类客户并不需要进行催收。如果催收团队对其进行催收，反而使得客户体验不好。同时，各催收人员所擅长的不同，以及性格、沟通方式等的不同，使得有些催收人员的回收率较高，而有些则较低。

在实践中，分案策略可以根据客户的催收评分卡得分，将客户分为低、中、高评分，并结合逾期天数等，制定出合理的分案策略。低评分客户可直接分配给催收技能优秀的高级催收人员或催收外包机构进行催收，提高他们的奖金或者外包佣金，以此激励相关人员并提高回收率。高评分客户可直接分配给催收技能较弱的普通催收人员或催收外包机构进行催收，以此来训练相关人员，通过"实战"来培养人才，从而降低人力成本并提高回收率。

随着业务的发展，催收难度是动态变化的，需要随时、动态地调整。动态催收策略就是根据催收人员、需要催收案件等相关数据来建立相应的匹配关系，即对每个案件有特定的人、个性化的催收方案，从而提高回收率。

动态催收评分是动态催收策略的基础。它主要是解决对每个客户进行电话催收需要决定什么时候可以结束，因为对一个逾期客户的每次催收都根据上次的催收情况进行数据分析和总结并调整催收策略来提高催收效率和有效利用资源。

动态催收策略是根据催收的实时数据，如催收效果、客户语音、情绪等数据，不断地计算其动态催收评分，并根据动态催收评分来调整和匹配合适的催收策略，以提高回收率，动态催收评分应用系统如图 15-4 所示。

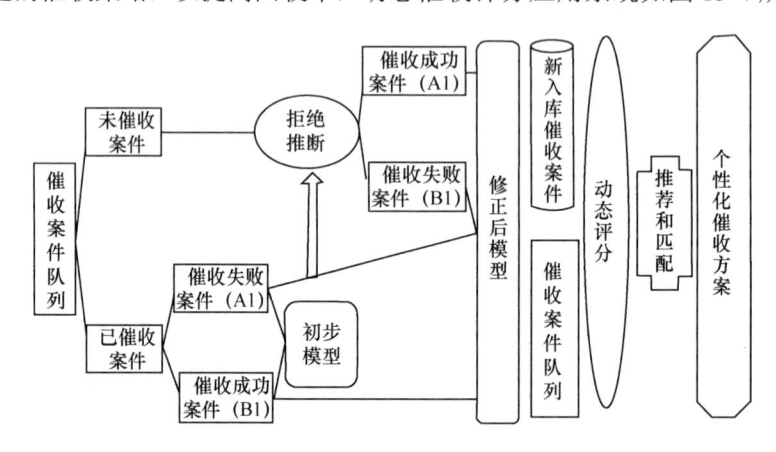

图 15-4　动态催收评分应用系统

对低动态催收评分的客户，催收策略可采取从逾期第 1 天就开始催收，使用强硬的话术，要求催收人员增加拨打渗透率（拨打频次）和精细度（单个案件拨打电话数）。

对高动态催收评分的客户，催收策略可采取逾期第 10 天甚至第 15 天再开始催收，而在这之前通过短信提醒，或者仅通过互动式语音应答

（Interactive Voice Response，IVR）自动催收即可，或者降低拨打渗透率，可以给予客户一定时间去筹借款项，提升客户满意度，培养其成为优质存量客户。但如果其逾期超过多天，信贷机构要立即调整催收策略，增加催收强度。

IVR 系统可根据某些设置条件成批地拨出电话，如果这个电话有人应答，则该系统将立即把电话派给座席状态为空闲的催收人员，客户的相关资料及外拨业务的话术脚本会自动显示在催收座席屏幕上，催收人员可立即与客户通话；如果有多余客户应答，而无催收座席空闲，就自动播放 IVR 来催收；如果电话占线或者无人接听等，则该系统自动记录这次联系的结果，根据重拨策略，安排在下一循环拨出；如果是错误的电话号码（如空号等），就将该号码删除。IVR 系统通过预测系统推送名单，根据设置的拨号规则，接通后连同客户信息界面同步接入座席。

15.4　催收行动

催收策略并不是单一或唯独的，可以通过逾期账期、逾期余额、模型、客群等进行组合，而后给出相应的催收策略，这样能够提高催收的效率。

催收行动是催收的执行和落地环节。催收人员要冷静聆听客户的阐述，碰到乱发脾气的客户需要耐心安抚，尽量使自己与客户在相同的频率上进行沟通，不忘催收的初心就是要客户还款，相应的技巧可以参见各种催收方面的图书。特别注意，对于客户的父母、配偶、亲朋好友、秘书等要特别客气，告诉他们打电话的目的是请客户还款，并恳请对方帮忙通知客户。

催收行动主要体现触达客户并与之进行谈判。催收行动的基本原则和方法如下。

（1）对客户进行持续有效、合法合理的"骚扰"，确保其进入谈判。

（2）找到客户的"软肋"，对其实施"诱之以利，动之以情，晓之以理，胁之以威"策略。

（3）从客户的角度出发，寻找和确定新的还款来源。

（4）有技巧地谈判，可循序渐进、软硬兼施让客户的压力不断升级，并避免客户体验快速变坏。

（5）催收行动要有迹可循，在催收行动之后及时进行复盘，并调整策略、方式。

（6）催收要以"能还多少先还多少""诱之以利，胁之以威"的理念，坚持不懈地保证资产安全。

（7）当存在抵押物时，争分夺秒地提高对抵押物的控制。

在实践中，催收行动尽量避免使用司法手段，但又不能抛弃司法手段，这是威慑的基本手段[66-69]。其原因是从立案到执行需要花费相当长的时间，但司法手段是保证资产安全的最后行动。

催收行动需要以法规为准绳，严禁暴力催收、严禁介入客户的纠纷中、严禁向客户传递不利于回收款项的信息。同时，催收行动应遵守两人以上原则，且谈话内容等要录音并提交到系统。

在实践中，不同团队催收效果是不同的。催收到底是由自身团队来执行，还是由外部机构来执行，需要根据其回收率、投诉率等进行权衡。但无论由谁来执行，信贷机构都要防范催收人员和客户联合欺诈，如催收人员因为考核指标是回款率在30%以上，就和客户沟通，先还40%的本金，后续一段时间也就不催客户等问题。

15.5 不良资产处置

资产本身没有良好和不良之分，不良资产往往是与违约债务紧密联系

第 15 章
逾期管理和不良资产处置

在一起的,即当债务人违约而成为老赖,导致没有足够的数据来判断客户到底是否会还款,将这类资产称为不良资产。

不良资产处置是通过不良资产转让、不良资产重组、打包销售、不良资产证券化等方式进行的,以实现价值提升[70]。

不良资产转让是指将不良资产以市场所认可的价格向第三方转让来实现价值回收。这种方式适用于资产存在加速贬值或是无法与债务人正面接触及其他处置方式均不奏效的情况,其主要是通过竞价转让、招标转让、公开拍卖、挂牌转让、协议转让等进行。

根据《中华人民共和国合同法》《最高人民法院关于审理涉及金融资产管理公司收购、管理、处置国有银行不良贷款形成的资产的案件适用法律若干问题的规定》等法规可知,债权转让公告或通知适用于金融资产管理公司收购、管理、处置国有银行不良资产的有关案件,而其他债权转让如何合法,尚没有明确规定。

不良资产重组主要是对不良资产的金额、利率、期限、担保方式、回收内容、币种等要素进行调整、变更的处置方式,一般适用于债务人出现短期流动性困难而无法按时清偿债务所形成的不良资产,债务人需具有较强的长期偿债能力,能够提供足够担保措施。在重组过程中,问题资产的债务越多,清除较低等级证券的可能性就越大,如股权、优先权,而其关键是获得资产所有权最大份额的证券。

打包销售是指按照某种分类方法,把一个以上资产全部或部分合并成一个资产包进行处置,其一般适用于"散、乱、差"的项目,这样有利于发挥个别资产的优势,进而做到以优带劣,加快资产处置。

不良资产证券化是资产拥有者将一部分流动性较差的资产经过一定的组合,使这组资产具有比较稳定的现金流,再经过提高信用,从而转换为在金融市场上流动的证券的一项技术和过程。

| 第16章 |

管理信息系统

数据是一种信仰,用"关系"的思维看数据。

——未来趋势观察家 车品觉

第16章
管理信息系统

风险管理以管理信息系统（Management Information System，MIS）为核心。在实践中，资产组合的调整方向，是否调整额度，是否关闭某获客渠道，是否收紧某地区的贷款额度等依赖 MIS 的结果。MIS 可让风控人员及时了解产品、渠道、放款、逾期、催收等情况，而 MIS 是基于有效的信息管理系统而发展起来的[44]。

在 MIS 中，报表可以分为四大类，分别是渠道和产品、模型和规则、审批、贷后管理。不同类的报表数量比较多，但真正有效的报表比较少。这里仅以有效的报表来进行说明。

通过表 16-1 所示的渠道和产品进件统计可知，信贷机构根据每天不同渠道和产品的申请件数、审批通过件数、审批通过率可以发现各产品进件质量、趋势，进而可制定相应的营销和渠道管理政策。

表 16-1 渠道和产品进件统计

申请日期	渠道	产品	申请量/件	审批通过量/件	审批拒绝量/件	申请客户数/个	审批客户数/个	申请金额/万元	审批金额/万元	拒绝金额/万元	笔数审批通过率/%	金额审批通过率/%
2021年9月1日	A	小微贷	100	80	20	99	79	800	500	300	80	62.5
2021年9月1日	B	小微贷	80	70	10	80	70	480	360	120	87.5	75
2021年8月31日	A	小微贷	90	80	10	89	80	720	460	260	89	63.8

通过表 16-2 所示的渠道和产品的贷款质量，以及逾期趋势可知，信贷机构针对不同产品、渠道制定相应的策略，并且通过大量的分析后可以确定策略调整的方向和力度。比如，根据逾期案件，找到一些共性指标，并

参考正常客户的指标，最终筛选出最合适的指标，而后根据相应的指标制定规则、策略等，并监控相关规则和策略实施后逾期是否发生了显著变化。在实践中，渠道管理的关键就在于对逾期率、坏账率高的渠道要大胆关闭，必要时采取法律武器来捍卫自身的权益，并不断开拓新的渠道，从而实现自主选择风险进行经营[71]。

表 16-2　渠道和产品的贷款质量

申请日期	渠道	产品	余款额/万元	余额占率/%	户数占率/%	M_2+ lagged/%	M_4+ lagged/%	WO lagged/%	NCL lagged/%
2021年9月1日	A	小微贷	1000	53.7	61.1	2.83	0.85	0.61	0.59
2021年9月1日	B	小微贷	860	46.3	38.9	2.06	0.6	0.43	0.40
2021年8月31日	A	小微贷	900	53.6	60.8	2.85	0.80	0.69	0.6

模型和规则的监控非常关键，模型是否合理，是否需要更新等都需要靠监控报表来支持。

通过评分的变化对比图（图16-1）可知，模型评分的变化是通过当前分布与一个月前的进行比较，从而监测评分系统是否发生变化。一般来说，风控可计算其 PSI 来监控模型的稳定性。同时，风控人员通过评分的变化对比图可以观察到客户风险等级分布和变化趋势，可以预估未来一段时间逾期率的变化。除此之外，模型所使用的变量或指标也需要建立报表进行监控，从而判断是否需要重新开发新模型。

通过表 16-3 所示的分数效果分布的卡方值可知，模型评分是否准确，通过卡方检验得到的结果是 0.94≈0.1900464+0.754378，其卡方检验结果大于 0.05，也就是说，在 95% 的置信水平下不能拒绝原假设，即评分是准确的。

贷后管理是指依据 Vintage 分析和账龄滚动来判断逾期的影响因素、催收等效果。在计算逾期时，不同机构的计算方法是不同的，如以当前余额作为分母的逾期率（当期逾期率），以不良款项对应的放款金额为分母的逾期率（递延逾期率）。一般情况下，风险管理使用递延逾期率会更好，因为递延指标可以回溯逾期起源，不受业务起伏影响，能合理地反映逾期状态，而逾期率计算比较简单。

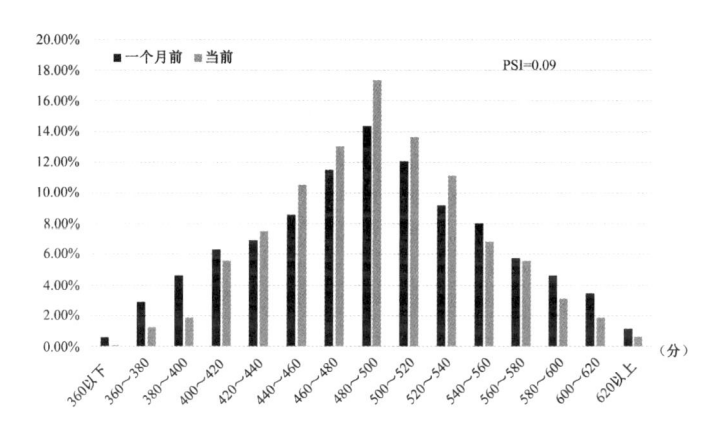

图 16-1 评分的变化对比图

表 16-3 分数效果分布的卡方值

分数段 / 分	好人概率	好人数量 / 个	坏人数量 / 个	期望好人数量 / 个	期望坏人数量 / 个	好人卡方值	坏人卡方值
360 以下	0.51	11	12	11.73	11.27	0.045431	0.047285
360～380	0.55	27	24	28.05	22.95	0.039305	0.048039
380～400	0.59	35	26	35.99	25.01	0.027233	0.039188
400～420	0.63	44	24	42.84	25.16	0.03141	0.053482
420～440	0.67	56	27	55.61	27.39	0.002735	0.005553
440～460	0.71	67	26	66.03	26.97	0.01425	0.034887
460～480	0.75	78	26	78	26	0	0
480～500	0.79	89	23	88.48	23.52	0.003056	0.011497
500～520	0.83	123	24	122.01	24.99	0.008033	0.03922
520～540	0.87	245	35	243.6	36.4	0.008046	0.053846
540～560	0.91	268	26	267.54	26.46	0.000791	0.007997
560～580	0.95	340	18	340.1	17.9	0.0000294	0.000559
580～600	0.97	375	11	374.42	11.58	0.000898	0.02905
600～620	0.99	512	4	510.84	5.16	0.002634	0.260775
620 以上	0.999	123	0	123.876	0.124	0.006195	0.123
总计		2393	306	2389.116	310.884	0.1900464	0.754378

279

对于业务快速发展的信贷机构而言，当期逾期率适用于公关、宣传等，这是因为其分母项快速扩大，相应的分子项尚未表现出来；对于业务发展比较平稳的信贷机构而言，当期逾期率和递延逾期率相差不大；对于业务收缩的信贷机构而言，递延逾期率更好，因为当期逾期率的分母项快速萎缩，相应的分子项及时表现。

通过图 16-2 所示的 Vintage 分析图中可以看出，2019 年 9 月的资产趋于平衡，而 2019 年 10 月的资产有可能进一步恶化，2019 年 11 月的资产整体质量更高一些，而 2020 年以来资产质量有所下降。对于 Vintage 分析，可以使用 Cohort 分析分解出时长效应、时期效应、同群效应，并根据这三个效应找到问题所在，或者根据潜在不良率等来识别问题所在[72]，进而针对问题进行分析找到合适的应对措施。

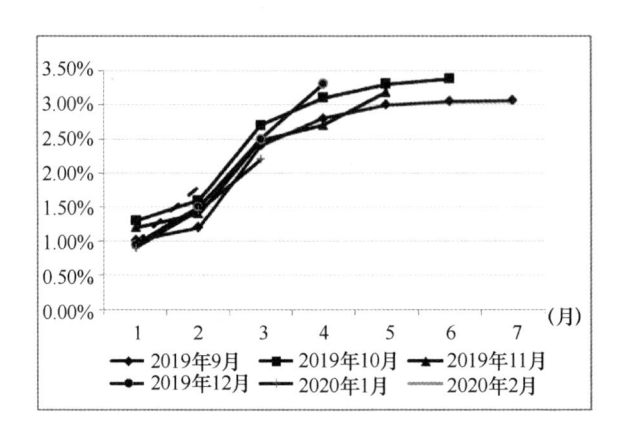

图 16-2　Vintage 分析图

对于贷后管理来说，信贷机构仅靠单个周期内的逾期无法判断出自己催收或委托外部机构催收的效率是否合理，必须结合迁移率进行管理。迁移率也称滚动率，是指上一周期逾期余额中进入下一周期的发生金额。

账龄转移率是分析不同账龄之间的转移，从而判断催收团队中不同催收小组的效率，并进一步优化相关的催收策略。

通过账龄迁移率表（表16-4）不仅可以评估催收的效率，还可以根据自身催收和委托外部机构催收的效率进行有效配置，提高催收的效率和控制相应的成本，同时可以得到不良透支的迁移路径。以2021年1月的信贷为例，2021年1月有21.43%的正常额度在2月转成M_1贷款，到了2021年3月，有27.79%的M_1贷款转化成M_2贷款，到2021年6月，有92.86%的M_5贷款转化成M_6贷款。

表16-4 账龄迁移率表

	2021年1月/%	2021年2月/%	2021年3月/%	2021年4月/%	2021年5月/%	2021年6月/%	过去6个月平均值/%
$M_0 \sim M_1$	21.43	19.81	18.35	16.95	16.32	15.83	18.12
$M_1 \sim M_2$	25.41	24.37	27.79	22.19	21.37	22.93	24.01
$M_2 \sim M_3$	42.44	42.79	45.64	40.23	41.49	41.27	42.31
$M_3 \sim M_4$	76.31	75.12	79.38	73.86	72.98	73.01	75.11
$M_4 \sim M_5$	68.93	67.27	71.90	75.94	73.59	69.24	71.15
$M_5 \sim M_6$	87.94	88.13	90.25	86.15	91.35	92.86	89.45
$M_6 \sim M_7$	93.27	93.49	96.36	97.01	93.26	94.55	94.66
M_7回收率	5.38	5.42	5.13	5.26	6.01	5.98	5.53

对于需要建立资本拨备金而言，表16-4也是一个很好的依据，因为M_0变化至M_7经历了$M_0 \sim M_1$、$M_1 \sim M_2$、$M_2 \sim M_3$、$M_3 \sim M_4$、$M_4 \sim M_5$、$M_5 \sim M_6$、$M_6 \sim M_7$共7次迁移，相应的损失率就等于这些月度平均迁移率的乘积，最终可以得到毛损失率为0.83%，考虑到M_7等的回收率，最终可以得到损失率为0.78%。

表16-5所示是催收效率分析表，信贷机构通过此表可以评估催收的效率，同时根据自身催收和委托外部机构（简称委外）催收的效率进行有效配置，提高催收的效率，并控制相应的成本。

表 16-5 催收效率分析表

日期	短信数/条	电话拨通数/通	联络客户数/个	有效通话数/个	取得承诺数/个	毁诺率/%	回收金额/元	回收率/%	委外催收数/件	委外金额/元	委外回收金额/元	委外回收率/%
2021年9月1日	19847	3526	2891	2225	1445	22.3	210300	10.9	379	451000	8276	1.81
2021年9月2日	19899	3623	2901	2417	1769	24.7	208970	11	392	431987	9315	2.15

MIS 报表有很多种，但不同的报表需要根据自身业务来制定，如担保品价值表、担保品处置结果表、回收金额表、欺诈损失表、拒绝原因分布表、审批时间分布表、审批人员质量表、模型和规则触发分布表、期数的利率和逾期表、推广人员效率表等。

在实践中，报表制作相对容易，但报表的解读才是风险管理的关键，否则即便风控团队制作了千万张报表也无济于事，反而造成大量人力、时间和金钱的浪费。因此，MIS 需要根据业务流程和分析重点来确定报表，从而更好地展现真实状况，暴露潜在问题，并为使用者提供清晰明确的判断依据与改善方向。

MIS 报表所暴露的问题往往是分析的重要风向标。其可分为例行分析和专题分析两大类。例行分析是对业务进行定期体检，一般可按日、周、月等进行深入分析，但业务数据发生异常，就需要进行专题分析来深入挖掘问题的潜在原因，并制定措施来解决相关问题。

附录 A

××信贷机构贷款逾期通知函

_____先生/女士：（公司）

  我们现在通知您，您没有按照借款合同（合同号：_____，合同日期_____）按时履行您的债务。截至_____年_____月_____日，您的逾期贷款本金_____元人民币，利息_____元人民币，罚息为_____元人民币，合计欠款总额为_____元人民币，其中罚息为每天_____%。请您最晚于_____年_____月_____日支付包括利息及至还款当日罚息在内的逾期金额。同时，请您必须立即与××信贷机构的小微企业贷款部联系，电话号码为_____。若您未能与××信贷机构联系且/或仍不支付包括利息及至还款当日罚息在内的逾期金额，××信贷机构将可能按照《中华人民共和国民事诉讼法》第235条、第236条规定直接向有管辖权的人民法院申请强制执行。

            通知送达地点：_____

            通知时间：_____

            通知人签字：_____

            盖章：

附录 B

××信贷机构贷款逾期通知回执

本人（公司）_____，身份证号码为_____（公司名称）_____声明本人（公司）清楚地知道我（我们）违背了借款合同（合同号_____）；我（我们）将履行我（我们）合同下的债务并在_____年____月_____日前支付已逾期的_____元人民币及其利息。

签字地点：_____

客户签字：_____

签字时间：_____

盖章：

参 考 文 献

[1] LEWIS E M. An introduction to Credit Scoring[M]. Calif: Athena Press，1992.

[2] 王军伟. 缝合：大数据时代下的资本管理与实践[M]. 北京：北京大学出版社，2021.

[3] 约瑟夫·熊彼特. 经济发展理论[M]. 何畏，译. 北京：商务印书馆，1990.

[4] 罗沙-马里亚·杰尔皮，弗朗索瓦·朱利安-拉布吕耶尔. 消费信贷史：理论与实践[M]. 北京：商务印书馆，2014.

[5] 彭文生. 渐行渐远的红利：寻找中国新平衡[M]. 北京：社会科学文献出版社，2014.

[6] 茆诗松. 统计手册[M]. 北京：科学出版社，2003.

[7] 诺瓦尔·格伦. 世代分析[M]. 2版. 於嘉，译. 上海：格致出版社，上海人民出版社，2012.

[8] FUKUDA K. A Cohort analysis of household vehicle expenditure in the US and Japan: A possibility of generational marketing[J]. Marketing Letters，2010，21(1)：53-64.

[9] SAPELLI C. A Cohort analysis of the income distribution in Chile[J]. Estudios de Economía. 2011，38(1)：223-242.

[10] VICTORA C G, ADAIR L, FALL C, et al. Maternal and child undernutrition: consequences for adult health and human capital. The Lancet[J]，2008，371(9609)：340-357.

[11] SEGALL E. Three Dimensions of Time: An Age-Period-Cohort Analysis of U.S. Spending Patterns[J]. Yale Journal of Economics，2013，2(1).

[12] BOSMAN M. The Potential of Cohort Analysis for Vintage analysis: An Exploration[W]. University of Twente，Netherlands，2012.

[13] REYNOLDS L M, HOGARTH J M, TAYLOR A. Cohort Analysis of Consumer Credit Card Behaviors: Will Consumers Be Ready for Retirement?[R]. Consumer Interest Annual，2006.

[14] 宜信. 小额信贷：互联网微金融时代[M]. 北京：中信出版社，2014.

[15] 屈建国，龙小宝. 新信贷：银行客户经理业务手册[M]. 北京：北京大学出版社，2009.

[16] 陈蕊. 基于德国 IPC 微贷技术的小微企业贷款系统分析与设计[D]. 天津大学硕士学位论文，2014.

[17] 高霞. 德国 IPC 微贷技术植入中国村镇银行问题研究[D]. 天津大学硕士学位论文，2010.

[18] 侯娟肖. 小微信贷技术中信息有效性检验的国际对比[D]. 河北经贸大学硕士学位论文, 2015.
[19] 张同庆. 信托业务风险管理与案例分析[M]. 北京：中国法制出版社, 2016.
[20] 李喆. 融资租赁项目风险分析（知与行）[M]. 北京：中国发展出版社, 2015.
[21] 何发超. 微型信贷业务操作实务[M]. 北京：中国经济出版社, 2014.
[22] 蒲小雷, 韩家平. 企业财务风险预警与 Themis 国际新技术[M]. 北京：中国商务出版社, 2011.
[23] 乔治•舒尔茨, 简奈特•刘易丝. 秃鹫投资[M]. 何正云, 张晓雷, 译. 合肥：安徽人民出版社, 2016.
[24] 崔宏. 财务报表阅读与信贷分析实务[M]. 北京：机械工业出版社, 2011.
[25] 巴里•施瓦茨. 选择的悖论：用心理学解读人的经济行为[M]. 梁嘉歆, 黄子威, 彭珊怡, 译. 杭州：浙江人民出版社, 2016.
[26] 李振宇, 陈东明, 钟用, 等. 资信评级原理（修订版）[M]. 北京：中国方正出版社, 2008.
[27] 上海银监局课题组. 上海地区钢贸授信违约率及违约损失率影响因素实证分析[R]. 中国银行监督管理委员会工作论文, 2014.
[28] CHORAFAS D N. 巴塞尔协议 III：全球银行业的大挑战[M]. 游春, 译. 北京：中国金融出版社, 2014.
[29] 杨军. 风险管理与巴塞尔协议十八讲[M]. 北京：中国金融出版社, 2013.
[30] AYADI R. 巴塞尔新资本协议与中小企业融资：中小企业与新评级文化[M]. 巴曙松, 游春, 译. 北京：中国金融出版社, 2012.
[31] 廖继全. 巴塞尔协议 III 解读与银行经济资本应用实务[M]. 北京：企业管理出版社, 2013.
[32] 孟勐, 张帅, 陈诚. 京东基于 Spark 的风控系统架构实践和技术细节[R]. 2016.
[33] 林华. FinTech 与资产证券化[M]. 北京：中信出版集团, 2016.
[34] WANG J W, JIA M W, ZHU L P, et al. Systematical Detection of Significant Genes in Microarray Data by Incorporating Gene Interaction Relationship in Biological Systems[J]. PLoS ONE 2010, 5(10), e13721.
[35] SHI L M, CAMPBELL G, JONES W D, et al. The MicroArray Quality Control (MAQC)-II study of common practices for the development and validation of microarray-based predictive models[J]. Nature Biotechnology, 2010, 28: 827-838.
[36] 陈红梅. 互联网信贷风险与大数据[M]. 北京：清华大学出版社, 2015.
[37] 彭建刚. 基于宏观审慎监管的银行业压力测试研究[M]. 北京：中国金融出版社, 2014.
[38] 马里奥•匡格里亚瑞安鲁. 银行系统的压力测试：方法与应用[M]. 马明, 译. 北京：中国金融出版社, 2016.

[39] 蒂莫西·盖特纳. 压力测试：对金融危机的反思[M]. 益智，译. 北京：中信出版社，2015.

[40] 菲利普·乔瑞. 金融风险管理师考试手册[M]. 王博，刘伟琳，赵文荣，译. 北京：中国人民大学出版社，2016.

[41] 基思·奥尔曼. 现金流建模边学边练[M]. 杨萍，谭璐，译. 北京：机械工业出版社，2016.

[42] 陈建. 信用评分模型技术与应用[M]. 北京：中国财政经济出版社，2005.

[43] 陈建. 现代信用卡管理[M]. 北京：中国财政经济出版社，2005.

[44] 单良，茆小林. 互联网金融时代：消费信贷评分建模与应用[M]. 北京：电子工业出版社，2015.

[45] 林·托马斯，戴维·埃德尔曼，乔纳森·克鲁克. 信用评分与应用[M]. 王晓蕾，等译. 北京：中国金融出版社，2005.

[46] 朱顺泉. 信用评级理论、方法、模型与应用研究[M]. 北京：科学出版社，2012.

[47] 阿诺·德·瑟维吉尼，奥里维尔·雷劳特. 信用风险度量与管理[M]. 北京：中国财政经济出版社，2005.

[48] 李雪峰. 我国商业银行中小企业信用评级研究[D]. 对外经济贸易大学博士学位论文，2010.

[49] 李樟飞. 基于生存分析方法的零售贷款违约模型研究[D]. 湖南大学硕士学位论文，2009.

[50] GUADAGNI P M, LITTLE J. A Logit Model of Brand Choice Calibrated on Scanner Data[J]. Marketing Science，1983，2（3）：203-238.

[51] 詹原瑞. 银行内部评级的方法与实践[M]. 北京：中国金融出版社，2009.

[52] 林毅夫. 从西潮到东风[M]. 北京：中信出版社，2012.

[53] 大前研一. 思考的技术：思考力决定竞争力[M]. 刘锦秀，谢育容，译. 北京：中信出版社，2010.

[54] 罗斯托. 经济增长理论史：从大卫·休谟至今[M]. 陈春良，茹玉骢，王长刚，等译. 杭州：浙江大学出版社，2016.

[55] 钟灿辉，陈武. 银行信贷实务与管理[M]. 成都：西南财经大学出版社，2006.

[56] 周宏亮，穆文全. 信用卡风险管理[M]. 北京：中国金融出版社，2002.

[57] 李国全. 零售银行消费信贷管理[M]. 北京：企业管理出版社，2010.

[58] 罗伯特·多兰，赫尔曼·西蒙. 定价圣经[M]，董俊英，译. 北京：中信出版社，2008.

[59] 刘畅，苟于国，张玥，等. 中小企业贷款定价体系[M]. 成都：西南财经大学出版社，2014.

[60] TRENCH M, PEDERSON S, LAU E, et al. Managing Credit Lines and Prices For Bank One Credit Cards[J]. Institute for Operations Research and the Management

Science,2003,33(5):4-21.

[61] 大卫•曼特裘. 风控即未来：网络支付安全和反欺诈原理[M]. 易宝支付，译. 北京：中国金融出版社，2017.

[62] 赵延河. 商业银行放款管理实务[M]. 北京：经济科学出版社，2017.

[63] 李耀东，李钧. 互联网金融框架与实践[M]. 北京：电子工业出版社，2014.

[64] 弗兰克•法伯兹，亨利•戴维斯，莫拉德•乔德里. 结构金融导论[M]. 钱峰，沈颖郁，译. 大连：东北财经大学出版社，2011.

[65] 蒙肖莲. 商业银行贷后信用风险识别[M]. 北京：社会科学文献出版社，2012.

[66] 张海良. 攻心：回款才是硬道理[M]. 上海：立信会计出版社，2012.

[67] 谭法根. 银行信用卡催收策略与法律风险管理[M]. 北京：中国法制出版社，2016.

[68] 中国民生银行信用卡中心. 快快乐乐做催收[M]. 北京：中国金融出版社，2016.

[69] 邵正勇. 销售账款催收手册[M]. 广州：广东经济出版社，2015.

[70] 李国强. 尽职调查：不良资产处置实务详解[M]. 北京：法律出版社，2016.

[71] 黄志凌. 风险经营：商业银行的精髓[M]. 北京：人民出版社，2017.

[72] 熊利平，蔡幸. 基于隐含不良贷款率加强商业银行信用风险预判的研究[R]. 中国银行监督管理委员会工作论文，2012.

[73] 刘新海. 征信与大数据：移动互联网时代如何塑造"信用体系"[M]. 北京：中信出版集团，2016.

[74] 李镇西，金岩，赵坚. 微小企业贷款的研究与实践[M]. 北京：中国经济出版社，2007.

[75] 乔治•阿克洛夫，罗伯特•席勒. 操纵与欺骗的经济学[M]. 张军，译. 北京：中信出版集团，2016.

后　记

经过十多年对亚当·斯密、马克思、克拉克、凯恩斯、熊彼特、诺斯等的经济学的研究发现，西方经济学各学派之间互相争斗且不相容，造成不同经济学理论对同一情况得到的结论和对策是完全不同的，甚至是截然相反的。在实践中，其有正确的时候，也有失败的时候。

经过仔细研究其理论的背景、前提、假设等，以及开创者所处的历史环境，笔者相信每个理论都有其正确的地方。通过研究各理论的赞同方与批评方的观点，笔者坚信经济理论是可以融洽相处的。

基于中国阴阳五行的思想，阴阳五行经济学包容吸收众经济学理论之精华，如斯密、李嘉图、马克思、马歇尔、熊彼特、凯恩斯、克拉克、萨缪尔森等理论成果。为此，笔者独自花了近8年时间完成了对各经济学派理论的整合，并与经济学家江丁丁、韦森、孙涤等进行交流与探讨。他们提出了许多宝贵的意见与建议。基于此，笔者又花了十多年研读中西方各国的历史来完善和论证阴阳五行经济学理论，并将其运用于信贷业务、政策解读等上。

阴阳五行经济学可分为修行、资本、资源、创新、制度五大方面。其中，修行对资本具有促进作用，资本对资源具有促进作用，资源对创新具有促进作用，创新对制度具有促进作用；同时，制度对资本具有制约作用，资本对创新具有制约作用，创新对修行具有制约作用，修行对资源具有制约作用，资源对制度具有制约作用。其共同构成了一个稳定系统。

以资本来讲，货币、财政政策会改变利率、货币供应量，也会改变相应的流动性等，能够直观感受到制度对资本的制约作用；资本的目的是追逐利润，而高额利润往往都来自新技术、新产品、新组织等创新，即创新往往会受资本的制约。例如，信贷企业仅用常规信贷技术想要说服VC/PE等投资人是很难的，但受投资人青睐的信贷技术将很快扩散出去；同时，在大数据时代，欺诈者为了获得更多利益会不断更新技术，可以用程序控制输入时间使其符合信贷机构的要求。阴阳五行经济学核心要素及其构成的稳定系统如图H-1所示。

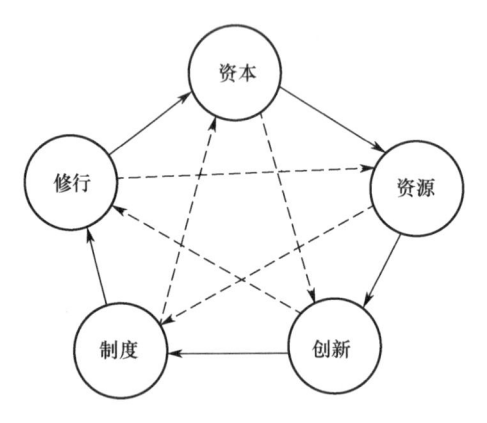

图H-1　阴阳五行经济学核心要素及其构成的稳定系统

实践是检验真理的唯一标准。阴阳五行经济学只有在实践中经过检验，才能知道是否合理，并在实践中不断论证与完善、优化。多年的金融（如支付、保险、信贷、证券投资等）、数据管理、客户经营、团队管理等实践验证阴阳五行经济学理论的正确性。笔者又从制造业（如汽车、碳纤维等）、自动化生产线研发等论证和验证阴阳五行经济学理论的正确性。同时，笔者以《资治通鉴》《续资治通鉴》《德国统一史》等史书为凭据，以历史来论证和完善阴阳五行经济学。

与阴阳五行经济学中资本相关的理论《缝合：大数据时代下的资本管理与实践》由北京大学出版社于2021年出版。该理论是本书的理论基础，而本书中所涉及的消费者心理、团队管理、创新等将在阴阳五行经济学的修行、创新与经营等理论中进行深入探讨。